땅 대한민국 따먹기

대한민국
땅따먹기

초 판 발행 2019년 10월 18일
33쇄 발행 2023년 06월 29일

지 은 이 서상하(풀하우스)
기획/감수 송희창
책임편집 배희원, 이현정
편집진행 최상진
펴 낸 곳 도서출판 지혜로
디 자 인 표지 이영호

출판등록 2012년 3월 21일 제 387-2012-000023호
주　　소 경기도 부천시 원미구 길주로 137, 6층 602호(상동, 상록그린힐빌딩)
전　　화 032)327-5032 | **팩　스** 032)327-5035
이 메 일 jihyero2014@naver.com
　　　　　　(독자 여러분의 소중한 의견과 원고를 기다립니다.)

ISBN 979-11-87799-11-5 (13320)
값 18,000원

도서출판 지혜로는 경제 · 경영 서적 전문 출판사이며, '독자들을 위한 책'을 만들기 위해
객관적으로 실력이 검증된 저자들의 책만 엄선하여 제작합니다.

땅 대한민국 따먹기

서상하 (풀하우스) 지음

송희창 감수

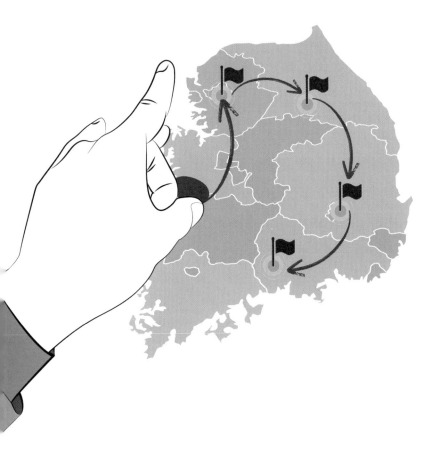

부동산 분야에서 성공하려면
확실한 주특기 하나는 있어야 한다!

송 희 창 (송사무장)

(주)케이알리츠 대표

『엑시트 EXIT』, 『송사무장의 경매의 기술』, 『송사무장의 실전 경매』,
『송사무장의 공매의 기술』, 『셀프 소송의 기술』 저자

행복재테크 카페 대표

풀하우스님과의 인연은 행복재테크 카페에서 시작되었다. 그는 내가
진행했던 정규강좌 1기 수강생이었고, 그 당시 정말 진지하게 수업에
임했던 우등생으로 기억한다.

수업을 마치고 허위 임차인이 있던 아파트를 좋은 가격으로 낙찰받았
다는 소식을 들었고, 그 이후 계속 잘해가리라 생각했다. 그러나 어느
날부터 그가 눈에 띄지 않길래 나의 판단이 틀렸나보다 생각했다.

하지만 수년이 지나고 그는 토지전문가가 되어 다시 등장했다. 수년
의 기간 동안 풀하우스님은 자신만의 주특기를 갖추기 위해 부단히 노
력해왔던 것이다. 워낙 꼼꼼한 성격의 소유자임을 알았기에 그간 그가
쌓은 실력이 궁금했다.

그에게 지금까지 어떻게 공부를 했는지, 그리고 어느 정도의 수익을 올렸는지 물었다. 그와 진지한 대화를 나눠보니 진정한 토지 투자의 고수라는 확신이 들어 그에게 책 출간과 강의를 제안했다.

그는 주거형 물건에도 투자를 해봤는데 노력 대비 낙찰받는 효율이 떨어지고 수익성도 낮았기에 경쟁이 덜하고 더 큰 수익을 올릴 수 있는 방법은 토지 투자라고 생각하여, 몇 해 동안 집중적으로 공부하면서 자신만의 주특기를 완성했던 것이다.

부동산 분야에서 꾸준히 성과를 거두려면 자신만의 주특기가 반드시 필요하다.

처자식이 있는 가장이 다니던 직장도 그만두고, 토지라는 분야를 정복하겠다고 마음먹었을 때는 보통의 다짐과는 비교가 되지 않을 비장함을 갖고 공부를 했으리라.

한 분야를 정복해본 사람은 다른 분야도 어떻게 하면 정복할 수 있는지를 안다. 사실 알고 있는 것만으로는 안 되고 포기하지 않고 꾸준히 노력해야 함은 당연하다.

실제로 이 책을 미리 읽고 감수하면서 이와 견줄만한 책은 과거에도 그리고 앞으로도 나오기 힘들 것이라는 생각을 했다. 이 책은 화려한 기술만을 그려낸 것이 아니라 토지 투자를 처음 시작하는 초보자도 단계적으로 정복해갈 수 있도록 체계적이고, 쉽게 쓰여졌다. 오랜 기간을 공부하며 여러 실전을 통해 쌓은 고수의 노하우를 단 한 권의 책으로 익힐 수 있다는 것은 정말 크나큰 행운이다.

정말 대박 수익은 토지에서 나온다

나 역시도 여러 차례의 토지 투자 경험이 있는데, 그때마다 어마어마한 수익에 놀라곤 했다. 2015년 제주도 토지에 투자했을 당시 실제 10만 원 하던 토지가 350만 원까지 치솟는 것을 직접 지켜봤다. 그것도 1년이 채 안 되는 짧은 기간 내에.

어느 특정한 지역에서만 국한된 것이 아니라 건물을 올릴 수 있는 토지는 이와 비슷한 수준으로 가격이 순식간에 치솟았고, 오른 가격으로도 매물을 구할 수 없을 정도였다. 이미 나와 있는 매물도 매도자가 금세 거둬들였으며 다시 오른 가격으로, 더 오른 가격으로 매물을 내놓기 일쑤였다. 내가 매입한 토지에도 금세 웃돈이 붙었다. 건물을 올릴 수 있는 토지를 사는 것이 포인트였고, 2015~2017년까지 이런 장세는 계속해서 이어졌다.

이렇게 제주도 땅값이 급등했던 시기에 구경만 하지 않고, 직접 투자하여 성과를 거둔 것에 큰 의미를 두고 있다. 다만, 나의 경우에는 토지에 건물을 올릴 수 있는지 여부를 직접 확인하지 않고 건축사를 통해 확인하였는데, 당시 이 책이 있었더라면 직접 확인을 해보았을 것이다.

토지 투자의 가장 기본은 건물을 지을 수 있는 땅을 매입하는 것이다. 건물을 올려 분양이 잘 되거나 임대를 채울 수 있는 입지의 토지라면, 건물을 지을 수 있는 조건을 갖추어갈수록 가격이 상승하고, 매매도 무척 수월해진다. 이 책을 통한다면 그 부분을 확실히 익힐 수 있을 것이다.

다수가 아닌, 소수와 경쟁하여 여유있게 돈을 벌 수 있는 방법을 알아간다는 것은 참으로 설레는 일이다. 지금까지는 토지 투자에 관한 부분을 체계적으로 배우는 것이 정말 힘들었다. 하지만 이제부터는 이 책을 통해 시행착오 없이 공부를 완성할 수 있을 것이라 생각한다.

이 책에 공개된 풀하우스님의 노하우를 자신의 것으로 소화하고, 자신에게 효자 노릇을 해줄 수 있는 근사한 토지를 매입하여 멋진 성공을 거두길 진심으로 기원한다.

부자가 되고 싶다면 토지 투자가 정답이다

'조물주 위에 건물주'라는 우스갯소리가 유행처럼 번지면서 부동산 경매학원은 퇴근 후 강의를 들으러 오는 직장인들로 북적인다. 특히 최근에는 2,30대의 젊은 나이에 부동산 학원에 다니며 착실히 '건물주'가 될 준비를 하는 청년들도 적지 않다.

하지만 이들 중에서 재미를 보는 사람은 극소수다. 투자할 수 있는 금액이 적기도 하지만 대부분 투자자들이 아파트나 빌라 등 주거용 부동산에 쏠리고 있어 경쟁이 심하기 때문이다. 요즘은 저금리의 영향으로 상가 등 수익형 부동산마저 높은 가격으로 낙찰되고 있다. 이래저래 경매 시장에서 괜찮은 물건을 낙찰받는 것은 점점 힘들어지고 있는 상황이다.

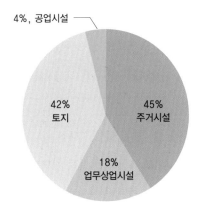

| 2018년도 경매사건 비율 |

4%, 공업시설

42%
토지

45%
주거시설

18%
업무상업시설

그도 그럴 것이 전체 경매 인구 중 열에 아홉은 주거용과 수익형 부동산에 몰두하고 있다. 그러나 토지 경매에 참여하는 투자자는 많지 않다. 전체 경매 사건에서 토지가 차지하는 비중이 무려 42%인데도 말이다. 그만큼 경쟁이 적을 수밖에 없다.

주거용과 수익형 부동산은 이미 경쟁이 치열하다

필자 역시 2008년 주거용 부동산으로 경매를 시작했다. 처음에는 평범한 빌라를 낙찰받아 단기간에 500만 원이라는 차익을 맛보기도 했다. 하지만 점차 더 높은 수익에 대한 갈망이 생겼다. 권리분석이 어려운 이른바 특수물건들은 고수익이 가능하리라는 생각이 들어 '위장 임차인'이 있는 아파트 경매 물건을 조사해서 입찰하기 시작했다. 때로는 휴가를 내기도 하고, 또 외근 나가는 길에 들러보기도 하고, 주변 지인들에게 입찰을 부탁하기도 했다.

정확히 10건을 입찰한 후 간신히 인천 부평구에 있는 아파트를 낙찰받았다. 서류상으로는 대항력 있는 선순위 임차인이 존재했지만 실제로는 채무자의 가족이었다. 낙찰받고 4개월 후 매도하여 세후수익 1,000만 원을 남겼다.

주변 사람들의 부러움을 한몸에 받았다. 그렇지만 마음은 편치 않았다. 야구로 치면 고작 타율 1할. 권리분석이 어려운 경매 물건일수록 큰 수익을 올릴 수 있을 것이라 생각했는데 결과는 생각보다 만족스럽지 못했다.

물론 이러한 패턴을 계속 반복하면 적어도 1년에 두세 개의 경매 물건을 낙찰받을 수 있을 것이고, 회사 월급과 경매 투자 수익을 합치면 제법 많은 돈을 벌 수도 있을 거라는 기대도 있었다. 그렇지만 당시 가장 큰 문제로 다가왔던 것은 '시간'이었다. 이상하게도 나이 마흔이 지나면서 '시간이 돈보다 더 소중하다'라는 생각이 항상 머릿속을 맴돌았다.

낙찰받지 못하면 아무것도 하지 않은 것과 다를 게 뭔가. 이렇게 시간을 낭비하면 안 된다는 생각이 들었다. 더 나은 방법을 찾아야 했다. 주변 사람들은 그 정도면 충분한 수익 아니냐며 왜 그렇게 어렵게 생각하느냐고 했지만 필자는 시간을 낭비하고 있다는 생각을 떨칠 수가 없었다.

남들과 다른 길을 가야 수익이 따라온다

경매로 성공한 분들은 "수익을 올리려면 남들과 다른 시각을 가져야 한다"고 말한다. 그렇다면 남들과 다른 시각을 가지려면 어떻게 해야 할까? 머리가 지끈지끈 아파왔다. 우선, 전국 경매 물건을 많이 유찰된 순서대로 정리해 보았다. 감정가의 3%까지 유찰된 물건도 있었다. 유찰이 많이 된 물건은 대부분 근린상가와 토지였다. 텅 빈 테마상가이거나 장사가 안 될 것 같은 지하상가는 왜 유찰됐는지 알 것 같았다.

하지만 토지는 이상했다. 왜 이렇게 많이 떨어졌을까? 300평짜리 땅이 평당 1만 원인데 왜 아무도 낙찰을 받지 않을까? 문득 정말 아무것도 모르는 나 자신을 되돌아보게 됐다. 그렇게 필자는 스스로 남들과 다른 시각을 갖기 위해 토지 공부를 시작했다.

토지 지식과 투자 경험이 쌓인 지금은 남들과 다르게 판단할 수 있게 되었다. 대부분의 사람들은 토지 투자는 큰 금액이 필요하거나 투자 기간이 오래 걸린다고 생각한다. 절반은 맞다. 하지만 소액으로 단기간에 투자가 가능한 토지도 많다.

게다가 토지 공법은 어렵다고 이야기한다. 필자 역시 토지 공법을 공부하면서 많은 어려움을 겪었다. 하지만 실제로 토지 투자에 필요한 지식은 그리 많지 않다. 꼭 필요한 굵은 가지만 먼저 이해하면 된다.

전체적인 흐름을 설명해주지 않고, 투자에 필요도 없는 예외적인 내용을 뒤섞어서 알려주는 강의 때문에 공법 공부가 더 힘들었던 것 같다. 어쩌면 전문가들이 토지 공법을 그렇게 복잡하고 어렵게 이야기하는 것은 일반인들이 그들만의 리그에 참여하지 못하게 막으려는 것은 아닐까 싶은 생각까지 들기도 한다.

이 책은 실전에서 수익을 내는 방법과 토지 투자에 꼭 필요한 지식을 중심으로 다룬다. 토지 투자는 생각만큼 복잡하거나 어렵지 않다. 단지 몇 가지의 기본 지식만 있으면 누구나 수익을 낼 수 있다.

부자들이 토지에 투자하는 것이 아니라
토지에 투자해서 부자가 되는 것이다

토지 투자로 엄청난 부자가 되었다는 이야기를 주변에서 종종 듣는다. 토지는 도로, 기반시설, 산업단지 등 각종 개발호재에 의해 단기간에도 몇 배씩 가치가 상승하기 때문이다. 전국 토지가격은 2018년까지 10년 연속으로 올랐다. 아직도 토지 투자는 어느 부동산보다 안정적이면서 고수익을 내게 해주는 투자 수단이다.

| 전국 지가지수 변동 그래프 |

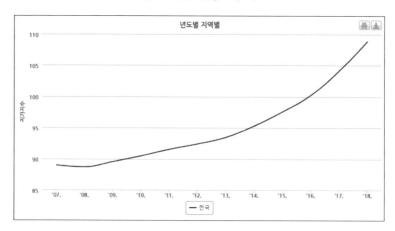

그러나 토지 투자로 얼마를 벌었는지 정확한 내용이 공개되는 경우는 거의 없다. 사회적 지위 때문일 수도 있고, 세금을 추징당할 위험 때문일 수도 있고, 공개해봤자 이득이 될 것이 없다는 생각 때문일 수도 있다. 다만 간혹 고위공직자 청문회에서 불거져 나오는 토지투기 의혹에서 토지 투자의 파괴력을 확인할 수는 있다. 취득한 토지가 열다섯 배의 차익을 거둬서 문제가 되기도 하고, 임야를 처분하면서 약 열 배에 가까운 시세차익을 챙겨서 논란이 되기도 한다.

이들이 고위공직자이기 때문에 향후 어느 지역이 개발될지 미리 비밀스런 경로를 통해 정보를 얻었을 수도 있다. 하지만 개발 정보는 해당 지역 부동산 중개사무소만 방문해도 쉽게 얻을 수 있다. 굳이 이런 사례가 아니라도 우리 주변의 땅값이 얼마나 올랐는지 한번 생각해보라. 진짜 부자는 토지로 만들어진다는 사실은 의심의 여지가 없다. 토지 투자로 부자가 된 사람들은 토지에 투자했기 때문에 부자가 된 것이다. 정보를 취득하고 못하고의 차이 때문이 아니다.

경매에 처음 입문하는가? 그렇다면 수익이 보장된 토지 분야에서 시작하라. 부동산 경매의 새로운 돌파구를 찾고자 하는가? 그렇다면 역시 토지 투자에 뛰어들 것을 권한다. 하지만 아무런 지식도 없이 토지 투자에 뛰어들어서는 곤란하다. 토지는 싸게 사두면 언젠가 오른다는 얘기도 있지만, 앞으로는 그렇지 않을 수도 있다. 인구가 지속적으로 유입되는 수도권과 그렇지 않은 지방에서의 투자대상 토지를 선택하는 기준은 같지 않다. 투자 수익을 올리려면 돈 되는 토지를 콕 집어 골라서 사야 한다.

그래서 필자는 이 책에 지금까지 익힌 나만의 토지 투자 노하우를 모두 공개했다. 어쩌면 책이 출판됨으로써 토지 경매의 경쟁자가 많이 생겨나서 필자가 원하는 가격에 낙찰받는 것이 어려워질 수도 있다. 하지만 크게 걱정하지는 않는다. 필자 역시 또 다른 새로운 지식을 찾아 추가하면 되기 때문이다.

새로운 지식을 하나씩 추가하면 더 많은 기회를 볼 수 있다. 당신에게 지식을 나누어줄 수 있어서 행복하다. 열심히 노력하는 사람에게 도움을 주는 것만큼 행복한 일은 없다.

경매 고수들이 "남들과 다르게 생각하라"고 했던 말이 이제는 이해가 된다. 남들과 차별화하려면 남들과 다른 지식이나 관점으로 무장해야 한다. 평범한 사람이라도 노력하면 충분히 그 경지에 도달할 수 있다. 이 책을 통하여 수익을 위해 고민하는 많은 투자자들이 새로운 방향을 발견할 수 있기를 바란다.

풀하우스 서상하

목차

3부 토지 투자, 경매로 수익내기

4부 (최소 1억은 버는) 고수들의 노하우 따라잡기

5부 고수들의 토지 매매와 절세

1부

토지 투자,
생각을 바꾸면
길이 보인다

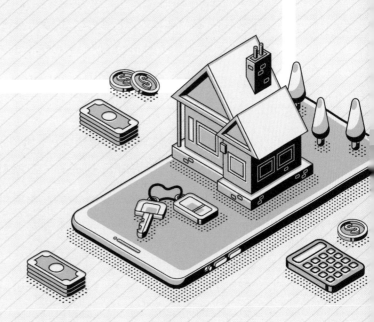

1장
지금 토지에 투자해야 하는 이유

부동산 투자자 중에는 아파트를 사고파는 사람이 거의 대부분이다. 다른 부동산보다 아파트는 조금 더 친숙하고, 시세가 어느 정도 정해져 있어 대략적인 감으로도 어떤 아파트가 좋은지 판단할 수 있기 때문이다. 그래서 최근 몇 년 동안의 아파트 가격상승기에 전세를 끼고 투자하는 이른바 '갭 투자'가 많이 이루어졌고 덩달아 아파트로 돈을 번 사람들도 많아졌다.

하지만 현재는 부동산 투자 환경이 많이 바뀌었다. 새 정부 들어 다주택자에 대한 규제가 강화되고 대출조건도 강화되었다. 철저히 실수요자 중심의 정책이 펼쳐지고 있다. 일부 지역의 아파트 가격이 하늘 높이 오르고 있기는 하지만 언제까지 오를지, 얼마만큼 오를지 짐작하기는 어렵고 선뜻 투자하기에는 위험부담이 크다.

리스크가 없는 투자를 하고 싶은가? 그렇다면 이제 새로운 투자 대상으로 토지에 주목할 때다. 토지는 다른 부동산에 비해 안정적이고 높은 수익을 가져다주는 투자대상이지만 일반 투자자도 선뜻 다가서기에는 부담이 있었다. 돈이 많이 들고 오랫동안 묵혀두어야 한다는 생각 때문이다. 하지만 이런 생각은 편협한 시각이다. 돈이 없을수록 아파트보다는 토지에 투자를 해야 하고 투자에 실패할까봐 걱정될수록 토지에 투자를 해야 한다. 그러면 이제부터 왜 토지에 투자를 해야 하는지 살펴보자.

적은 돈으로도 투자가 가능하다

토지는 작게는 몇십 평에서 크게는 몇천 평 단위로 거래된다. 건물을 짓기 위해서는 최소한의 면적이 필요하기 때문에 토지거래도 어느 정도의 면적을 기준으로 이루어진다. 면적이 너무 작은 토지는 거래시장에 아예 나오지도 않는다. 거래시장에 내놓아봐야 아무도 매수하지 않기 때문이다.

이렇게 크기가 작은 토지들은 그냥 보유만 하다가 경매나 공매로 나오는 경우가 많다. 채권자 입장에서는 면적이 작더라도 매각해서 채권을 회수하는 게 낫기 때문이다. 그래서 경매로 나오는 토지들은 시중에서 구경하기 어려운 독특한 토지들이 많고, 공매에서는 더 많이 볼 수 있다. 이 중에 과연 돈 되는 토지는 없을까? 찾을 수만 있다면 면적이 작으니 투자금도 적을 것이다.

경기도 양주시 율정동에 있는 목장용지가 공매로 나왔다. 28㎡(8.5평) 지분 토지로 감정가는 1,220만 원이다. 특이한 점은 두 필지에 대한 지분인데 각각 28/1061 지분이라는 점이다. 두 필지가 나오면 대부분 한 필지만 지분이고 나머지는 지분이 아닌 경우가 많은데, 두 필지가 모두 지분으로 나온 것이다.

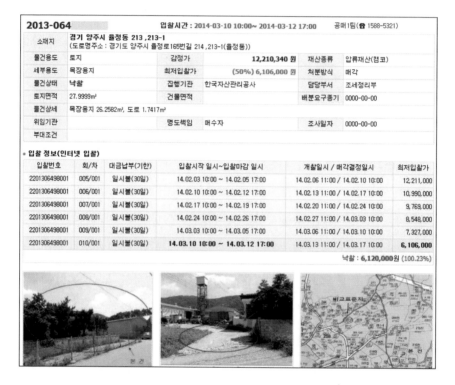

두 필지의 지번은 각각 213번지와 213-1번지다. 213번지에는 타인 소유의 단독주택이 있었고 213-1번지는 도로로 사용 중이었다.

감정가의 50%로 단독 낙찰 받았다. 매각허가결정이 난 다음날 물건지로 향했다. 낯선 차가 자기 집 주위로 오는 걸 본 주택 소유자가 계속 쳐다보고 있었다. 인사를 드리고 낙찰자라고 말씀드리니 그렇지 않아도 조만간 찾아오겠거니 생각했다고 한다.

자초지종을 들어보니 주택 뒤편 토지가 맹지여서 따로 진입로를 만들기 위한 땅을 분할 매도했는데, 분할 후 등기가 잘못되었다고 한다.

낙찰 후 짧은 기간에 주택 소유자와 원만히 협의되어 매도할 수 있었다. 이 물건에 들어간 투자금액은 겨우 600만 원이다.

아파트나 빌라는 사람이 거주할 수 있는 최소 면적이 필요하다. 그래서 가격도 최소한의 기준점 이상이 될 수밖에 없지만 토지는 아니다. 토지만큼 작은 단위로 거래되는 부동산은 없다. 한 평짜리 토지도 텃밭으로 사용할 수 있기 때문이다. 실제로 경기도 지역의 경매 토지 중 매각 가격이 작은 순서대로 정렬해 보았더니, 최저입찰가가 50만 원인 물건도 있었다. 이처럼 토지 투자에는 꼭 많은 돈이 필요한 것은 아니다. 투자가치가 있는 토지인지를 볼 수 있는 안목만 있으면 투자가 가능한 분야가 바로 토지다.

| 매각가격이 낮은 토지 경매 물건 |

□ 전체보기 선택보기 선택인쇄	▶ 사건번호	▶ 소재지	▲ 감정가	▶ 최저입찰가	▶ 매각기일	▶ 조회수
사진	사건번호(물번) 물건종류	소재지		감정가 최저입찰가		진행 상태
□	16-33 농지	경기도 용인시 처인구 양지면 [토지 2㎡ / 전 / 토지지분매각]		282,000 138,000		유찰 2회 (49%)
□	17-23 농지	경기도 평택시 현덕면 [토지 5.28㎡ / 답 / 토지만매각,지분매각(건물X)]		348,480 244,000		유찰 1회 (70%)
□	17-72 기타용지	경기도 양주시 장흥면 [토지 7.16㎡ / 토지지분매각]		415,860 415,860		신건 (100%)
□	16-33 농지	경기도 용인시 처인구 양지면 [토지 5.8㎡ / 전 / 토지지분매각]		719,200 352,000		유찰 2회 (49%)

수익성이 높다

토지로 부자 된 이야기는 우리 주변에서 심심찮게 들을 수 있다. 땅이 수용되면서 대박이 났다거나, 농사만 짓던 땅이 개발되면서 부자가 된 경우가 정말 많다. 실제로 지난 50년간 우리나라의 땅값은 약 3,000배 올랐다. 따라서 토지 투자로 부자가 된 사례가 그렇게 많은 것은 우연이 아니다.

| 전국 지목별 평균 토지 가격 변화 |

지목	1964년(원/m^2)	2013년(원/m^2)	가격상승(배)
답	32.3	47,867	1,482
전	44.6	43,296	971
대지	389.3	898,948	2,309
임야	3.6	7,478	2,077
공장용지	2,700	336,311	116

출처:BOK 경제리뷰(2015.11) 우리나라 토지자산 장기시계열 추정

이에 반해 아파트 가격은 상대적으로 적게 올랐다. 비싼 아파트의 대명사인 압구정 현대아파트는 1975년 분양가가 1,416만 원이었는데 2018년 시세는 34억 원 이상이다. 240배쯤 오른 것이다. 물론 적게 오른 것은 아니지만 토지 평균 가격상승률의 1/10밖에 안 된다. 객관적으로 토지만큼 높은 수익을 올릴 수 있는 부동산은 없다.

시간이 지나도 토지의 가치는 상승한다

　돈을 현금으로 가지고 있으면 물가상승률만큼 가치는 떨어진다. 물가가 올랐다는 것은 돈의 가치가 그만큼 떨어졌다는 의미다. 이자율은 물가상승률보다 낮기 때문에 돈을 은행에 예금해두고 이자를 받는 재테크 방법은 결국 갖고 있는 재산을 점점 줄어들게 하는 결과를 가져온다. 현금이 아니라 건물을 가지고 있어도 마찬가지다. 콘크리트 건물의 수명은 대략 50년 정도다. 50년이 지나면 건물의 가치는 제로(0)가 된다. 그러니까 매년 1/50만큼 건물의 가치가 떨어진다는 말이다. 이렇게 반문할지도 모른다. "재건축 아파트는 건물이 오래되었는데도 계속 가격이 올랐잖아요?" 재건축 아파트도 대지지분만큼의 토지가격이 올랐기 때문에 가격이 오른 것이다.

　토지는 사용한다고 해서 가격이 떨어지는 것도 아니고 부족하다고 해서 새로 만들 수도 없다. 그래서 인플레이션에 대한 방어수단으로 토지만한 것은 없는 것이다.

　토지에 투자하라. 토지에 투자해두면 인플레이션에 가장 완벽하게 대응하는 것이고 돈의 가치가 떨어지는 것을 막을 수 있다. 토지를 사면 어떤 재테크 수단보다도 안정적이고 높은 수익을 올릴 수 있다. 단, 전혀 쓸모없는 토지가 아니어야 한다. 이 책을 읽고 나면 여러분은 전혀 쓸모없는 토지인지 아니면 가치가 있는 토지인지 구별하는 방법을 알게 될 것이다. 가치가 있는 토지를 골라내어 투자해두면 여러분도 미래에 부자가 될 수 있다.

2장.
토지 투자, 생각보다 쉽다

두려움을 떨쳐내면 토지 투자는 생각보다 쉽다. 두려움은 모르는 데서 온다. 알면 두려움은 사라진다. 이 책을 통해 여러분은 토지의 가치를 판단하는 방법을 알게 될 것이고 토지 투자에 대한 두려움을 떨쳐내게 될 것이다.

토지 투자는 생각보다 돈이 적게 들 수도 있고, 수익성도 높고 안정적이다. 하지만 막상 토지 투자를 하려고 하면 걱정되는 부분이 많을 것이다. 투자를 하면 오래 묵혀두어야 한다고 하니 그동안 다른 투자를 전혀 할 수가 없게 되고, 어떤 토지가 좋은지 잘 모르니 잘못하면 투자에 실패하지 않을까 불안하다. 당연하다. 사실 그것은 꼭 토지라서가 아니라 잘 모르는 분야에 나의 재산을 투자한다는 것에 대한 불안이다. 그 해결책은 실천이다. 머릿속으로 몇 백 번 생각하는 것보다 실제로 실천해보는 단 한 번의 경험이 더 도움이 된다. 토지에 대한 기본적인 지식을 갖추고 실전 경험을 하다보면 여러분도 어느새 토지 투자의 고수가 되어 있을 것이다. 토지 투자에 대한 두려움은 주변에 떠도는 정체 모를 소문들이다. 이제 소문이 아니라 진실을 보아야 한다. 여러분이 가지고 있는 토지 투자에 대한 오해를 실전 사례로 풀어보자.

오해 1_ 토지 투자는 무조건 장기 투자다?

답은 '그렇지 않다'다. 현재 토지가격보다 낮은 가격으로 매수한다면 현재 시세대로 매도해서 바로 수익을 만들 수 있다. 대부분의 토지 투자 서적을 보면 토지는 장기로 보유해야 돈을 벌 수 있다고 이야기한다. 토지를 매수한 후에 세월이 지나 주변에 개발사업이 진행되면 토지가격이 올라간다.

개발사업이란 산업단지나 물류단지 조성, 대규모 주택단지 건설, 행정타운 조성사업 등을 말한다. 이러한 개발사업이 완료되면 그 지역 일대에 인구가 증가하고 그 효과가 토지가격 상승으로 이어진다. 그래서 토지가격이 상승하려면 세월이 흘러야 하고 자연스레 토지 투자는 장기 투자라는 인식이 굳어진 것이다.

하지만 토지에 투자하는 방법을 깨우치면 10배, 20배의 큰 수익은 아니지만 단기간에 꽤 괜찮은 수익을 만들 수 있다. 더군다나 매수자가 이미 정해져 있는 경우라면 매수한 즉시 매도할 수도 있다. 과연 이런 토지가 있을까?

2013타경5		• 수원지방법원 여주지원	• 매각기일 : 2013.11.20(水) (10:00)	• 경매 2계(전화:031-880-7446)

소 재 지	경기도 이천시 부발읍 가좌리		도로명주소검색	

물건종별	임야	감 정 가	14,400,000원

구분	입찰기일	최저매각가격	결과
1차	2013-10-16	14,400,000원	유찰
2차	**2013-11-20**	**10,080,000원**	

토지면적	150㎡(45.375평)	최 저 가	(70%) 10,080,000원
건물면적		보 증 금	(10%) 1,010,000원
매각물건	토지지분매각	소 유 자	문
개시결정	2013-03-29	채 무 자	문
사 건 명	강제경매	채 권 자	보증보험(주)

낙찰 : **13,700,000원** (95.14%)

(입찰3명,)

매각결정기일 : 2013.11.27 - 매각허가결정
대금지급기한 : 2014.01.03
대금납부 2013.12.06 / 배당기일 2014.10.01
배당종결 2014.10.01

• **매각토지.건물현황** (감정원 : 세답감정평가 / 가격시점 : 2013.04.12)

목록	지번	용도/구조/면적/토지이용계획	㎡당 단가	감정가	비고
토지	1 가좌리 산	자연녹지지역, 가축사육제한지역, 준보전산지, 자연보전권역, 배출시설설치제한지역, 수질보전특별대책지역	임야 22.5㎡ (6.806평)	96,000원	2,160,000원	표준지공시지가: (㎡당)25,000원 ☞ 전체면적 45㎡중 문 지분 1/2 매각
	2 가좌리 산	자연녹지지역, 가축사육제한지역, 준보전산지, 자연보전권역, 배출시설설치제한지역, 수질보전특별대책지역 철도에저촉 ①	임야 127.5㎡ (38.569평)	96,000원	12,240,000원	② ☞ 전체면적 255㎡중 문 지분 1/2 매각
		면적소계 150㎡(45.375평)		소계 14,400,000원	
감정가		토지:150㎡(45.375평)	합계	14,400,000원	토지지분매각
현황 위치	* 초등학교 남서측 근거리에 위치, 주위는 전, 답 등이 소재하고 다세대주택, 단독주택이 산재하는 지역임 * 본건 인근까지 차량의 접근이 가능하며 제반 교통여건은 보통임 * 부정형 완경사지의 토지로서 현황 토목공사가 진행중임, 맹지임				

위 토지를 보던 중 '철도에 저촉'(①)이란 문구가 눈에 띄었다. 현장 사진을 보면 한창 공사가 진행 중이다. 철도를 만들기 위해 수용되고 보상을 받을 수 있는 토지가 아닐까 하는 생각이 들었다. 그런데 전체 토지가 아닌 1/2의 지분(②)만 경매에 나왔다. 나머지 지분은 누가 갖고 있을까? 등기부등본을 열람해 보았다.

| 토지 등기부등본 |

순위번호	등 기 목 적	접 수	등 기 원 인	권리자 및 기타사항
6	1번문 택지분전부 이전	2009년5월25일 제23635호	2009년5월22일 공공용지의 협의 취득	공유자 지분 2분의 1 한국철도시설공단 165271- 대전광역시 중구 대흥동

공유자 1명의 토지 지분은 2009.5.22.에 한국철도시설공단으로 소유권이 이전되었다. '공공용지의 협의 취득'이라는 것은 매매계약을 통해서 보상을 받았다는 의미다. 경매에 나온 두 필지 모두 같은 상황이었다. 그렇다면 경매로 나온 나머지 지분도 보상을 받을 수 있지 않을까라는 생각이 들었다.

몇 번의 전화 통화를 통해 답을 들었다. 두 필지 모두 보상 대상이고, 신청하면 바로 보상금을 받을 수 있다고 한다. 보상 담당자는 경매가 진행되고 있다는 사실을 모르고 있었기 때문에 나는 소유자 가족으로 위장하고 넌지시 보상금 액수를 물었다. 이 토지의 보상금은 정확히 알 수는 없었지만, 근처 임야 보상금은 대략적으로 알 수 있었다.

이제 입찰금액만 정하면 된다. 보상을 신청하면 바로 보상금이 지급된다고 하니, 단기 투자라는 점을 고려해서 입찰금액을 공격적으로 정했다. 결국 낙찰을 받았지만 2등과 200만 원 넘게 차이가 났던 것으로 기억한다. 입찰자들이 너무 높게 쓰지 않았느냐고 걱정했지만 이미 수익 계산을 다하고 입찰한 상태라 신경 쓰지 않았다. 잔금납부 후 1개월이 조금 더 지난 2014년 1월 14일에 보상금을 받았고 세후 310만 원의 수익을 얻었다. 겨우 310만 원이라고(?) 생각한다면 할 말이 없다. 그 돈을 벌기 위해 어떤 사람은 한 달 동안 고생하기도 한다. 오히려 전화 몇 통으로 너무 쉽게 돈을 벌었다는 사실에 미안한 마음이 들었다.

이처럼 경매 물건 중에는 조금만 깊게 조사해보면 단기간에 수익을 낼 수 있는 것들이 많다. 아파트나 빌라보다는 토지에서 그런 물건들을 많이 찾을 수 있다. 오랜 학습이 필요하지도 않고 토지에 조금만 관심을 갖고 공부하면 가능하다.

오해 2_ 공법을 모두 알아야 한다?

토지 투자 최대의 적, 몰라서 두려운 생각이 스멀스멀 올라온다. 사람들은 불확실한 것을 싫어한다. 눈앞에 아무것도 없다는 사실을 확인했어도 눈을 감고 걸어보라고 하면 몇 발짝 못가서 눈을 뜨고 만다. 예측할 수 없는 불확실성에 두려움을 느끼기 때문이다.

토지 투자에서도 마찬가지다. 사실 아무것도 문제 되지 않는 상황인데 많은 사람들이 토지 공법은 워낙 복잡하다고 하니까, 예외적인 경우가 있다고 하니까, 낯선 용어가 부담스러우니까 왠지 내가 모르는 문제가 있을 것 같은 생각이 들어서 입찰을 꺼려한다. 그 덕분에 토지 공법이 간단하게 적용되는 물건들도 제법 낮은 가격에 낙찰된다.

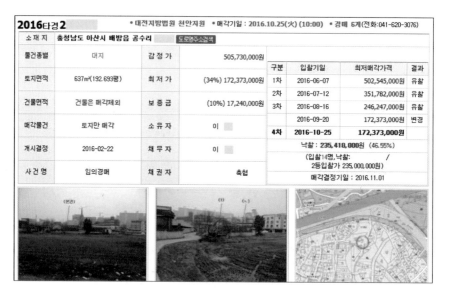

이 토지의 시세나 현황을 자세히 알 수는 없지만, 감정평가서를 보면 2013년 대출 당시 담보감정평가금액이 ㎡당 70만 원이었다는 사실을

알 수 있다. 즉, 당시 담보 가치는 4억 4,460만 원이었던 것이다.

그런 토지가 겨우 2억 3,541만 원에 낙찰되었다. 14명의 입찰자가 몰리긴 했지만, 3년 전 감정평가금액의 거의 절반 수준으로 낙찰된 것이다. 입찰 참가자들 모두가 남들이 높게 쓸 거라고는 생각하지 않은 것이다. 토지 경매는 아파트 경매보다 참여하는 사람이 훨씬 적은 '그들만의 리그'라서 낙찰만을 생각해서 확 지르는 경우는 드물다. 스스로 정한 수익 기준에 맞춰서 입찰한다. 이것이 입찰자 수는 많은데 낙찰가는 그리 높지 않은 이유다.

* 매각토지.건물현황(감정원 : 남경흥감정평가 / 가격시점 : 2016.03.02)

목록	지번	용도/구조/면적/토지이용계획	m²당 단가 (공시지가)	감정가	비고
토지	공수리	① 도시지역, 제2종일반주거지역, 가축사육제한구역(2015-07-27) (전부제한지역)〈가축분뇨의 관 리 및 이용에 관한 법률〉	대 637m² (192.693평)	790,000원 (494,500원)	503,230,000원	* 현황 대부분 주거나 지, 일부도로, 일부 제 시외건부지로 이용중 임 ▶제시외건물 및 구축 물로인하여 제한받는 가격 : 500,045,000 원 ▶대지인경우의 가 격 : @45,000원/ m²=60 1,965,000원
제시외 건물및 기타	1 공수리	구축물(담장,휀스) 블록담장, 메쉬휀스 1식 m²			2,500,000원	매각포함
	2	화장실	4.5m²(1.361평)	210,000원	945,000원	매각제외
	제시외건물및기타 일 부 매각제외				소계 2,500,000원	
감정가		토지:637m²(192.693평)		합계	505,730,000원	토지만 매각

이 사례 토지의 입찰자 수가 많았던 이유는 공법 분석이 쉽기 때문이다. 공법규제 내용(①)을 보자.

> 도시지역, 제2종일반주거지역, 가축사육제한구역(2015-07-27) (전부제한지역) 〈가축분뇨의 관리 및 이용에 관한 법률〉

'제2종일반주거지역'은 '도시지역' 중의 하나이므로 '제2종일반주거지역'이 기재된 이상 '도시지역'은 의미가 없다. '가축사육제한구역(2015-07-27) (전부제한지역) 〈가축분뇨의 관리 및 이용에 관한 법률〉'은 해당 법률에 따라 이 지역이 2015.7.27.에 가축사육제한구역으로 지정되었다는 의미다. '가축사육제한구역'의 의미를 정확히 모르더라도 그것이 '가축을 기르는 행위를 제한하는 구역'으로 추측할 수는 있다. 이 토지를 매수해서 가축을 기를 계획이라면 몰라도 그렇지 않다면 이 문구 역시 크게 신경 쓸 필요는 없다.

따라서 이 토지의 공법규제 내용에서는 '제2종일반주거지역'이라는 사실만 파악하면 된다. 주거지역이므로 당연히 주택을 지을 수 있다. 너무 간단하지 않은가?

공법규제 내용을 모두 알 필요는 없다. 기본적인 몇 가지만 알면 된다. 실제 투자에서는 공법규제보다 땅의 위치가 주택부지로 적합한지, 어느 정도의 가격으로 팔 수 있는지가 중요하다. 이는 현장조사를 통해 알아내면 된다.

오해 3_ 토지는 대출이 어렵다?

토지 투자를 해본 사람은 토지 대출이 비교적 잘 된다는 사실을 안다. 그러나 아직 많은 사람들이 토지를 사려면 큰돈이 든다고 생각한다. 그 이유 중 하나는 대출이 어렵거나 대출이 얼마 되지 않는다고 생각하기 때문이다. 대출이 왜 어렵다고 생각할까? 직접 경험해보지 않아서다. 금융기관에서 걱정하는 것은 혹시라도 원금과 이자를 떼이는 상황이다. 만일 그런 걱정이 없다면 토지일지라도 대출을 잘 해준다.

앞 사례에서 설명한 경매 토지 등기부등본이다. 낙찰자는 235,410,000 원에 토지를 낙찰받아 금융기관으로부터 잔금대출을 받았다. 과연 얼마를 받았을까?

| 토지 등기부 등본 |

순위번호	등 기 목 적	접 수	등 기 원 인	권 리 자 및 기 타 사 항

9	근저당권설정	2016년11월29일
		제73840호
			2016년11월29일
			설정계약
				채권최고액 금216,000,000원 ①
				채무자
				  서울특별시 양
				
				근저당권자 농협은행주식회사 110111-
				  서울특별시 중구 통일로

[토지] 충청남도 아산시 배방읍 공수리   고유번호

채권최고액(①)이 216,000,000원이다. 1금융권의 경우 대출원금의 120%를 채권최고액으로 설정한다. 그러면 낙찰가의 몇 %를 대출받았을까?

낙찰 금액	대출 원금	대출 비율
235,410,000원	216,000,000원 ÷ 120% = 180,000,000원	180,000,000원 ÷ 235,410,000원 = 76%

대출비율은 낙찰금액의 약 76%다. 대부분 80%까지는 대출이 되므로 이 정도의 대출비율도 조금 낮은 편에 속한다.

토지는 대출이 어렵다고 막연하게 생각하고 있었다면 이제부터는 생각을 바꿔야 한다. 금융기관에서 담보가치가 충분하다고 보는 토지를 잘 골라 낙찰받으면 대출도 충분한 금액으로 잘 받을 수 있다.

🏠 Summary

토지 투자를 해야 하는 이유

1. 토지 투자는 경쟁이 적다.

2. 토지도 소액투자가 가능하다.

3. 토지 투자는 수익성이 높다.

4. 토지는 감가상각이 없는 인플레이션 맞춤 상품이다.

5. 토지 투자도 단기매매가 가능하다.

6. 토지 공법은 몇 가지만 체크해도 충분하다.

7. 토지도 대출이 수월하다.

2부

좋은 토지는 건물을 지을 수 있는 토지다

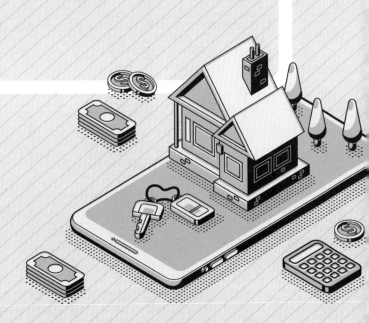

토지 투자를 하려면 어떤 토지를 골라야 할까? 좋은 토지를 골라야 한다고 하는데 인터넷 글이나 시중에 나온 책들을 살펴보면 원론적인 내용이나 복잡한 부동산 공법에 관한 얘기뿐이다. 토지 투자로 돈을 벌려면 투자에 필요한 부분만 골라내어 정확히 이해하는 것이 중요하다. 좋은 토지란 건물을 지을 수 있는 토지, 그중에서도 실수요자가 원하는 건물을 크고 높게 지을 수 있는 토지다. 그래야 개발을 하거나 다른 사람에게 되팔 수 있기 때문이다.

좋은 토지를 고르기 위해 체크하는 순서는 다음과 같다.

첫 번째, 건물을 지을 수 있는 토지인가?
두 번째, 어떤 건물을 지을 수 있는가?
세 번째, 어떤 규모로 지을 수 있는가?

1장.
건물을 지을 수 있는 토지인가?

토지를 볼 때 제일 먼저 할 일은 건물을 지을 수 있는 토지인지 판별하는 것이다. 왜 건물을 지을 수 있는 토지여야 할까? 우리는 토지를 사서 더 높은 가격에 팔든가, 건물을 지어서 팔거나 임대를 주어서 수익을 올리려고 한다. 만약에 건물을 지을 수 없는 토지라면 아무도 사지 않을 것이다. 농사를 짓는다면 모를까 건물을 지을 수 없는 토지는 투자 대상에서 제외해야 한다.

21억 원이 넘는 감정가로 17,000평이 넘는 임야가 경매로 나온 적이 있다. 이 토지는 10회 유찰된 끝에 감정가의 17%인 3억 7,400만 원에 낙찰되었다. 왜 이렇게 낮은 가격으로 낙찰되었을까? 그 이유는 바로 건물을 지을 수 없는 토지였기 때문이다. 이 토지의 원 소유자는 제값을 주고 토지를 구입했을 것이다. 하지만 감정가보다 훨씬 낮은 가격으로 팔렸다. 사실 이 토지는 쓸모없기 때문에 이 가격으로 낙찰받은 것도 다행이라고 생각해야 한다. 이처럼 건물을 지을 수 없는 토지는 가치가 없다. 그래서 토지를 볼 때는 건물을 지을 수 있는 토지인지 집중해서 보아야 한다. 그래야 투자에 실패하지 않는다는 것을 기억하자.

자, 그러면 건물을 지을 수 있는 토지인지 판별하려면 어떤 것을 체크해야 할까? 다음 세 가지를 확인해야 한다.

첫 번째, 건물을 지을 수 있는 도로가 있는가.
두 번째, 토지이용규제에서 건축을 허용하는가.
세 번째, 개발허가를 받는 데 문제는 없는가.

건물을 지을 수 있는 도로 판단법

1) 건물을 지으려면 도로가 있어야 한다

왜 도로가 있어야 건물을 지을 수 있을까? 「건축법」에서 교통·안전·방화·위생상 안전한 상태로 건물을 유지하고 보전하기 위해 도로에 접하지 않은 토지에는 건축물의 건축을 허용하지 않는다고 정하고 있기 때문이다.

:: 건축허가를 받으려면 토지가 도로에 2m 이상 접해야 한다.

건축허가를 신청하면 건축허가 담당자는 제일 먼저 도로가 있는지 여부를 심사한다. 만약 도로가 없는 토지라면 건축허가신청이 반려된다. 기존 도로에서 건축허가를 신청한 토지까지 진출입을 하는 데 필요한 도로 계획도 함께 가져오라고 한다. 그렇다면 도로를 얼마나 확보해야 할까? 토지가 도로와 접하는 폭이 2m 이상이 되어야 한다. 폭이 너무 좁으면 위급한 상황에서 접근이 어렵기 때문에 2m 미만이라면 건축허가를 받을 수 없다.

| 건축을 하려는 토지와 도로의 관계 |

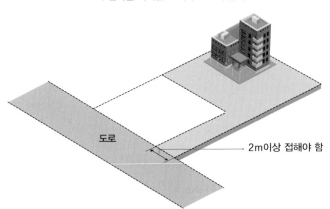

:: 건축허가를 받을 수 없는 도로도 있다.

도로에 2m 이상만 접하면 건물을 지을 수 있을까? 아니다. 토지가 도로에 접해야 하는 이유는 도로를 통해서 차량과 사람이 건물 내부로 왕래할 수 있어야 하기 때문이다. 그래서 고속도로처럼 차량이 빠른 속도로 달리는 도로에 붙어 있는 토지는 설령 도로에 2m 이상 접하고 있다고 하더라도 건물을 지을 수 없다. 건물 내부로 들어가고 나오는 길이 너무 위험하기 때문이다. 또한, 도로로 사용되고 있는 토지가 타인의 소유라면 건축허가를 받지 못할 수도 있다. 타인의 토지를 통해 통행을 허가한다면 도로로 사용되고 있는 토지 소유자의 재산권을 침해하는 것이기 때문이다. 이런 경우에 건축허가 담당자는 도로로 사용되고 있는 토지의 소유자로부터 동의서를 받아오라고 요구한다. 그래서 건축허가를 받는 데 아무런 문제가 없는 도로의 요건에 대해 확실히 알아야 한다.

2) 건축허가를 받을 수 있는 도로의 4가지 요건

땅 옆에 멀쩡한 도로가 있는데도 그 도로를 이용해서 건축허가를 받지 못하는 경우도 허다하다. 건축허가를 받을 수 있는 도로는 눈으로 판단해서는 안 된다. 건축허가 담당자의 기준으로 판단해야 한다. 그래서 건축허가를 받는 데 아무런 문제가 없는 도로의 요건을 아는 것은 매우 중요하다. 그 요건은 다음의 4가지다.

> 하나, 도로의 폭이 4m 이상이어야 한다.
>
> 둘, 보행과 자동차 통행이 가능해야 한다.
>
> 셋, 지목이 도로이고 국가 소유여야 한다.
>
> 넷, 지적도와 현황상 모두 도로가 있어야 한다.

이 4가지 조건을 모두 만족해야 한다. 만약 하나라도 만족하지 못하면 건축허가를 받지 못할 수 있다.

하나, 도로의 폭이 4m 이상이어야 한다.

여기서 4m 이상이란, 현황으로도 4m 이상이어야 하고 지적도상으로도 4m 이상을 의미한다. 그래서 도로의 폭을 볼 때는 이 두 가지를 모두 보아야 한다. 현황상 폭이 4m 이상인지를 알기 위해서는 땅을 보러갈 때 줄자를 들고 가서 도로의 폭을 꼭 재어보자. 또, 지적도상으로 4m 이상이 되는지는 지적도면에서 눈금자로 거리를 재면 된다. 실제 거리는 눈금자로 잰 거리를 축적으로 나눈 값이다. 예를 보자.

| 지적도면에서 거리 재기 |

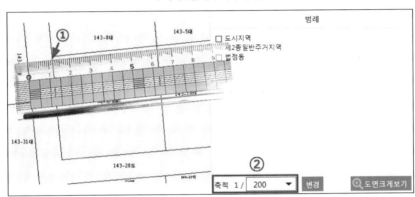

위 그림에서 도로의 폭을 재면 12mm(①)다. 이 거리는 축적이 1/200(②)인 도면에서의 거리이므로 실제 이 도로의 폭은

12mm ÷ 1/200 = 12 × 200 = 2,400mm = 2.4m다.

자를 활용하여 도로 폭을 쉽게 계산하는 방법

자로 잰 도로 폭의 길이 ÷ 축적 = 실제 도로 폭

둘, 보행과 자동차 통행이 가능해야 한다.

도로를 통해서 자동차도 땅 안으로 들어올 수 있고 사람도 땅 안으로 들어올 수 있어야 한다는 의미다. 고속도로나 자동차 전용도로는 사람이 다니지 못하는 도로이고, 보행자 전용도로, 자전거 도로는 자동차가 다니지 못하는 도로이니 이런 도로는 건물을 지을 수 있는 도로에 해당되지 않는다.

셋, 지목이 도로이고 국가 소유여야 한다.

지목이 도로이고 국가 소유여야 건축허가를 받는 데 아무런 문제가 없다. 실제 도로로 사용하고 있는 토지라도 타인 소유라면 건축허가 담당자가 그 토지 소유자의 토지사용승낙서를 받아오라고 요구하는 경우가 많다.

토지사용승낙서란?

남의 땅에 어떤 행위를 하고자 할 때는 그 소유자의 동의가 필요하다. 이 동의는 서면으로 이루어지는데, 이것을 토지사용승낙서라고 한다. 토지사용승낙을 받은 사람은 토지를 처분할 권한은 없지만 사용, 수익할 권한을 갖게 된다.

토지사용승낙서는 도로가 없는 맹지에 건축을 할 때 가장 많이 사용되는데, 도로로 사용할 부분에 대하여 그 토지소유자로부터 토지사용승낙서를 받아 건축허가를 신청한다. 이 경우, 비록 땅이 도로에 접하지는 않았지만 도로를 확보했다고 인정하기 때문에 건축허가를 받을 수 있다.

토지사용승낙서를 받을 때 정해진 가격은 없으며, 당사자끼리 협의된 금액으로 정해진다. 토지사용승낙서에 대한 특별한 법정양식도 없다. 다만, 주의할 점은 토지사용승낙서는 양 당사자 외의 타인에게는 그 효력이 없다는 사실이다. 또한, 토지사용승낙서를 첨부하여 이미 건축허가를 받았다면 토지소유자는 토지사용승낙을 취소하거나 철회하지 못한다는 사실을 유의하자.

넷, 지적도와 현황상 모두 도로가 있어야 한다.

지적도와 현황 중에 하나만 도로가 있다면 건축허가를 받지 못할 수도 있다. 반드시 지적도에도 도로가 있는지 확인하고, 현장에서도 도로가 있는지 확인해야 한다.

| 개인 소유의 토지에 나 있는 도로 |

위성사진   지적도

위성사진을 보면 노란색으로 표시된 토지는 남쪽으로 도로가 접해 있는 것을 확인할 수 있다. 이렇게 도로에 접해 있기만 하면 건축허가를 받을 수 있는 것일까?

다시 지적도를 통해 확인해보면 해당 도로는 남의 땅, 즉 해당 토지의 남쪽에 있는 땅들을 가로질러 만들어져 있다는 사실을 알 수 있는데, 이러한 경우에는 건축허가 담당자가 해당 도로 소유자들의 토지사용승낙서를 요구할 수도 있다. 따라서 눈앞에 보이는 도로가 있다고 하더라도 그 도로로 건축허가를 받을 수 있는가는 별개의 문제다. 그러나 이런 사실을 간과하고 땅을 사는 사람들이 의외로 정말 많다. 그러다가 막상 건축허가 신청 후 돌아오는 담당 공무원의 답변을 듣고는 깨닫게 되는데, 이미 때는 늦은 것이다.

이런 난관을 만나지 않기 위해서는 이와 같은 경우에는 반드시 땅을 사기 전에 건축허가 담당자에게 물어보도록 하자.

"제가 사려는 토지인 000번지에는 지적도에는 없고 현황도로만 있는 상황입니다. 이 도로를 통해서도 건축허가를 받을 수 있습니까?" 그 후 건축허가 담당자의 대답을 듣고 결정해도 늦지 않는다.

3) 막다른 도로는 도로 폭 기준이 다르다

'막다른 도로'는 「건축법」에서 도로 길이에 따라 도로 폭의 기준을 따로 정하고 있다. '막다른 도로'란 들어갔던 입구로 다시 되돌아 나와야 하는 도로를 말하는데, 쉽게 말해 입구만 있고 출구가 없는 도로를 말한다. 또한, 법적인 용어는 아니지만 입구와 출구가 각각 존재하는 도로는 '통과도로'라고 부른다.

| 막다른 도로에서 적용되는 도로의 폭 기준 |

구분	도로의 길이	도로의 폭
막다른 도로	10m 미만	2m
	10m 이상 ~ 35m 미만	3m
	35m 이상	6m (도시지역이 아닌 읍 · 면 지역은 4m)

표에서 알 수 있듯 막다른 도로의 길이가 10m 미만인 경우에는 도로 폭이 2m만 되어도 건축허가를 받을 수 있고, 35m 미만이면 3m만 되어도 건축허가를 받을 수 있다. 막다른 도로의 길이를 측정할 때는 막다른 도로가 시작되는 지점부터 도로 끝 부분까지의 길이를 잰다.

🏠 Summary

1. 좋은 토지를 고르기 위한 체크리스트

☐ 건물을 지을 수 있는 토지인가

☐ 어떤 건물을 지을 수 있는가

☐ 어떤 규모로 지을 수 있는가

2. 건축 가능한 토지를 판별하기 위한 체크리스트

☐ 건물을 지을 수 있는 도로가 있는가

☐ 토지이용규제에서 건축을 허용하는가

☐ 개발허가를 받는 데 문제는 없는가

3. 건물을 지을 수 있는 도로의 요건

☐ 도로가 토지에 2m 이상 접해야 한다.

☐ 도로 폭이 4m 이상이어야 한다.

☐ 보행과 자동차 통행이 가능해야 한다.

☐ 지목은 도로이고 국가 소유여야 한다.

☐ 지적도 및 현황상 모두 존재하는 도로여야 한다.

남의 말만 믿고
내 돈을 투자하지 마라

　토지를 매수하고 난 후에 상담을 요청하는 사람들이 정말 많다. 이미 엎지른 물인데 뭘 바라는지 모르겠다. 좋은 토지를 샀다고 칭찬해 달라고 하는 것인지, 사후검증을 해보겠다는 것인지 궁금하다. 그 사람들에게 왜 그 토지를 구입하게 되었는지 물어보면 이유는 비슷하다.

　지인이 사라고 해서라든가, 주위에서 그 땅이 좋다고 해서다. 옷 하나 살 때도 요모조모 살펴보고 고르면서 거액의 돈이 들어가는 토지를 살 때는 남의 말만 듣고 덜컥 사버린다. 그렇게 해서 투자에 성공하면 다행이지만 실패하는 경우가 더 많다.

　얼마 전 사업을 하는 지인이 토지를 구입하기 전에 땅 좀 봐달라고 부탁했다. 이 사람 저 사람 모두 토지를 한번 봐달라고 하지만 대부분 거절한다. 의뢰받는 토지를 검토해 주다가는 다른 일을 못하기 때문인데, 하지만 이 지인은 거절할 수 없는 사람이었다.

| 지인이 검토 의뢰한 토지 |

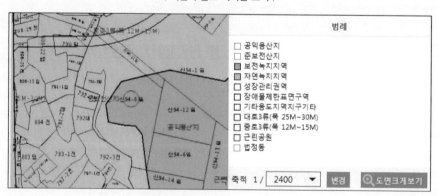

일단 나는 이 땅을 왜 사려고 하는지 지인에게 물었다. 지인은 나중에 집을 지어 살고 싶다고 답했다. 토지이용계획확인서 도면을 보니 지적상 도로가 없다. '중로3류'라는 계획도로가 있지만 아직 아무것도 진행되고 있지 않다. 그리고 도면에서 녹색부분은 공익용산지인데, 이 부분에는 주택을 지을 수 없다. 절반 정도가 쓸모없는 토지란 의미다.

검토 결과를 지인에게 설명했고, 다행히 이 지인은 땅을 매수하기 전에 문의를 해온 상태였기 때문에 어떤 문제가 있는지 알고 매수 여부를 결정할 수 있었다. 그러나 대부분의 사람들은 제대로 검토도 하지 않은 채 남의 말만 듣고 덜컥 사버린다. 참으로 위험한 일이다. 그렇게 알아보지도 않고 땅을 사놓고는 팔리지도 않고 가격도 오르지 않는다고 푸념만 한다. 그러므로 토지를 매수하기 전에는 충분한 검토를 해야 하고, 검토 과정에서 가치 있는 땅을 판단할 수 있는 실력을 키울 필요가 있는 것이다.

사례1 눈에 보이는 도로라도 확인해야 한다

 2017년 초 지인으로부터 경매 물건에 대한 문의가 왔다. 건물은 매각에 서 제외되고 토지만 경매에 나온 물건이었다. 건물 소유자와 다툼을 벌이는 다소 복잡하고 어려운 물건이었지만 감정가의 절반까지 유찰되어 매력적인 가격이었다.

2016타경1		● 대전지방법원 서산지원 ● 매각기일 : 2017.04.25(火) (10:00) ● 경매 5계 (전화:041-660-0695)					
소 재 지	충청남도 당진시 송악읍 고대리 194-1461 외 1필지 도로명주소검색						
물건종별	임야	감 정 가	306,261,000원	구분	입찰기일	최저매각가격	결과
토지면적	617㎡(186.642평)	최 저 가	(34%) 105,048,000원	1차	2016-06-28	306,261,000원	유찰
건물면적	건물은 매각제외	보 증 금	(10%) 10,510,000원	2차	2016-08-09	214,383,000원	유찰
매각물건	토지만 매각이며, 지분 매각임	소 유 자			2016-09-20	150,068,000원	변경
					2017-01-03	150,068,000원	변경
개시결정	2016-01-07	채 무 자		3차	2017-03-21	150,068,000원	유찰
사 건 명	임의경매	채 권 자			**2017-04-25**	**105,048,000원**	

 이 지역에는 인근 산업단지 근로자들이 사는 주택들이 빼곡하게 들어서 있었으나, 이 토지만 건축 중이었다. 지인은 건물소유자와의 협상결과에 따라 이 토지를 처리하고 싶어했다. 지인은 건물소유권을 사들이고 공사를 계속해서 건물을 완성하는 방안과 건물을 철거한 후에 다시 건물을 짓는 방 안, 두 개의 방법을 두고 고민하고 있었다.

 건물의 법정지상권이 성립하지 않는다면 토지 낙찰자는 건물 철거라는 카드를 가지고 건물 소유자를 압박해서 협상의 우위를 점할 수 있다. 그래 서 법정지상권 성립 여부를 잘 따져보아야 한다. 지인은 법정지상권이 성립

하지 않는다는 것을 알아냈다. 건물의 철거도 가능하다는 사실을 확인한 후에 혹시나 하는 마음으로 필자에게 문의한 것이었다.

건물을 철거하고 나면 다시 건축허가를 받아야 한다. 그래서 짓다 만 건물이 없는 나대지로 생각하고 건물을 지을 수 있는지 그 요건을 하나씩 따져보았다. 그중에서 가장 중요한 것은 건축법상의 도로가 있는가이다.

| 경매 토지에 맞닿은 도로의 모습 |

사진 왼쪽에 있는 짓다 만 건물이 있는 토지가 경매 물건이다. 빌라 사이에 폭 6m의 현황도로가 보인다. 도로 양쪽에 건물이 있으니까 당연히 이 도로를 이용해서 건축허가를 받는 데 문제가 없다고 생각한다면 큰 오산이다. 항상 돌다리도 두드려봐야 한다.

당진시청 건축과에 문의 전화를 했다.

"송악읍 고대리 194-1461 토지를 사려고 합니다. 이 토지에 붙어 있는 도로가 있는데, 이 도로를 이용해서 건축허가를 받는 데 문제가 없나요?"

시청 담당자가 내용을 살펴보더니 이렇게 답해주었다.

"이 도로는 사유지라서 선생님 토지에 건축허가를 받으려면 도로 소유자 전원의 동의서를 받아오셔야 합니다."

등기부등본을 떼어보니 도로 소유자가 무려 14명이다. 이 사람들의 동의서를 받는다는 것은 사실상 불가능하다. 또 그 대가를 얼마나 요구할 것인지도 감이 오지 않았다. 결국 지인은 입찰을 포기했고, 계속된 유찰로 인해 경매 신청 채권은행은 경매를 취하했다.

만약 지인이 이 토지를 낙찰받고 건물소유자를 찾아가서 건물철거로 압박을 했다면 건물소유자가 오히려 철거를 하겠다고 지인을 압박할 수도 있다. 칼자루를 잡았다고 생각했는데 칼날을 잡은 격이 될 수도 있었던 것이다.

사례2 **구거점용허가를 통한 맹지 탈출**

내 땅과 도로 사이에 남의 땅이 끼어 있다면 그 소유자로부터 토지사용승낙서를 받아야 건물을 지을 수 있다. 그래서 지적도에서 도로에 접해 있지 않은 땅이라면 지레짐작으로 맹지라고 생각하기 쉽다. 하지만 이런 땅 중에는 전혀 문제가 없는 것도 있다.

충남 당진시에 있는 농지가 경매에 나왔다.

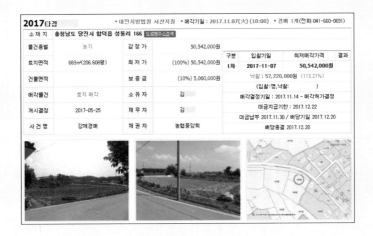

위성사진으로 보면 도로와 이 토지 사이에 다른 땅이 끼어 있어 맹지로 보인다.

| 위성사진 |

이 토지는 정말 맹지일까? 끼어 있는 땅의 소유자가 중요한데, 만약 땅 소유자가 국가나 공공기관이라면 얘기가 달라진다. 땅 일부를 진입로로 사용하겠다는 허가만 받으면 건물을 지을 수 있는 토지가 되기 때문이다.

이 농지의 지적도면을 보자.

| 토지이용계획확인서 지적도면 |

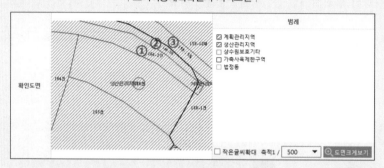

164-2번지(①) 토지등기부등본을 열람해보았더니 한국농어촌공사 소유의 구거였다. 공공기관에서 소유하고 있으니 점용허가가 가능한지 확인해보면 된다. 한국농어촌공사 당진지사 담당자를 찾아 문의해본 결과 구거점용허가를 받아 진입로로 사용할 수 있다고 했다.

| 구거점용허가를 받아 만든 진입로 사례 |

이제 166-1번지(②)와 159-15번지(③)를 조사할 차례다. 도로로 사용되는 땅으로 보이지만, 도로의 요건에 맞는지 확인해야 하기 때문이다. 이 두 토지는 지목이 도로이기는 하지만 소유자가 개인이므로, 건축허가를 신청하면 시청에서는 소유자의 토지사용승낙서를 요구할 수도 있는 상황이었다. 시청 건축허가담당자에게 문의해보았다. 이 두 토지는 시에서 개설한 도로에 포함되어 있기 때문에 개인 소유라도 토지사용승낙서가 필요 없다는 답변이 돌아왔다. 위성지도로는 맹지로 보이는데 실제로는 맹지가 아니었던 것이다. 경매감정평가에서도 도로에 접한 토지가 아닌 것으로 보고 실제 가치보다 낮게 평가된 상태였다.

이 토지는 지인이 문의했던 물건이었다. 나는 이와 같은 조사 결과를 토대로 지인에게 신건에서의 입찰을 적극 검토해보라고 추천했으나 지인은 1회 유찰하면 입찰하겠다고 했고, 결과적으로는 다른 사람이 신건에 낙찰받아버렸다. 지인이 조금 더 적극적인 자세를 가졌었더라면 하는 큰 아쉬움이 남았던 물건이다.

이 사례에서 보는 것처럼 위성사진만 보고 섣불리 맹지라고 판단해서는 안 된다. 사려고 하는 땅과 도로 사이에 다른 땅이 끼어 있다고 하더라도 그 땅의 소유자가 국가나 지방자치단체, 공공기관일 경우에 점용허가를 받으면 도로에 접한 토지로 바꿀 수 있다는 점을 기억하기 바란다.

먼저 건축허가 담당자에게 확인하라

건축허가를 받으려면 토지가 도로에 2m 이상 접해야 하고, 그 도로는 앞에서
설명한 4가지 요건을 모두 충족해야 건축허가를 받을 수 있다. 하지만 실제로
이 조건을 모두 충족하지 못하는 도로가 많다. 지적도에는 도로가 없는데 오래
전부터 마을 사람들이나 차량이 다니는 도로도 있고, 도로 소유자가 개인인 경
우도 있다.

그렇다면 과연, 이런 도로는 건축허가를 받기에 적합한 도로로 인정받을 수 있
을까? 우리가 판단하기는 어렵다. 이런 경우에는 건축허가 담당자에게 직접 확
인해보는 것이 가장 빠르고 정확한 방법이다. 혹시나 앞에서 설명한 4가지 조건

| 토지이용계획확인서 |

소재지	경기도 양평군 서종면 문호리 일반 592-11		
지목	대	면적	432 ㎡
개별공시지가 (㎡당)	513,000원 (2017/01)		
지역지구등 지정여부	「국토의 계획 및 이용에 관한 법률」에 따른 지역·지구등	계획관리지역	
	다른 법령 등에 따른 지역·지구등	자연보전권역<수도권정비계획법> , 공장설립제한지역<수도법> , 배출시설설치제한지역<수질 및 수생태계 보전에 관한 법률> , (한강) 폐기물매립시설 설치제한지역<한강수계 상수원수질개선 및 주민지원 등에 관한 법률> , (한강)수변구역<한강수계 상수원수질개선 및 주민지원 등에 관한 법률> , 수질보전특별대책지역(1권역)<환경정책기본법>	
「토지이용규제 기본법 시행령」 제9조제4항 각 호에 해당되는 사항			

확인도면

범례
- □ 임업용산지
- ▨ 준보전산지
- ▨ 계획관리지역
- ▨ 보전관리지역
- □ 농림지역
- □ 자연보전권역
- □ (한강)수변구역
- □ 한강폐기물매립시설설치제한지역
- □ 수질보전특별대책지역
- □ 배출시설설치제한지역
- □ 법정동

축적 1 / 600 ▼ 변경   🔍 도면크게보기

에 맞지 않는 도로라 하더라도 포기하지 말고 지자체 건축허가 담당자에게 꼭 확인해보기 바란다.

공매로 나왔던 토지다.

위는 해당 토지의 토지이용계획확인서다. 지적도에는 도로(①)가 있다. 토지는 지적도상 도로에 2m 이상 접해 있고, 그 도로는 폭이 4m 이상이다.

하지만 이 도로(①)의 소유자는 개인이다. 그렇다면 이 경우에도 도로 소유자의 동의서가 있어야만 건축허가를 받을 수 있을까? 건축허가 담당자에게 확인해보니 도로 소유자의 동의는 필요 없다고 했다. 하지만 다음 공매 물건의 경우는 다르다.

| 토지이용계획확인서 |

소재지	경기도 화성시 청남면 계항리 일반 523-3			
지목	답		면적	1,243 ㎡
개별공시지가 (㎡당)	116,000원 (2017/01)			
지역지구등 지정여부	「국토의 계획 및 이용에 관한 법률」에 따른 지역·지구등	계획관리지역		
	다른 법령 등에 따른 지역·지구등	성장관리권역<수도권정비계획법>		
「토지이용규제 기본법 시행령」 제9조제4항 각 호에 해당되는 사항	<추가기재> 하천구역은 재난안전과 방재부서(031-369-2461) 확인 바랍니다.			

범례
□ 계획관리지역
□ 법정동

② 522-5 도

축적 1 / 1200 ▼ 변경   🔍 도면크게보기

아래의 토지도 지적상 도로(②)에 2m 이상 접해 있고, 그 도로 폭도 4m가 넘는다. 또한 이 도로(②) 역시도 개인 소유의 토지다.

여기까지는 앞의 공매 토지와 동일하다. 그러나 건축허가 담당자에게 확인해보니 이 토지는 도로 소유자의 동의서가 필요하다고 한다. 도로의 겉모습은 똑같지만 전혀 다른 답변이다. 그 이유는 건축허가 담당자의 업무처리 기준에 차이가 있을 수도 있지만, 도로가 만들어진 경위나 다른 토지들과의 관계가 다르기 때문이다. 이렇듯 도로의 4가지 기준에 맞지 않고 판단하기 애매한 경우라면 바로 건축허가 담당자에게 문의해보면 된다.

토지 투자 필수 서류 '지적공부' 발급받기

아파트를 매매할 때 꼭 확인해야 하는 필수 서류는 아파트 등기부등본이다. 이를 통해 소유자가 누구인지, 가압류나 근저당이 설정되어 있는지 등을 확인할 수 있다. 토지는 여기에 추가로 '지적공부'를 확인해야 한다. 지적공부는 측량을 통해 조사된 토지의 소재, 지번, 지목, 면적, 경계, 좌표 및 기타 필요한 사항을 기재한 서류를 말한다.

지적공부에는 토지대장, 임야대장, 지적도, 임야도, 공유지연명부, 대지권등록부 및 경계점좌표등록부가 있다. 지적공부의 종류별로 특징, 발급방법, 확인할 사항 등을 알아보자.

토지대장

토지를 사기 전에 반드시 확인해야 하는 서류가 바로 토지대장(또는 임야대장)이다. 토지가 분할 또는 합병되거나 바다를 매립하여 만들어지는 경우 가장 먼저 작성되는 서류다. 토지대장에 기재된 토지의 지번, 지목, 면적은 다른 서류보다 우선한다. 간혹 토지 등기부등본에 기재된 지목이나 면적이 토지대장과 다른 경우가 있는데, 이때는 토지대장에 기재된 지목이나 면적이 기준이다. 토지대장은 정부24(www.gov.kr)에서 발급받을 수 있다.

먼저 메인화면에 접속한다.

| 정부24 홈페이지 메인화면 |

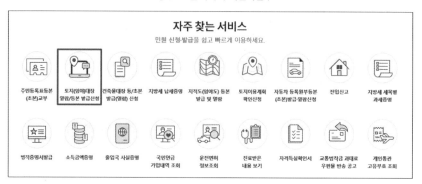

'토지(임야)대장 열람/등본 발급신청'을 클릭하면 다음과 같은 화면이 뜬다.

| 토지임야대장 열람신청 |

① : 직접 문서로 출력하려면 '교부'를 선택하고, 화면으로 보려면 '열람'을 선택한다.

② : 토지대장을 선택한다.

③ : 주소를 입력한다.

④ : 토지의 분할·합병 이력을 보려면 '유'를 선택한다. 토지대장 발급 시에는 항상 '유'를 선택하자.

⑤ : 토지의 합병 등으로 지금은 없어진 지번인 경우에 '폐쇄'를 선택한다.

⑥ : 입력이 다 끝났으면 클릭한다.

'민원신청하기'를 클릭하면 다음과 같은 토지대장을 열람할 수 있다.

| 토지대장 |

고유번호	4			토지 대장		도면번호	4	발급번호	2	-	-
토지소재	경기도 양평군 양평읍 백안리					장 번 호	3-1	처리시각	19시 14분 10초		
지번	17-30		축척	1:1200		비 고		발 급 자	인터넷민원		

토지 표시				소유자			
지목	면적(㎡)	사유		변 동 일 자	주소		
				변 동 원 인	성명 또는 명칭		등록번호
(05) 임야	669	(21)1998년 09월 30일 17-6번에서 분할	⑦	1997년 03월 06일	747		
				(03)소유권이전	김		380510-1******
(08) 대	669	(40)2003년 03월 05일 지목변경	⑧	1998년 10월 16일	양서면		
				(03)소유권이전	신		630521-2******
		--- 이하 여백 ---		2002년 11월 16일	인천시 부평구		
				(03)소유권이전	박		401017-1******
				2003년 08월 14일	인천시 부평구		
				(04)주소변경	박		401017-1******
등급 수정 년 월 일							
토 지 등 급 (기준수확량등급)							
개별공시지가기준일	2011년 01월 01일	2012년 01월 01일	2013년 01월 01일	2014년 01월 01일	2015년 01월 01일	2016년 01월 01일	2017년 01월 01일	용도지역 등
개별공시지가(원/㎡) ⑨	152000	172000	172000	157000	165000	170000	175000	

토지 대장에 의하여 작성한 열람본입니다.
2017년 12월 11일

경기도 양평군수

⑦ : 지목과 면적을 확인한다. 이 토지는 1998.9.30. 17-6번지에서

분할되었다.

⑧ : 2003.3.5. 지목이 '대'로 변경되었다. 이 토지는 현재 지목이 '대'
이고 면적이 669m²임을 확인할 수 있다.

⑨ : 개별공시지가 또한 토지대장에서 확인이 가능하다.

임야대장

주소에 '산'이 붙어 있는 토지는 임야대장을 발급받아야 한다. 지목
이 임야라도 '산'이 붙어 있지 않은 토지는 토지대장을 발급받는다. 예
를 들어, 경기도 양평군 양평읍 백안리에 위치한 '783번지'와 '산15-6
번지'는 모두 지목이 임야다. 이때 783번지는 토지대장을 발급받고, 산
15-6번지는 임야대장을 발급받아야 한다.

임야는 면적이 커서 별도로 관리하는데, 조그만 필지로 분할되면 임
야대장이 아닌 토지대장으로 관리된다. 임야대장은 토지대장 발급화면
②에서 '임야대장'을 선택하면 된다. 보는 방법은 토지대장과 같다.

지적도

지적도에는 지번, 지목, 경계, 축척 등이 나타나 있다. 지적도는 '정
부24' 사이트에서 발급이 가능하다.

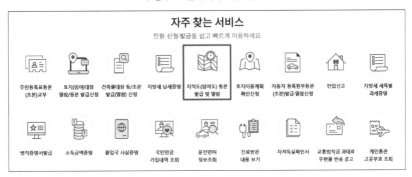

정부24 메인화면에서 '지적도(임야도) 등본 발급 및 열람'을 클릭하면 다음과 같은 화면이 뜬다.

| 지적도 신청 |

지적도등본교부   임야도등본교부

지적도등본교부신청

신청내용 ∧

*표시는 필수 입력사항입니다

대상토지소재지 주소 *   경기도 양평군 양평읍 백안리   주소검색

일반 ∨   17   번지   30   호

예) 1-1은 1번지 1호

수령방법선택 ∧

*표시는 필수 입력사항입니다

수령방법 *   온라인발급(본인출력)   검색

수령기관 선택   검색

발급부수 *   1   부

신청일 *   20   년   월   일

민원신청하기   취소

발급받을 주소를 입력한 후 '민원신청하기' 버튼을 누른다. 지적도는

화면 출력은 지원하지 않고 종이로만 출력이 가능하다.

지적도를 보면 해당 토지의 형상을 알 수 있고, 주변 토지들의 배치 형태와 지목을 알 수 있다. 지적도는 항상 위쪽이 북쪽이다. 뒤에 있는 지적도의 축척(①)은 1/1200이다. 지적도에서는 축척이 고정되어 있어 사용자가 변경할 수는 없다. 그래서 실제 지적도상의 거리를 잴 때는 축척을 자유롭게 변경할 수 있는 토지이용계획확인서 도면을 사용한다.(토지이용계획확인서를 열람하는 방법은 뒷장에서 설명한다.)

지적도에서 가장 눈여겨봐야 할 것은 진입도로와 구거다. 이 토지는 지적도상으로 북쪽에 도로(②)가 있다. 그리고 지적도에는 보이지 않지만 이 도로는 서북쪽(지적도에서는 왼쪽 위)으로 이어져 있다. 만약 구거가 있다면 지적도에 표시가 되었을 것이다.

지적도에서는 경사나 현황도로가 있는지는 알 수 없다. 위성사진을 통하여 어느 정도는 파악할 수 있지만 현장을 방문해야 정확히 확인할 수 있다.

문서확인번호: 1512-████████-8468

진본
2017/12/11
19:24:43
KST
정부24

지적도 등본

발급번호	G████████████	처리시각		발급자	민원24
토지소재	경기도 양평군 양평읍 백안리	지 번	17-30번지	축 척	등록:1/1200 출력:1/1200

지적도등본에 의하여 작성한 등본입니다.
이 도면등본으로는 지적측량에 사용할 수 없습니다.
2017년 12월 11일
경 기 도 양 평 군 수

임야도

주소에 '산'이 붙어 있는 토지는 임야도를 발급받아야 한다. 지목이 임야라도 '산'이 붙어 있지 않은 토지는 지적도를 발급받는다.

공유지연명부

한 필지를 두 명 이상이 소유하는 경우에 그 소유자에 관한 내용을 기록하는 장부다.

대지권등록부

아파트 등 집합건물의 토지인 경우 건물의 대지에 갖는 권리인 대지권을 표시한 장부다.

경계점좌표등록부

지적도의 지적경계를 확인하기 위해서는 매번 측량을 해야 한다. 그러나 지적경계를 GPS를 이용하여 좌표로 표시하면 더욱 정확할 것이고 경계를 확인하는 것도 수월할 것이다. 이처럼 경계점 위치가 좌표로 표시된 도면 형식의 지적공부를 경계점좌표등록부라고 한다.

정부는 전 국토를 대상으로 지적을 재조사해서 지적도를 경계점좌표등록부로 바꾸고 있다. 특히 분당 신도시와 같이 택지개발 사업 등으로 조성된 지역의 경우는 처음부터 경계점좌표등록부로 작성하여 관리한다. 경계점좌표등록부 역시 '정부24'에서 발급받을 수 있다.

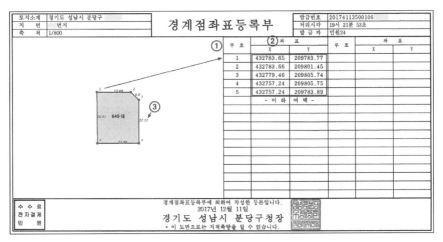

① : 경계좌표부호이고, 시계방향으로 번호가 부여된다.

② : GPS로 수신한 경계점 좌표를 표시한 수치

③ : 경계점 사이의 거리

토지이용규제에서 건축 허용 판단법

1) 토지이음 서비스를 열람하라

토지가 도로에 접해 있다고 하더라도 무조건 건물을 지을 수 있는 것은 아니다. 토지소유자가 아무렇게나 건물을 짓는다면 난개발이 되어 국토를 효율적이고 균형 있게 이용하지 못하기 때문이다. 따라서 국가에서는 토지마다 토지이용규제를 정해놓았다. 토지를 구입하기 전에 해당 토지의 이용규제가 어떻게 정해져 있는지 반드시 확인해야 한다.

그렇다면 토지마다 정해져 있는 토지이용규제를 어떻게 확인할 수 있을까? 국가에서는 토지이음 서비스를 통해 토지이용계획확인서를 열람할 수 있게 해주고 있다. 그러니 국민 누구나 토지이용규제 내용을 확인할 수 있다.

∷ 토지이용계획확인서 열람하기

토지이음(http://www.eum.go.kr)에서 토지이용계획확인서를 열람할 수 있다.

| 토지이용계획확인서 열람 |

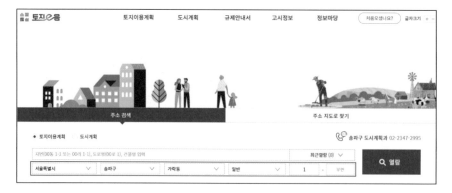

먼저 토지가 소재하고 있는 지역과 지번을 입력하고 '열람' 버튼을 누르면 토지이용계획확인서가 조회된다.

:: 토지이용계획확인서 보는 법

| 토지이용계획확인서 설명 |

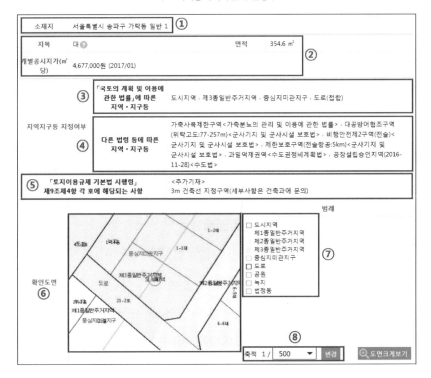

① : 토지의 소재지가 표시된다.

② : 지목, 면적, 개별공시지가가 표시된다.

③ : 국토교통부에서 「국토의 계획 및 이용에 관한 법률」을 통하여 규제하는 사항이 표시된다.

④ : ③번 항목 외에 국토교통부에서 추가로 규제하는 사항, 다른 정

부 부처에서 규제하는 사항이 표시된다.

⑤ : 토지거래 허가구역, 건축법상 도로지정 공고, 영농여건불리농지
등 ③,④ 항목에 기재되지 않지만 국민들이 알아야 할 사항이 표
시된다.

⑥ : 지형도면이 표시된다. 도면에서는 위쪽이 북쪽이다.

⑦ : 지형도면에 표시된 내용을 설명하는 범례가 표시된다.

⑧ : 지형도면의 축척이 표시된다. 축척이 1/1,200이면 도면상 1mm
가 실제로는 1,200mm(=1.2m)인 것이다. 축척을 바꾸어서 지형
도면을 확대하거나 축소할 수 있다.

:: 토지이용계획확인서 이용규제 내용에 숨겨진 비밀

토지이용계획확인서의 ③,④ 부분의 내용을 주목하자. 그 내용이 바
로 국가에서 정한 그 토지의 이용규제다.

토지이용규제 내용에 따라 그 토지에 건물을 지을 수 있는지 없는지
가 결정된다. 간혹 국가에서 환경보호 등의 공익적인 목적으로 건물을
짓지 못하게 하는 토지가 있다. 그런 토지에 투자해서는 안 된다. 그러
나 절대로 건물을 지을 수 없는 토지도 있지만, 한번 더 자세하게 조사
해보면 건물을 지을 수 있는 토지도 있다. 그 조사능력이 투자자의 실
력이고 경쟁력이다. 그럼, 어떤 토지가 여기에 해당될까? 뒤의 사례를
통해 알아보자.

토지이용계획확인서만으로도 위험을 피해갈 수 있다

지인이 너무 좋아보이는 토지라서 현장 임장까지 다녀왔다며 보여준 물건이다. 토지만 매각으로 나온 경매 물건이었다.

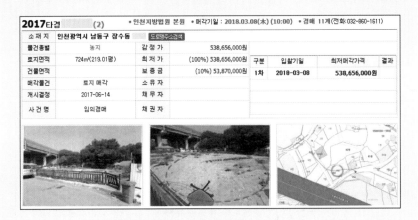

2017타경 (2)		• 인천지방법원 본원 • 매각기일 : 2018.03.08(木) (10:00) • 경매 11계(전화:032-860-1611)					
소재지	인천광역시 남동구 장수동	도로명주소검색					
물건종별	농지	감정가	538,656,000원	구분	입찰기일	최저매각가격	결과
토지면적	724㎡(219.01평)	최저가	(100%) 538,656,000원	1차	2018-03-08	538,656,000원	
건물면적		보증금	(10%) 53,870,000원				
매각물건	토지 매각	소유자					
개시결정	2017-06-14	채무자					
사건명	임의경매	채권자					

인천대공원 방문객들과 소래산 등산객들이 꼭 찾는다는 맛집이 많은 동네다. 토지면적도 219평으로 적은 면적이 아니고 바로 옆에 손칼국수집이 있어 식당 자리로도 괜찮아 보인다.

| 위성사진 |

하지만 꼼꼼하게 살펴봐야 하기 때문에 의심해보는 습관은 중요하다. '이렇게 좋은 땅인데 왜 건물을 짓지 않고 내버려두었을까?'

지인은 좋은 땅에 대해 열변을 토하며 신건에 입찰할 예정이라고 했다. 그러나 의심을 떨칠 수 없었던 필자는 토지이용계획확인서를 열어보았다. 아파트 경매를 주로 했던 지인은 토지 투자에 토지이용계획확인서가 얼마나 중요한지를 잘 모르고 있었다.

| 토지이용계획확인서 |

소재지	인천광역시 남동구 장수동			
지목	답 ❓		면적	724 ㎡
개별공시지가 (㎡당)	589,700원 (2018/01)　🔍 연도별 보기			
지역지구등 지정여부	「국토의 계획 및 이용에 관한 법률」에 따른 지역·지구등	제1종일반주거지역 · 제1종지구단위계획구역(2012-11-26)(만의골) · 경관광장(2006-06-05)((15.11.30.변경고시)) · 소로2류(폭 8M~10M)(접합)		
	다른 법령 등에 따른 지역·지구등	제한보호구역(후방지역:500m)<군사기지 및 군사시설 보호법> · 현상변경허가대상구역(역사문화환경 보존지역(문의: 문화체육과 453-2132)<문화재보호법> · 과밀억제권역<수도권정비계획법> ①		
「토지이용규제 기본법 시행령」 제9조제4항 각 호에 해당되는 사항				

토지이용계획확인서는 토지 투자자에게 있어서는 위험을 피하고 보물을 발견할 수 있는 좋은 도구가 된다. 토지이용계획확인서를 찬찬히 들여다보니 '현상변경허가대상구역(①)'이라는 글자가 보인다. '문화체육과 문의'가 표기되어 있는 것으로 보아서 이 내용을 모르고 투자했다가 낭패를 본 사람들이 많았던 것 같다. 시청에서는 반복되는 민원을 예방하기 위해 이런 문구를 토지이용계획확인서에 넣는다. 지인에게 안내된 번호로 전화를 걸어보라고 했다.

문의한 결과 "이 토지 근처에 시 지정 기념물인 장수동 은행나무가 있습니다. 이 토지는 원지형 보존지역에 포함되어 있습니다. 기존 건축물이 있다면 심의를 받아 개축은 가능합니다. 만약 지금 건물이 없는 상태라면 새로운 건물을 지을 수 없습니다."라는 답변이 돌아왔다.

이 토지를 낙찰받으면 식당은 고사하고 농사만 지어야 하는 것이다. 지인은 당연히 입찰을 포기했다. 하지만 이후 이 경매 물건은 신건에 낙찰되었다가 잔금이 미납되었고, 1회 유찰된 끝에 5억 1,000만 원에 낙찰되었다.

5억 원이 넘는 거금을 투자하면서 기본적인 사항도 파악하지 않는 사람들을 보면 안타깝다. 기본에 충실해야 위험을 피할 수 있다는 사실을 절대 잊어서는 안 된다.

외관상 비슷한 토지라도 가격 차이가
나는 이유는 규제 때문이다

외관상 비슷한 토지라도 비슷한 가치를 가지고 있는 것은 아니다. 토지의 이용 규제가 다르기 때문이다. 일반인들은 위성지도만 보고 외관상 비슷한 토지라고 판단한다. 하지만 토지에는 눈에 보이지 않는 이용규제가 존재하고, 규제에 따라 토지를 이용할 수 있는 범위가 달라져서 잘 살펴보아야 한다.

아래 그림을 보면 광주광역시 광산구 삼도동 농지가 경매로 진행되고 있다. 감정가가 11,310,000원으로서 m²당 30,000원에 경매 감정평가가 되었다.

인근 토지가격은 이보다 훨씬 비싸다. 예를 들면 삼도동 728번지는 2015년에 m²당 125,000원에 거래되었다.

| 본건지와 인근 토지 거래사례 |

이렇게 낮은 가격으로 평가되었기 때문에 매번 경매 입찰자 수가 10명을 넘는다. 그런데 이 물건의 낙찰자는 왜 미납을 했을까? 건물을 지을 수 없는 토지였기 때문이다.

경매 토지와 삼도동 728번지, 이 두 토지는 외관상으로는 비슷하지만 토지이용규제는 전혀 다르다. 삼도동 728번지는 일반주거지역이기 때문에 건물을 지을 수 있지만, 반면 경매 토지는 개발제한구역에 포함되어 있기 때문에 건물을 지을 수 없다. 그러나 낙찰자는 토지이용규제에 표시된 개발제한구역이라는 글자를 보지 못하고 단지 위성사진으로만 경매 토지의 가치를 판단하였다. 낙찰받은 후 건물을 짓지 못하는 토지임을 알게 되어서 결국 미납하게 된 것이다. 해당 경매 토지 감정평가금액은 올바르게 평가된 것이지 결코 싸게 평가된 것이 아니다. 외관상 비슷해 보이는 토지라도 가격이 차이 나는 이유는 토지의 규제가 다르기 때문이라는 걸 명심하자.

토지 투자에 실패하지 않는 가장 좋은 방법은 투자를 하기 전에 해당 토지의 이용규제를 정확히 파악하는 것이다. 따라서 토지이용계획확인서를 통해 토지이용규제를 파악할 수 있는 기본실력을 갖추어 놓아야 한다.

2) 절대로 건축할 수 없는 토지를 골라내자

토지이용계획확인서에 개발제한구역, 도시자연공원구역, 상수원보호구역, 하천구역, 소하천구역, 소하천예정지, 비오톱1등급이라는 단어가 보이면 투자 대상에서 제외해야 한다. 왜냐하면 이런 토지는 공익적인 목적으로 사용하도록 지정되어 있는 토지이기 때문에 건물을 지을 수 없다. 건축할 수 없는 토지를 사줄 사람은 없다.

:: 개발제한구역

개발제한구역, 즉 그린벨트는 투자 대상에서 제외하자. 개발제한구역이란 의미가 바로 개발을 제한하기 위해 지정한 구역이라는 말이다. 개발제한구역은 다음 중 하나에 해당하는 지역을 대상으로 지정한다. 모두 개발을 제한하려는 목적이다.

① 도시가 무질서하게 확산되는 것 또는 서로 인접한 도시가 시가지로 연결되는 것을 방지하기 위하여 개발을 제한할 필요가 있는 지역

② 도시주변의 자연환경 및 생태계를 보전하고 도시민의 건전한 생활환경을 확보하기 위하여 개발을 제한할 필요가 있는 지역

③ 국가보안상 개발을 제한할 필요가 있는 지역

④ 도시의 정체성 확보 및 적정한 성장 관리를 위하여 개발을 제한할 필요가 있는 지역

:: 도시자연공원구역

도시자연공원구역은 도시의 자연환경 및 경관을 보호하고 도시민에게 건전한 여가와 휴식공간을 제공하기 위하여 지정한다. 토지이용계

획확인서에 도시자연공원구역으로 표시된 토지도 투자 대상에서 제외하자. 도시자연공원구역에서는 건물의 건축이 불가능하다.

:: 상수원보호구역

상수원보호구역은 상수원의 확보와 수질보전을 위하여 필요한 지역에 지정한다. 토지이용계획확인서에 상수원보호구역이라고 써진 토지도 투자 대상에서 제외하자. 상수원보호구역에서는 건물의 신축이 불가능하다.

:: 하천구역(또는 소하천구역)

하천구역과 소하천구역은 홍수로 인한 피해를 예방하고 하천환경을 보호하기 위해 지정한다. 토지이용계획확인서에 하천구역이나 소하천구역으로 표시된 토지도 투자 대상에서 제외하자. 하천구역이나 소하천구역에서는 하천의 보전 및 관리에 지장을 주지 않는 범위에서만 사용가능하고 고정구조물의 설치가 금지된다.

:: 비오톱1등급

비오톱(Biotope)은 생물을 뜻하는 접두사 바이오(Bios)와 장소를 뜻하는 토포스(Topos)를 결합한 합성어로 생물이 서식하는 공간을 말한다. 토지이용계획확인서에 비오톱1등급으로 표시된 토지도 투자 대상에서 제외하자. 비오톱1등급으로 지정된 지역은 생물생태계를 보전하기 위하여 건축이 금지된다.

3) 건축 가능 여부를 확인해야 하는 토지이용규제도 있다

토지이용계획확인서에 나온 내용만으로 건축이 불가능한 토지를 바로 알 수 있는 경우도 있지만, 그것만으로는 구분이 어려운 토지이용규제도 있다. 이런 토지이용규제는 한 단계 더 조사해서 건축이 가능한지 확인해야 한다. 국방군사 규제, 재개발 재건축 규제, 문화재 보호 규제가 있는지 꼼꼼하게 살펴본다. 토지이용계획확인서에 이런 규제가 나오는 토지는 꼭 시·군청 담당자에게 건축 가능 여부를 확인해야 한다.

:: 국방군사 규제

토지이용계획확인서에 군사기지 및 군사시설 보호구역, 제한보호구역, 통제보호구역, 대공방어협조구역, 비행안전구역이라고 써 있는 경우다. 이 구역으로 지정된 토지는 시·군청 담당자에게 건축이 가능한지 물어봐야 한다. 이러한 구역은 전시에 군사작전에 필요한 구역으로 원활한 작전을 위해 위치에 따라 건물의 건축이 제한되기 때문이다.

:: 재개발 · 재건축 규제

토지이용계획확인서에 정비구역, 재정비촉진지구, 재개발구역이라고 써 있어도 시·군청 담당자에게 건축이 가능한지 물어봐야 한다. 이런 토지는 재개발이나 재건축이 예정되어 대부분 건물을 새로 짓는 것은 불가능하지만 사업에 따라 신축이 가능하기도 하고 존치지역에 해당될 수도 있기 때문이다.

:: 문화재보호 규제

토지이용계획확인서에 문화재보호구역, 역사문화환경보존지역, 문화재보존영향 검토대상구역, 시·도지정문화재구역, 현상변경허가대상구역이라고 써 있으면 시·군청 담당자에게 건축이 가능한지 물어봐야 한다. 문화재 인근은 문화재 보호를 위하여 건물을 지을 수 있는지 심사해야 하며, 문화재 가까이 있다고 안 되는 것도 아니고, 멀리 떨어져 있다고 건축이 가능한 것도 아니어서 담당자에게 확인하는 것이 좋다.

 summary

1. 절대로 건축할 수 없는 토지 리스트

① 개발제한구역 ② 도시자연공원구역

③ 상수도보호구역

④ 하천구역(또는 소하천구역) ⑤ 비오톱1등급

2. 건축 가능 여부 확인이 필요한 토지이용 규제

① 국방군사 규제   ② 재개발·재건축 규제   ③ 문화재 보호 규제

공짜는 없다

가끔 부동산 초보도 환영한다는 구인광고를 볼 수 있다. 보통 주부를 모집하는데, 부동산 지식이 없어도 월 200만 원을 보장한다고 한다.

| 부동산 직원 모집 광고 |

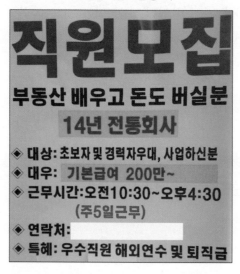

사무실에 출근하기만 하면 정말로 구인광고 내용처럼 200만 원의 월급을 받는다. 출근을 하면 먼저 담당 임원에게 교육을 받는다. 매매하고 있는 땅에 대한 설명을 듣는 식의 교육이다. 듣다 보면 믿을 수밖에 없다. 처음엔 거짓말처럼 느껴졌는데 매일 반복해서 들으면 사실인 것 같다. 그러다가 자기최면에 걸리게 되고 담당자가 말하는 땅이 정말 놓치면 안 될 것 같은 좋은 땅이라고 생각된다. 마음이 급해진 나머지 자기 돈으로 땅을 사고도 모자라 지인이나 일가친척에게도 소개한다. 좋은 땅이라는 확신이 들기 때문에 적극적으로 주변에 소개하는 것이다.

회사에서는 실적이 좋은 사원에게 모든 사원이 모인 자리에서 현금으로 포상금을 준다. 좋은 땅도 사고 지인에게 소개도 해주고 수당도 두둑하니 얼마나 신나는 일인가?

그러다가 주변 사람들 중에 땅을 살 만한 사람이 모두 사고 나면 더 이상 실적이 오르지 않는다. 회사에서는 그 직원에게서 더 이상 뽑아먹을 게 없다. 이제 회사에서는 그 직원에게 온갖 트집을 잡아 회사를 그만두게 만든다. 이런 방법이 진화한 기획부동산의 작태다.

부동산을 전혀 모르는데도 월급을 준다는 것부터가 이상한 일이다. 올바른 회사라면 오히려 매월 교육비를 받고서 회사에서 교육을 시키지 않을까? 공짜 돈에 눈이 먼 순간에 나와 내 주변 지인의 재산이 기획부동산에 흘러가고 만다. 세상에 공짜는 없다.

개발허가 가능 여부 판단법

1) 개발행위허가를 받을 수 있는지 조사한다

토지에 건물을 지으려면 개발행위허가와 건축허가를 모두 받아야 한다. 허가가 나오면 부지조성공사를 하고, 건물을 짓고 준공검사를 한다. 준공검사란 처음 허가를 신청한 내용대로 공사를 했는지 검사하는 것이다. 준공검사가 나면 토지의 지목이 대지로 바뀐다. 그 다음에 건축물대장이 만들어지고 건물 등기부등본이 만들어진다.

| 건물을 짓는 단계 |

개발행위허가와 건축허가를 왜 모두 받아야 할까? 개발행위허가는 토지에 건물을 지을 수 있는 상태로 만들기 위해 받아야 하는 허가이고, 건축허가는 건물에 대한 허가다. 실무에서는 개발행위허가를 따로 신청하지 않고 건축허가만 신청한다. 그렇다고 개발행위허가가 생략되는 것은 아니다. 건축허가를 신청할 때 개발행위허가 심사에 필요한 서류를 함께 제출하도록 행정절차가 간소화되어 있을 뿐, 개발행위허가에 대한 심사요건을 만족하지 못하면 건축허가도 받을 수 없다. 이러한 사실을 모르는 사람들이 많은데, 건물을 짓기 위해서는 반드시 개발행위허가를 받아야 한다는 사실을 기억하기 바란다.

:: 개발행위허가의 필요성

개발행위허가는 토지가 건물을 지을 수 있는 조건을 갖추고 있는지 보는 것이다. 그 조건은 기반시설과 안전성이다. 이 조건을 심사해서 문제가 없는 경우에 한해서 건물을 지을 수 있도록 허가를 해준다. 개발되지 않은 들판이나 야산에 그냥 건물을 지으면 어떤 문제가 생길까? 건물 중에서도 많은 사람들이 거주하는 아파트를 짓는다고 가정해보자. 기존에 다니던 길이 있다고 해도 차가 많아져서 도로가 막히고, 상수도도 부족하고 생활하수가 온 동네에 넘쳐날 것이다. 만약에 그런 지역에 아파트를 지으려면 도로나 상수도·하수도 같은 기반시설이 제대로 갖춰져 있어야 한다. 기존 기반시설이 없다면 기반시설 설치와 함께 아파트를 지어야 한다. 아파트처럼 큰 건물이 아닌 작은 건물이라도 기반시설은 필요하다. 즉, 개발행위허가를 받아야 하는 이유는 기반시설이 갖춰지고 위험하지 않은 건물만 지을 수 있도록 하기 위함이다.

:: 개발행위허가의 대상

이미 건물이 있는 대지라면 건물을 허물고 다시 지을 때는 다시 개발행위허가를 받지 않아도 된다. 또, 건물이 없는 땅이라도 택지개발사업으로 조성된 땅이라면 개발행위허가를 받을 필요가 없다. 이런 땅이 아니라면 개발행위허가를 받아야 한다.

건물을 짓지 않고 땅의 형상만 변경하는 것을 '형질변경'이라고 하는데, 이런 경우에도 개발행위허가를 받아야 한다. 편법적인 개발을 방지할 목적으로 시행되고 있다.

| 형질변경의 종류 |

절토	평지나 평면을 만들기 위하여 흙을 깎아내는 일
성토	기존 토지 위에 흙을 쌓는 일
정지	땅을 평평하게 만드는 일
포장	돌이나 시멘트 등으로 단단하게 다져 꾸미는 일
공유수면 매립	바다, 강, 하천 등의 수면을 매립하는 일

:: 개발행위허가의 중요한 기준

개발행위허가를 받으려면 충족해야 하는 중요한 기준으로 4가지를 설명하고자 한다. 경사도, 도로, 상수도, 하수도다. 이 외에 다른 조건들도 있지만 이 4가지가 가장 중요하고 기본적인 조건이다.

① 경사도

경사가 높은 땅은 개발행위허가를 받을 수 없다. 이런 땅을 개발하면 비가 올 때 붕괴위험이 있고 자연경관도 해치기 때문이다. 경사도가 어느 정도 이상이면 개발행위허가를 받지 못할까? 지자체마다 기준이 다르다.

| 수도권 지자체별 개발행위허가 경사도 기준 |

경사도 기준	지자체
10도	수원시(녹지)
12도	서울(녹지)
15도	고양시, 화성시, 평택시, 남양주시
17도	시흥시
17.5도	용인시(기흥구, 수지구)
18도	파주시(문산읍, 파주읍, 법원읍, 적성면, 파평면 이외의 지역)
20도	광주시, 파주시(문산읍, 파주읍), 용인시(처인구)
23도	파주시(법원읍, 적성면, 파평면)
25도	양평군, 여주시, 이천시, 안성시, 연천군, 포천시

지자체별 경사도 기준을 외울 필요는 없지만 기준이 다르다는 점은 기억해야 한다. 만약에 경사도가 20도인 토지가 있다고 할 때 양평에서 개발한 경험이 있다고 해서 화성에서 같은 토지를 사서 개발하려고 하면 낭패를 보게 된다. 양평은 25도까지 개발할 수 있지만 화성은 15도까지만 개발할 수 있기 때문이다. 그러니까 경사도 기준은 시·군별로 다르고 그 기준보다 경사가 높은 땅은 개발행위허가를 받을 수 없다는 것을 알아야 한다.

지자체별 경사도 기준은 지자체 도시계획조례에서 확인할 수 있다.

개발행위허가 경사도 기준 찾기

지자체 도시계획 조례에서 개발행위허가 경사도 기준을 찾는 순서는 다음과 같다.

1단계 자치법규정보시스템(www.elis.go.kr)에 접속한다.

| 자치법규정보시스템 메인화면 |

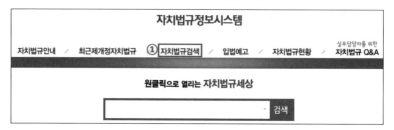

①자치법규 검색을 클릭한다.

2단계 행정 시·군을 선택한다.

| 행정 시·군 선택 |

②지자체를 선택하고 ③이동하기 버튼을 클릭한다.

3단계 도시계획조례를 검색한다.

| 도시계획조례 검색 |

자치법규검색 찾고자하는 자치법규를 자치단체별/검색어별로 편리하게 검색하실 수 있습니다.

시·도 [경기 ▼] [화성시 ▼] [▶ 이동하기] 검색어 [법규명 ▼] ④[도시계획] ⑤[🔍 검색하기]

④에 '도시계획'을 입력하고 ⑤검색하기 버튼을 클릭한다.

4단계 도시계획조례에서 개발행위허가기준을 찾는다.

용인시 도시계획조례

제20조(개발행위허가의 기준)

① 영 별표 1의2 제1호에 따라 시장은 다음 각 호의 요건을 모두 갖춘 토지에 대하여 개발행위를 허가할 수 있다.

1. (생략)

2. 평균경사도의 경우 처인구 지역은 20도 이하인 토지, 기흥구 지역은 17.5도 이하인 토지, 수지구 지역은 17.5도 이하인 토지로 할 것. 다만, 평균경사도가 처인구 지역은 20도, 기흥구 지역은 17.5도, 수지구 지역은 17.5도를 초과하면서 공공·공익목적으로 시장이 필요하다고 판단한 시설·건축물은 시 도시계획위원회의 심의를 거쳐 허가할 수 있다.

3. (생략)

4. (생략)

용인시가 아닌 다른 지자체에서도 도시계획조례에 이와 비슷한 기준을 정하고 있으므로 자치법규정보시스템에서 확인하면 된다.

② 도로

　도로는 건축허가를 받을 수 있는 도로조건에서 설명했는데, 건축허가뿐 아니라 개발행위허가에서도 도로의 폭 기준을 정하고 있다. 건축허가에서는 건물 사용자의 안전과 통행을 위해 도로 폭 기준을 정하고 있지만, 개발행위허가에서는 개발 규모에 따른 기반시설로서의 도로 폭 기준을 정하고 있다.

| 개발 규모에 따른 도로의 폭 기준 |

개발 규모	도로의 폭
5,000㎡ 미만	4m 이상
5,000㎡ 이상 ~ 30,000㎡ 미만	6m 이상
30,000㎡ 이상	8m 이상

※ 1㎡는 0.3025평이고, 1평은 3.3058㎡다.

③ 상수도

　상수도가 없는 땅에는 원칙적으로 건물을 지을 수 없다. 토지에 상수도가 있는지 여부는 어떻게 확인하면 될까? 현장에 가서 상수도관이 있는지 찾아보면 된다. 만약에 상수도가 없다면 관정을 파야 할 수도 있다.

| 상수도 맨홀 |

④ 하수도

　하수도가 없는 토지에는 원칙적으로 건물을 지을 수 없다. 사람이 사는 건물은 하수가 반드시 발생하기 때문이다. 하수도가 없는 지역도 많기 때문에 토지를 볼 때는 하수도가 있는지 꼭 살펴보아야 한다.

　만약 하수도가 없는 지역이라면 정화조나 오수처리시설을 설치하여 정화된 물을 구거(도랑)나 기존 배수로로 버려야 한다. 이에 이런 지역에서는 구거나 기존 배수로가 토지 주변에 있는지도 조사해야 한다.

| 하수도 맨홀 |

개발행위허가제한지역으로 지정된 경매 물건

　지금이야 평택시는 도시 전체가 개발된다고 할 정도로 투자자들의 관심이 뜨겁지만 2013년 당시에는 그렇지 않았다. 금융위기 여파로 경기가 침체되어 있었던 시기였다. 그때 한 지인이 평택에 있는 투자 물건을 찾아줄 것을 요청해왔다. 오랫동안 부동산 투자를 해왔던 사람이라 투자에 대한 감각이 남다른 것 같았다.

　경매 물건을 샅샅이 뒤지던 중 근린시설 하나가 눈에 띄었다. 무엇보다 좋은 점은 대로변에 있다는 것이었다.

2011타경**1**	* 수원지방법원 평택지원 · 매각기일 : 2013.03.18(月) (10:00) · 경매 4계(전화:031-650-3171)						
소재지	경기도 평택시 포승읍 만호리　도로명주소검색			구분	입찰기일	최저매각가격	결과
물건종별	근린시설	감정가	1,810,455,680원		2012-05-14	1,810,455,680원	변경
				1차	2012-07-30	1,798,204,880원	유찰
토지면적	1115㎡(337.287평)	최저가	(51%) 920,681,000원	2차	2012-09-03	1,438,564,000원	유찰
				3차	2012-10-15	1,150,851,000원	낙찰
건물면적	773.19㎡(233.89평)	보증금	(10%) 92,070,000원	낙찰 1,215,000,000원(67.11%) / 2명 / 불허가			
				4차	2013-02-04	1,150,851,000원	유찰
매각물건	토지·건물 일괄매각	소유자		**5차**	**2013-03-18**	**920,681,000원**	
				낙찰 : **1,083,000,000원** (59.82%)			
개시결정	2011-09-21	채무자		(입찰2명, / 차순위금액 1,075,000,000원)			
				매각결정기일 : 2013.03.25 - 매각허가결정			
				대금지급기한 : 2013.07.19			
사건명	임의경매	채권자		대금납부 2013.07.18 / 배당기일 2013.08.21			
				배당종결 2013.08.21			

　가장 먼저 할 일은 토지를 분석하는 것이다. 또 예외없이 토지이용계획확인서를 열람해보았다. '개발행위허가제한지역'(①)이라는 글자가 적혀 있었다.

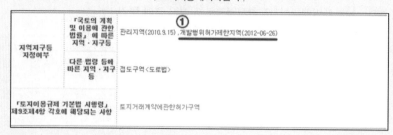

| 토지이용계획확인서 |

대부분의 경우 토지에 건물을 지을 때는 건축허가와 함께 개발행위허가를 받아야 하는데, 개발행위허가제한지역에는 개발행위허가가 제한되기 때문에 토지를 개발할 수 없다. 다행히 이 경매 물건은 토지와 건물이 함께 나왔기 때문에 문제가 없었지만, 개발행위허가제한지역으로 지정한 이유가 궁금해졌다. 앞으로 이 토지의 미래에 영향을 주기 때문이다.

평택시청에 문의해보았다. 황해경제자유구역 신규편입 예정지라고 한다. 황해경제자유구역은 중국과 가까운 평택을 중심으로 대규모로 지정되어 있었는데, 이 토지는 경제자유구역 확장계획에 따라 추가지정 예정지에 포함되어 있었던 것이다. 하지만 이미 지정된 황해경제자유구역에도 사업시행자가 나서지 않아 사업이 좌초되기 시작했던 터라 확장계획은 무산될 가능성이 높아 보였다. 지인에게 이런 내용을 설명했다.

"경제자유구역에 포함되고도 사업이 진행되지 않는 경우가 가장 큰 리스크입니다. 하지만 경제자유구역 신규편입은 무산될 가능성이 높습니다."

지인은 "괜찮습니다. 모든 게 확실하다면 이 가격까지 떨어지지 않았겠죠. 저도 해제될 것으로 봅니다. 위치가 대로변이니까 좋은 가격에 팔 수 있을 것 같습니다"라고 대답했다.

투자란 불확실한 상태에서 정확한 판단을 해야 높은 수익을 올린다는 말에 공감했다.

결국 감정가의 60% 수준인 10억 8,300만 원에 낙찰받았다. 낙찰 후 기존 임차인과 무난히 재계약을 했다. 낙찰을 받고 몇 달 후인 2013년 8월 경제자유구역의 구조조정이 이루어졌고, 이에 따라 이 경매 물건도 개발행위허가제한지역에서 해제되었다.

그리고 낙찰받은 지 2년쯤 후에 연락이 또 왔다. 적절한 금액에 잘 매도해서 수익이 났다는 것이다. 정확한 내역은 자세히 모르지만 등기부등본을 열람하여 투자 결과를 대략적으로 추정해보았다.

- 낙찰가 : 10억 8,300만 원
- 대출금 : 8억 2,900만 원
- 보증금 : 6,000만 원
- 등기비 및 기타비용 : 5,400만 원
- 매도가격 : 13억 7,500만 원

실투자금 = 낙찰가(+부대비용) − 대출금 − 보증금 = 2억 4,800만 원
매매차익 = 매도가 − 낙찰가(+부대비용) = 2억 3,800만 원

이 경매 물건은 개발행위허가제한지역에 포함되어 있어서 토지의 사용·수익에 지장이 있고 개발계획이 지지부진해서 투자자들이 기피했지만 개발행위허가제한지역에서 해제되면서 단기간에 매도가 이루어진 좋은 투자였다.

2) 농지전용허가를 받을 수 있는지 조사한다

지목이 전이나 답, 과수원인 토지를 농지라고 한다. 농지에도 건물을 지을 수 있다. 농지를 농작물의 경작이나 다년생 식물의 재배 등 농업생산 또는 농지개량 외의 용도로 사용하는 것을 '농지전용'이라고 하는데, 농지에 건물을 짓기 위해서는 개발행위허가와 건축허가를 받을 때 농지전용허가를 함께 받아야 한다. 실무에서는 개발행위허가와 농지전용허가를 따로 받지 않고 건축허가 신청서류에 허가에 필요한 서류를 첨부한다.

농지전용허가를 받는 이유는 농지전용허가를 받지 않고 건물을 짓게 하면 농지가 남아나지 않기 때문이다. 농지는 마을 근처에 있고 평평해서 개발하기 쉽고, 가격이 대지보다 저렴해서 건물 짓기가 상대적으로 쉽지만, 농지는 식량 자급자족과 관계된 토지이므로 농지가 함부로 훼손되는 것을 방지하고 있는 것이다.

:: 농지전용허가 기준

농지전용허가를 받을 수 없는 농지도 있다. 농사를 짓는 데 적합한 바둑판처럼 잘 정비된 우량 농지는 농지전용허가를 잘 내주지 않는다. 이런 농지는 보전해서 농사를 짓는 게 국가적으로 바람직하기 때문이다. 반면에 자투리 농지나 마을에 가까이 있는 계단식 농지는 농지전용허가를 받기가 상대적으로 쉽다.

:: 농지보전부담금

농지전용허가를 받으려면 별도로 세금을 내야 한다. 농지를 개발하는 사람들에게서 돈을 거둬서 농업정책자금으로 사용하려는 것으로, 이 세금을 '농지보전부담금'이라고 한다.

농지보전부담금 산출기준은 다음과 같다.

농지보전부담금 = 농지의 개별공시지가(㎡당) × 30% × 전용면적(㎡)

단, 최대 50,000원/㎡

농지보전부담금을 납부해야 농지전용허가를 받을 수 있다.

사례 농지전용허가를 받아 개발이 가능한 농지 경매 물건

용인시는 교통이 좋고 조용한 곳이어서 전원주택 수요가 많다. 그래서 용인 토지를 볼 때는 전원주택을 지을 수 있는 토지인가를 중심으로 알아본다. 그러던 중 꽤 넓은 토지 경매 물건을 발견했다.

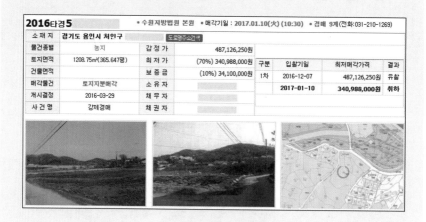

2016타경5		● 수원지방법원 본원 ● 매각기일 : 2017.01.10(火) (10:30) ● 경매 9계(전화:031-210-1269)						
소재지	경기도 용인시 처인구	도로명주소건색						
물건종별	농지	감정가	487,126,250원					
토지면적	1208.75㎡(365.647평)	최저가	(70%) 340,988,000원	구분	입찰기일		최저매각가격	결과
건물면적		보증금	(10%) 34,100,000원	1차	2016-12-07		487,126,250원	유찰
매각건	토지지분매각	소유자			2017-01-10		340,988,000원	취하
개시결정	2016-03-29	채무자						
사건명	강제경매	채권자						

지목이 '답'인 농지였고 전체의 1/4 지분이 경매에 나온 것이다. 지분이야 낙찰받은 후에 공유자를 만나 협의분할을 하든, 아니면 공유물분할 소송해서 해결하면 되니 별문제는 없었다. 중요한 것은 토지의 가치다.

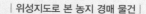

| 위성지도로 본 농지 경매 물건 |

100 _____ 대한민국 땅따먹기

주변에 주택과 물류센터가 들어서 있고 마을과 너무 동떨어지지 않으면 서 적당한 거리를 유지하는 점, 도로가 잘 확보되어 있는 점, 면적이 꽤 큰 점이 눈길을 끌었다. 가격만 적당하면 충분한 수익을 낼 수 있을 것 같았 다. 더 정확히 알아보기 위해 현장방문을 했다. 그런데 경매정보지에서는 보이지 않았던 것이 보였다. 성토가 되어 있던 것이다.

| 성토된 농지 |

주변 농지보다 높게 성토되어 있기 때문에 개발비용이 그만큼 더 적게 든 다. 실수요자들이 더 선호할 것으로 보였다. 이 토지의 지목은 농지다. 농 지에 건물을 지으려면 개발행위허가와 건축허가 외에도 농지전용허가를 함 께 받아야 하는데, 경지정리가 된 우량농지가 아니라면 농지전용허가를 받 는 데는 큰 문제가 없다.

주택이나 창고의 건축이 가능한지 여부를 판단하려면 용도지역을 보면 된다. 이 농지의 용도지역은 자연녹지지역이었다. 바로 용인시 도시계획조 례를 찾아 자연녹지지역에서 지을 수 있는 건축물의 종류를 찾아보았다. 단 독주택, 물류창고도 건축이 가능했다.

이제 토지가격만 확인하면 된다. 토지가격은 농지 상태가 아닌 전원주택 부지나 창고부지 가격을 알아보아야 한다. 농지를 낙찰받지만 약간의 리모델링을 해서 매도한다면 더 높은 수익을 올릴 수 있다. 인근 공인중개사에 들러 경매정보지를 내보이며 가격을 탐문했다. 보통의 경우에는 경매정보지를 들고 가지는 않는다. 물건의 정보를 노출할 수 있기 때문이다. 하지만 지분 토지인 경우에는 안심하고 경매정보지를 들이댄다. 일반 매매시장에서는 지분 물건은 거래가 어렵다는 것을 알기 때문이다. 인근에 있는 공인중개사 몇 군데에서 확인한 결과 전원주택부지는 평당 150만 원 아래로는 매물이 없단다. 경매 감정가격은 평당 133만 원이었기 때문에 1회 유찰된 가격에 입찰해도 충분하다는 생각이 들었다. 하지만 입찰을 준비하던 중 경매가 취하되었다. 다른 공유자가 채권을 변제해버린 것이었다.

지분이라도 낙찰받았다면 꽤 괜찮은 투자가 되었을 거라는 아쉬움이 오래 남았던 경매 물건이다.

3) 산지전용허가를 받을 수 있는지 조사한다

지목이 임야인 토지를 '산지'라고 한다. 산지에도 건물을 지을 수 있다. 산지를 조림, 숲 가꾸기, 벌채, 토석 등 임산물의 채취, 산지일시사용 용도 외로 사용하는 것을 '산지전용'이라고 하며, 산지에 건물을 짓기 위해서는 개발행위허가와 건축허가를 받을 때 산지전용허가를 함께 받아야 한다. 실무에서는 개발행위허가와 산지전용허가를 따로 받지 않고 건축허가 신청서류에 이들 허가에 필요한 서류를 첨부한다.

왜 산지전용허가를 받아야 할까? 산을 깎아내고 개발을 하면 야생 동·식물 생태계가 파괴되고 산림자원이 훼손되어 산사태 같은 자연재해가 발생할 수 있기 때문이다.

: : 산지전용허가 기준

모든 임야는 산지전용을 받을 수 있을까? 그건 아니다. 산지전용허가를 받을 수 없는 임야도 있다. 산지전용허가를 받으려면 산지전용허가 기준에 적합해야 하는데, 다음 3가지 중요한 기준에 만족해야 한다.

① 경사도

경사도가 25도 이하여야 한다. 개발행위허가에서의 경사도 기준과 산지전용허가에서의 경사도 기준은 다르다. 개발행위허가에서의 경사도 기준은 지자체마다 다르지만, 산지전용허가에서의 경사도 기준은 25도 이하로 전국 모든 임야에 동일하게 적용된다. 지목이 임야가 아니면 개발행위허가 경사도 기준만 만족하면 되지만, 지목이 임야라면 개발행위허가 경사도 기준뿐만 아니라 산지전용허가가 경사도 기준도 만족해야 한다.

② 높이

산 높이가 100m 이상인 산에서는 1/2 높이 이하에서만 산지전
용허가를 받을 수 있다.

③ 입목축적

입목축적이 관할 시·군·구의 평균 입목축적의 150% 이하여야
한다. 입목축적은 일정면적 내에 있는 나무들의 총 부피를 말하는
데 산지전용허가를 신청하면 산림기술사가 현장에 나가 직접 나무
의 직경과 높이를 재어 산출한다. 이렇게 조사한 입목축적이 시·
군·구별 평균과 비교하여 평균의 150% 이하여야 산지전용허가를
받을 수 있다. 그래서 임야의 입목축적은 현장조사를 해봐야 정확
하게 알 수 있지만 임야가 주변보다 나무가 굵고 울창한 숲이라면
개발할 수 없다고 보면 된다.

:: 대체산림자원조성비

임야도 전용허가를 받으려면 농지와 마찬가지로 별도의 세금을 내야
한다. 대체산림자원조성비라고 하는데, 세금을 거둬서 산림녹화사업에
사용한다.

2023년 대체산림자원조성비 산출기준은 다음과 같다.

대체산림자원조성비

= (단위면적당 금액 + 개별공시지가의 1%) × 전용면적

※ 단위면적당 금액

준보전산지	보전산지	산지전용제한지역
7,260원/㎡	9,430원/㎡	14,520원/㎡

※ 개별공시지가 반영 최고액은 7,260원/㎡로 한다.

단위면적당 금액과 개별공시지가 반영 최고액은 매년 산림청에서 변경하여 고시한다. 준보전산지, 보전산지 등에 대해서는 뒤에서 학습하겠지만, 대체산림자원조성비는 간단하게 ㎡당 1만 원으로 계산하면 편하다.

국도와 아파트 단지 사이에 있는 이천시 장호원읍 임야 경매 물건이 눈에 띄었다.

| 임야 경매 물건 위성사진 |

아파트 단지 옆에 있는 토지가 왜 이렇게 버려져 있을까? 이유는 바로 완충녹지로 지정되어 있기 때문이다. 완충녹지는 도로로부터 나오는 공해를 막고 재해를 예방하기 위해 설치되는 도시계획시설이다.

이 물건을 발견하고는 바로 이천시청에 문의를 했다. 시청 직원은 시에서 이 토지를 사들여 녹지로 조성해야 하는데 현재는 완충녹지로 지정만 된 상태이며, 만약 2020년 7월까지 녹지로 조성되지 않으면 해제가 될 것이라고 답변했다. 대로변에 있는 토지였으나 충분히 주택부지로도 사용할 수 있어 보였다.

소재지	경기도 이천시 장호원읍 진암리		도로명주소검색				
물건종별	임야	감정가	98,022,000원	구분	입찰기일	최저매각가격	결과
				1차	2015-04-08	98,022,000원	유찰
토지면적	576.6㎡(174.422평)	최저가	(24%) 23,535,000원	2차	2015-05-13	68,615,000원	낙찰
				낙찰 83,695,000원(85.38%) / 1명 / 미납			
건물면적		보증금	(30%) 7,070,000원	3차	2015-08-26	68,615,000원	유찰
				4차	2015-09-30	48,031,000원	유찰
				5차	2015-11-04	33,622,000원	유찰
매각물건	토지만 매각이며, 지분 매각임	소유자	출주　　　동종친회	6차	**2015-12-09**	**23,535,000원**	
				낙찰 : 33,800,000원 (34.48%)			
				(입찰2명,낙찰:석 현 (공유자우선매수))			
개시결정	2014-11-21	채무자	출주　　　동종친회	매각결정기일 : 2015.12.16 - 매각허가결정			
				대금지급기한 : 2016.01.25			
사건명	강제경매	채권자	석 현	대금납부 2016.01.06 / 배당기일 2016.01.27			
				배당종결 2016.01.27			

만약 이 토지가 완충녹지에서 해제된다면 가치가 얼마나 될까? 인근 주거지역 토지가 최소 평당 100만 원 이상이었으며, 이를 감안하면 이 토지의 가치는 1억 7,400만 원 이상이 될 것이었다.

이 토지의 지목은 임야다. 대지가 아닌 임야에도 건물을 지을 수 있을까? 물론이다. 임야는 개발행위허가와 건축허가 외에 산지전용허가를 함께 받으면 건물을 지을 수 있다. 산지전용허가는 울창한 산을 보호하기 위해 개발을 제한하는 목적으로 시행되는 제도다. 하지만 이 토지는 지목만 임야일 뿐 울창한 산이 아니라 평지다. 그래서 산지전용허가를 받는 데 전혀 문제가 없을 것이라 판단했다. 그리고 지분 면적만큼 토지를 분할하고 빌라를 건축했을 때의 수익을 계산해보았다.

구분	내역	금액 합계
투입비용	토지가격 : 3천만 원 건축 및 공사비용 : 14억 원	14억 3천만 원
분양대금	총 분양세대수 : 16세대 세대당 분양가 : 1억 2천만 원	19억 2천만 원
예상수익	분양대금 - 투입비용	4억 9천만 원

비록 지분 물건이었고 완충녹지에서 해제되기까지는 몇 년의 기간이 남았지만 이 정도 수익이라면 충분히 도전해볼 만했다. 더군다나 토지 투자금액이 3,000만 원에 불과하므로 위험부담도 훨씬 덜했다.

입찰 결과, 경매법정에서 최고가매수신고인으로 호명은 되었으나 그 기쁨은 잠시였다. 공유자가 우선매수를 신청했기 때문이다. 만약 낙찰받았다면 당시 가격의 10배가 넘는 수익을 기대할 수 있었던 토지였기에 지금까지도 기억에 남는 임야 경매 물건이다.

🏛 Summary

개발허가 가능 여부를 판별하기 위한 체크리스트

(1) **개발행위허가 가능 여부**

☐ 경사도가 지자체 기준보다 높지 않은지

☐ 도로의 폭이 개발규모에 따른 기준보다 넓은지

☐ 상수도가 설치되어 있는지

☐ 하수도가 설치되어 있는지(없다면 구거나 배수로가 있는지)

(2) **농지전용허가 가능 여부**

☐ 우량농지가 아닌지

(3) **산지전용허가 가능 여부**

☐ 경사도가 25도 이하인지

☐ 산 전체 높이의 $\frac{1}{2}$ 높이 이하인지(100m 이상의 산의 경우)

☐ 입목축적이 관할 시·군·구 평균값의 150% 이하인지

지목의 종류와 변경

　많은 사람들은 지목을 바꾸면 땅값이 오른다는 얘기를 듣기는 했지만 정확히 어떤 기준과 절차로 지목이 변경되는지에 대해서는 잘 알지 못한다. 지목은 땅의 현재 이용 상태를 표시하고 있는데, 사용용도가 바뀌면 지목도 변경된다. 단, 소유자 마음대로 지목을 변경할 수는 없다. 소유자가 국가에 지목변경을 신청하면 국가에서는 법에서 정한 요건과 절차에 따라 지목을 변경해준다. 지목의 종류, 지목이 변경되는 절차와 기준에 대해 알아보자.

지목의 종류

지목의 종류는 28가지가 있다.

지목 종류	부호	분류 기준
전	전	물을 상시적으로 이용하지 않고 곡물 원예작물 약초 등의 식물을 주로 재배하는 토지와 식용으로 죽순을 재배하는 토지
답	답	물을 상시적으로 직접 이용하여 벼 · 연 · 미나리 · 왕골 등의 식물을 주로 재배하는 토지
과수원	과	사과·배 등 과수류를 집단적으로 재배하는 토지
목장용지	목	축산업 및 낙농업을 하기 위하여 초지를 조성한 토지와 가축을 사육하는 축사 등의 부지
임야	임	산림 및 원야를 이루고 있는 수림지 · 죽림지 · 암석지 · 자갈땅 · 모래땅 · 습지 · 황무지 등의 토지
광천지	광	지하에서 온수 · 약수 · 석유류 등이 용출되는 용출구와 그 유지에 사용되는 부지
염전	염	바닷물을 끌어들여 소금을 채취하기 위하여 조성된 토지
대	대	영구적 건축물 중 주거 · 사무실 · 점포와 박물관 · 극장 · 미술관 등 문화시설의 부지
공장용지	장	제조업을 하고 있는 공장시설물의 부지
학교용지	학	학교의 교사 부지

주차장	차	자동차 등의 주차에 필요한 독립적인 시설을 갖춘 부지와 주차전용 건축물의 부지
주유소용지	주	석유 · 석유제품 또는 액화석유가스 등의 판매를 위하여 일정한 설비를 갖춘 시설물의 부지
창고용지	창	물건 등을 보관하거나 저장하기 위하여 독립적으로 설치된 보관시설물의 부지
도로	도	일반 공중의 교통 운수를 위하여 보행이나 차량운행에 필요한 일정한 설비 또는 형태를 갖추어 이용되는 토지
철도용지	철	교통 운수를 위하여 일정한 궤도 등의 설비와 형태를 갖추어 이용되는 토지
제방	제	조수 · 자연유수 · 모래 · 바람 등을 막기 위하여 설치된 방조제 · 방수제 · 방사제 · 방파제 등의 부지
하천	천	자연의 유수가 있거나 있을 것으로 예상되는 토지
구거	구	용수 또는 배수를 위하여 일정한 형태를 갖춘 인공적인 수로 · 둑 및 자연의 유수가 있거나 있을 것으로 예상되는 소규모 수로부지
유지	유	물이 고이거나 물을 저장하고 있는 댐 · 저수지 · 연못 등의 토지와 연 · 왕골 등이 자생하는 배수가 잘 되지 아니하는 토지
양어장	양	육상에 인공으로 조성된 수산생물의 번식 또는 양식을 위한 시설을 갖춘 부지
수도용지	수	물을 정수하여 공급하기 위한 취수 · 저수 · 도수 · 정수 · 송수 및 배수 시설의 부지
공원	공	일반 공중의 보건 · 휴양 및 정서생활에 이용하기 위한 시설을 갖춘 토지로서 녹지로 결정 · 고시된 토지
체육용지	체	국민의 건강증진 등을 위한 체육활동에 적합한 시설과 형태를 갖춘 종합운동장 등 체육시설의 토지
유원지	원	일반 공중의 위락 · 휴양 등에 적합한 시설물을 종합적으로 갖춘 수영장 · 동물원 등의 토지
종교용지	종	일반 공중의 종교의식을 위하여 예배 · 법요 · 설교 · 제사 등을 하기 위한 교회 · 사찰 · 향교 등 건축물의 부지
사적지	사	문화재로 지정된 역사적인 유적 · 고적 · 기념물 등을 보존하기 위하여 구획된 토지
묘지	묘	사람의 시체나 유골이 매장된 토지
잡종지	잡	갈대밭, 실외에 물건을 쌓아두는 곳, 돌을 캐내는 곳, 흙을 파내는 곳, 야외시장, 비행장, 공동우물, 영구적 건축물 중 변전소, 송신소, 수신소, 송유시설, 도축장, 자동차운전학원, 쓰레기 및 오물처리장 등의 부지, 그 외 다른 지목에 속하지 않는 토지

지목 변경 절차와 기준

지목은 토지 소유자가 마음대로 변경할 수 없다. 지목이 전 · 답 · 과수원인 농지는 농지전용허가를 받지 않고서는 다른 지목으로 바꿀 수 없고, 지목이 임야인 산지도 산지전용허가를 받지 않으면 다른 지목으로 바꿀 수 없다. 개발행위허가·농지전용허가·산지전용허가·건축허가 등 국가로부터 허가를 받고 공사를 준공한 이후에 지목 변경을 신청할 수 있다. 이때 중요한 점은 허가를 받은 시점이 아니라 공사의 준공 이후에 지목이 변경된다는 것이다.

허가받은 공사가 준공된 후에는 무조건 지목이 '대'로 되는 것은 아니다. 준공받은 건축물의 종류에 따라 지목이 결정된다. 예를 들어, 주유소를 지으면 '주유소용지'로 되고 창고를 지으면 '창고용지'가 된다.

직장인과 사업가의 투자 자세

모두 그런 것은 아니겠지만 직장 내에서 실패를 무릅쓰고 새로운 일에 도전한다는 건 쉬운 일이 아니다. 결과가 좋으면 진급과 승진이 돌아오겠지만, 실패했을 때는 누군가 책임을 져야 한다. 새로운 기획안이 100% 성공한다는 확신이 없으면 상사의 결재를 받기 어렵다. 회사는 항상 생존을 위한 변화를 요구한다. 하지만 새로운 시도가 문제를 일으키면 중역들의 옷을 벗게 만든다. 복지부동하는 사람이 회사에서 오래 살아남는 게 현실이다.

대학 졸업 후에 곧바로 직장생활을 하다 보니 20년차 대기업 회사원이 되었다. 어느새 겉모습뿐 아니라 생각까지도 완벽한 회사원으로 길들여진 나를 발견했다. 조금이라도 위험이 따를 것 같다고 생각되면 선뜻 일을 진행하지 못하고, 열 가지 중에 하나만 의심이 가도 일을 피하려는 마음이 앞선다.

문제는 회사원으로 길들여진 마음이 부동산 경매에서도 똑같이 작동한다는 것이다. '좋은 물건 같은데 혹시 문제가 있으면 어떡하지? 잘 모르겠어. 다른 물건도 많은데 이 물건은 포기하자.' 이렇게 자꾸만 물러서다 보니 결국에는 남들도 모두 보고 있는 평범한 물건에만 입찰하게 되었다.

몇 년 전 부산에서 경매를 배우러 다니는 분을 만난 적이 있다. 사업을 하다가 모두 접고, 경매에 마지막 승부를 걸고 작정하고 뛰어들었다고 했다.

그분은 사업에서는 성공 확률이 5%만 되어도 시도하는데, 그에 비하면 경매는 성공 확률이 훨씬 높다고 했다. 더군다나 낙찰로 소유권을 가져오니 이미 이기는 게임이라서 전혀 겁먹을 필요가 없다는 것이다. 유치권을 배우고 싶으면 유치권이 있는 물건을 일단 낙찰받아 해결해 나가면서 자연스럽게 배우면 된다고 했다. 지분경매나 법정지상권도 마찬가지라고. 잘 몰라도 일단 저지르고 나서 처리하다 보면 결국 배우게 된다는 것이다.

그래서인지 그분의 낙찰 물건 중에는 낙찰받은 이유를 짐작하기 어려운 것들도 많다. 단기에 고수익을 낸 것들도 있었지만, 수익이 적은 것도 있고, 심지어 해결하지 못한 경우도 있었다. 하지만 그분은 결과적으로, 묶여 있는 돈을 투자금이라고 친다면 현재 2억 원을 투자해서 연 2억 원의 수익을 만들어낸 상태다.

직장인과 사업가의 마인드 차이를 확연하게 느낄 수 있었다. 위험하고 잘 모르는 일은 일단 피하고 보는 나와 비교하면 완전히 다른 사고방식이다.

나는 안전한 경매를 선호한다. 아마 회사원으로서의 생각이 뿌리 깊게 자리 잡아서일 것이다. 그렇지만 사업가의 마인드는 다르다. 구체적인 해결방안이 없어도 일단 부딪치면서 해결해 나간다. 둘 중에 어떤 것이 더 좋은 방법이라고 말할 수는 없다. 다만 가능성을 보고 도전하는 자세는 정말 배워야 하지 않을까.

2장.
어떤 건물을 지을 수 있는가?

이제 건물을 지을 수 있는 토지를 골라내는 방법은 알게 되었다. 다음 단계는 어떤 건물을 지을 수 있는지 확인해야 할 차례다. 왜냐하면 건물을 지을 수 있는 토지라도 아무 건물이나 다 지을 수 있는 것은 아니기 때문이다. 어떤 건물을 지을 수 있는지 확인하려면 다음 3가지를 알아야 한다.

하나, 입지에 맞는 건물이어야 한다.
둘, 용도 규제에 맞는 건물이어야 한다.
셋, 보전 규제에 맞는 건물이어야 한다.

입지에 맞는 건물이어야 한다

'입지'란 땅의 위치나 장소를 의미한다. 땅에 건물을 지을 때는 입지에 맞는 건물을 지어야 한다. 예를 들면 주변에 공장과 창고가 들어선 지역이라면 주택보다는 공장과 창고를 짓는 게 좋다. 그 지역에 주택을 지어도 생활하기에 적당한 환경이 아니기 때문이다. 그래서 땅을 볼 때는 입지를 봐야 한다. 땅의 입지를 볼 때는 어떤 것을 보아야 할까?

땅의 입지 분석에는 지역, 접근성, 주변환경, 이 세 가지를 잘 분석해야 한다.

1) 지역 분석

지역 분석은 지역에 맞는 건물이 무엇인지 파악하는 것이다. 지역에 어울리지 않는 건물을 지으면 팔리지도 않고 임대도 되지 않는다. 가끔 시골에 있는 빌라가 통째로 경매에 나오기도 한다.

2015타경1	·의정부지법 본원 ·매각기일 : 2016.04.14(木)(10:30) ·경매 16계(전화:031-828-0336)		
소재지	경기도 동두천시 상패동 , 다세대주택 에이동 2층 201호외39개호 [도로명주소검색]		
물건종별	다세대(빌라)	감정가	4,578,000,000원
대지권	미등기감정가격포함	최저가	(36%) 1,640,755,000원
건물면적	2038.02㎡(616.501평)	보증금	(20%) 328,160,000원
매각물건	토지·건물 일괄매각	소유자	심 외1명
개시결정	2015-03-10	채무자	심 외1명
사건명	임의경매	채권자	최 외3명

구분	입찰기일	최저매각가격	결과
1차	2015-11-25	4,578,000,000원	유찰
2차	2015-12-30	3,662,400,000원	유찰
3차	2016-02-03	2,929,920,000원	유찰
4차	2016-03-09	2,343,936,000원	유찰
5차	2016-04-14	1,640,755,000원	

낙찰 : 1,766,660,000원 (38.59%)
매각결정기일 : 2016.04.21 - 매각허가결정
대금지급기한 : 2016.05.27 - 기한후납부
배당기일 : 2016.07.15
배당종결 2016.07.15

이 물건은 감정금액이 45억인데 17억에 낙찰되었다. 건물면적이 616 평인데 평당 건축비를 350만 원만 잡아도 21억 5,600만 원이다. 낙찰가는 땅값은 고사하고 건축비보다도 적다. 왜 이 건물이 경매에 나오게 되었을까? 지도를 통해 주변을 살펴보자.

| 경매 물건지 주변 |

이 경매 물건은 지도에서 A로 표기한 부분이다. 시내에서 떨어진 곳이고 교통이 좋지 않아 보인다. 학교도 없고 주변에는 낡은 단독주택만 있다. 입지가 좋지 않아 분양에 실패한 것으로 보인다.

B 위치에 있는 빌라도 경매에 나왔지만, 이 빌라 역시도 입지가 좋지 않아 결국 감정가의 50%에 매각되었다. 그래서 어떤 건물을 지을까 생각할 때에는 지역을 보고 어떤 용도의 건물이 거래도 잘 되고 임대도 잘 될지를 고려해야만 하는 것이다.

2) 접근성 분석
접근성이란 해당 토지까지 얼마나 쉽고 빠르고 안전하게 접근할 수 있는지를 말한다. 접근성은 보통 도로에 의해 결정되는데 거리가 멀고 교통이 불편할수록 땅값이 싼 경향이 있다. 또, 도로가 있다고 하더라도 폭이 좁거나 위험하면 심리적으로 더 멀게 느껴진다. 그래서 접근성을 분석할 때는 도로의 유무뿐 아니라 거리, 소요시간, 도로의 폭, 포장상태, 급경사나 낭떠러지도 함께 파악해야 한다. 접근성이 떨어지는 땅은 투자에 조심해야 한다. 그런 땅은 되팔기 어렵기 때문이다.

지난 겨울 경기도 가평에 주택부지가 경매로 나왔다. 남향이고 전망도 좋아 보여 입찰까지 생각하고 현장에 갔었는데 자동차로 올라갔다가 아찔한 경험을 했다. 진입로가 너무 가팔랐던 것이다. 내려올 때는 다리가 후들거릴 정도였다. 너무 위험해보여 마을사람들에게 물어보니 역시나 과거에 사고도 났었다는 것이다.

| 경사가 높아 위험한 진입로 |

이 땅은 접근성 측면에서 안전하지 않기 때문에 사람들이 꺼릴 것으로 추측된다. 땅을 볼 때는 접근성을 잘 관찰해야 실수하지 않는다.

3) 주변환경 분석

주변환경을 잘 관찰해서 땅을 사야 한다. 주변환경이 좋지 않은 땅은 나중에 팔리지 않는다. 주변환경을 분석할 때는 땅 주변에 악취가 나는 시설이 있는지 파악해야 한다. 대표적으로 쓰레기매립장, 하수처리장, 유수지, 축사, 양계장이 있다. 또 주유소, 사격장, 예비군훈련장, 높은 축대, 고압선이나 철탑 같은 위험한 시설이나 공장, 비행장 등의 소음이 발생할 수 있는 시설, 공동묘지와 납골당 등이 있는지 잘 살펴야 한다.

용도 규제에 맞는 건물이어야 한다

입지에 맞는 건물의 종류를 정했다고 해도 그 건물을 지을 수 있는지 알려면 토지의 용도를 확인해야 한다. 국가에서 토지마다 용도와 그에 따라 지을 수 있는 건물의 종류를 규제하고 있기 때문이다. 아무리 입지가 좋다고 한들 그 토지에 원하는 건물을 지을 수 없다면 무용지물이다. 그런 토지는 매수하면 안 된다. 그래서 토지의 용도가 어떻게 정해져 있는지, 그 용도에 맞게 지을 수 있는 건물의 종류는 어떤 것이 있는지 확인할 수 있어야 한다.

토지의 용도는 토지이용계획확인서에 나와 있다.

| 토지 용도가 기재된 위치 |

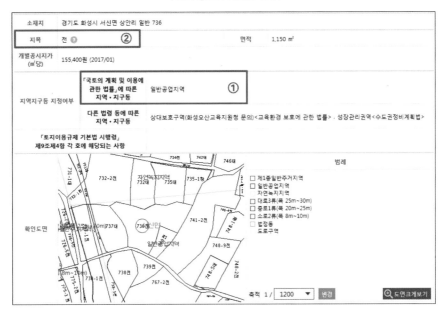

토지의 용도는 ① 위치에 적혀 있다. 많은 사람들이 ②에 있는 지목을 토지의 용도라고 오해하는데 지목은 토지의 용도가 아니다. 지목이 '전'이냐 '대지'냐가 중요한 게 아니라 토지의 용도인 '일반공업지역'(①)에서 주택을 지을 수 있게 허용하는지가 중요하다. 일반공업지역은 용도지역의 종류 중 하나인데, 이렇게 토지별로 지정된 용도지역은 토지이용계획확인서의 ① 부분에 표시된다. 국가에서 정해놓은 용도와 그에 따라 지을 수 있는 건물의 종류를 어떻게 규제하고 있는지 확인하는 방법을 알아보자.

| 용도지역의 분류 |

용도지역			지정 목적
도시지역	주거지역		거주의 안녕과 건전한 생활환경의 보호를 위하여 필요한 지역
	전용주거지역		양호한 주거환경을 보호하기 위하여 필요한 지역
		제1종 전용주거지역	단독주택 중심의 양호한 주거환경을 보호하기 위하여 필요한 지역
		제2종 전용주거지역	공동주택 중심의 양호한 주거환경을 보호하기 위하여 필요한 지역
	일반주거지역		편리한 주거환경을 조성하기 위하여 필요한 지역
		제1종 일반주거지역	저층주택을 중심으로 편리한 주거환경을 조성하기 위하여 필요한 지역
		제2종 일반주거지역	중층주택을 중심으로 편리한 주거환경을 조성하기 위하여 필요한 지역
		제3종 일반주거지역	중고층주택을 중심으로 편리한 주거환경을 조성하기 위하여 필요한 지역
	준주거지역		주거기능을 위주로 하되 일부 상업 및 업무기능의 보완이 필요한 지역
	상업지역		상업이나 그 외 업무의 편익을 증진하기 위하여 필요한 지역
	중심상업지역		도심·부도심의 상업기능 및 업무기능의 확충을 위하여 필요한 지역
	일반상업지역		일반적인 상업기능 및 업무기능을 담당하게 하기 위하여 필요한 지역
	근린상업지역		근린지역에서의 일용품 및 서비스의 공급을 위하여 필요한 지역
	유통상업지역		도시 내 및 지역 간 유통기능의 증진을 위하여 필요한 지역
	공업지역		공업의 편익을 증진하기 위하여 필요한 지역
	전용공업지역		주로 중화학공업, 공해성 공업 등을 수용하기 위하여 필요한 지역
	일반공업지역		환경을 저해하지 아니하는 공업의 배치를 위하여 필요한 지역
	준공업지역		경공업 및 기타 공업을 수용하되, 주거·상업·업무기능 보완이 필요한 지역
	녹지지역		자연환경·농지 및 산림의 보호, 보건위생, 보안과 도시의 무질서한 확산을 방지하기 위하여 녹지의 보전이 필요한 지역
	보전녹지지역		도시의 자연환경·경관·산림 및 녹지공간을 보전할 필요가 있는 지역
	생산녹지지역		주로 농업적 생산을 위하여 개발을 유보할 필요가 있는 지역
	자연녹지지역		도시 녹지공간 확보 등을 위해 보전할 필요가 있는 지역으로서 불가피한 경우에 한하여 제한적인 개발이 허용되는 지역
비도시지역	관리지역		도시의 인구와 산업을 수용하기 위하여 도시지역에 준하여 체계적으로 관리하거나 농림업의 진흥, 자연환경 또는 산림의 보호를 위하여 농림지역 또는 자연환경보전지역에 준하여 관리할 필요가 있는 지역
	보전관리지역		자연환경 보호, 산림보호, 수질오염 방지, 녹지공간 확보 및 생태계 보전 등을 위하여 보전이 필요하나, 주변 용도지역과의 관계 등을 고려할 때 자연환경보전지역으로 관리하기가 곤란한 지역
	생산관리지역		농업·임업·어업생산 등을 위하여 관리가 필요하나 주변 용도지역과의 관계 등을 고려할 때 농림지역으로 관리하기가 곤란한 지역
	계획관리지역		도시지역으로의 편입이 예상되는 지역 또는 자연환경을 고려하여 제한적인 이용·개발을 하려는 지역으로서 계획적·체계적인 관리가 필요한 지역
	농림지역		도시지역에 속하지 아니하는 농업진흥지역 또는 보전산지 등으로서 농림업을 진흥시키고 산림을 보전하기 위하여 필요한 지역
	자연환경보전지역		자연환경·수자원·해안·생태계·상수원 및 문화재의 보전과 수산자원의 보호·육성 등을 위하여 필요한 지역

1) 용도지역

용도지역이란 토지를 경제적이고 효율적으로 이용하고 공공복리를 증진하기 위하여 건축물의 용도, 건폐율, 용적률 등을 제한하기 위해 지역별로 가능 용도를 나눠놓은 것을 말한다. 토지의 용도는 용도지역으로 정해놓았고, 지을 수 있는 건축물의 종류는 용도지역에 따라 다르다.

용도지역을 이렇게 상세히 구분한 이유는 용도지역별로 토지의 사용 용도를 정하고 있기 때문이다. 용도지역은 전 국토의 모든 토지에 지정되어 있다. 만약 용도지역이 지정되지 않은 토지가 있다면 자연환경보전지역으로 간주된다. 용도지역 분류기준이나 뜻을 자세히 알 필요는 없다. 해당 용도지역에서 어떤 건축물을 지을 수 있는지만 확인할 수 있으면 된다. 참고로, 토지에서 도시지역이라고 하면 앞의 표에 기재된 도시지역을 뜻하는 것이지, 행정구역상의 동·읍·면·리를 의미하는 것이 아니다.

용도지역에서 지을 수 있는 건축물의 종류는 법으로 정해져 있지만, 법에서 허용하는 범위 내에서 지자체별로 따로 정하고 있다. 따라서 지자체에서 정하고 있는 용도지역별 건축물의 종류를 확인해야 한다.

용도지역에서 지을 수 있는 건물 종류 찾는 법

지자체 도시계획 조례를 보면 용도지역별 건축 가능한 건축물의 종류를 찾을 수 있다.

1단계 자치법규정보시스템(www.elis.go.kr)에 접속한다.

| 자치법규정보시스템 메인화면 |

2단계 행정 시·군을 선택하고 도시계획 조례를 검색한다.

| 행정 시·군 선택 및 도시계획 조례 검색 |

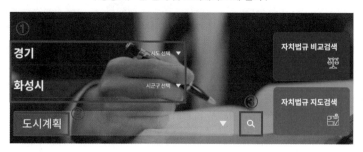

지자체(①)를 선택하고 검색란(②)에 '도시계획'을 입력한 뒤 검색하기(③) 버튼을 클릭한다.

3단계 별지별표로 첨부되어 있다.

| 용도지역별 건축물의 종류 찾기 |

화성시 도시계획 조례

[시행 2021.12.31]

(일부개정) 2021.12.31 조례 제1859호

제1장 총칙

제1조(목적) 이 조례는 「국토의 계획 및 이용에 관한 법률」, 같은 법 시행령, 같은 법 시행규칙 및 관계 법령에서 조례로 정하도록 한 사항과 그 시행에 관하여 필요한 사항을 규정함을 목적으로 한다. (개정 2012. 6. 5)

- **중략** -

제28조(용도지역안에서의 건축제한) 영 제71조, 영 제78조제1항 및 영 부칙 제13조제1항에 따라 용도지역 및 자연취락지구안에서의 건축물의 용도·종류 및 규모 등의 제한은 다음 각 호와 같다. (개정 2014. 5. 20, 2021. 12. 31)

1. 제1종 전용주거지역 안에서 건축할 수 있는 건축물: 별표 1의3과 같다.

2. 제2종 전용주거지역 안에서 건축할 수 있는 건축물: 별표 2와 같다.

3. 제1종 일반주거지역 안에서 건축할 수 있는 건축물: 별표 3과 같다.

4. 제2종 일반주거지역 안에서 건축할 수 있는 건축물: 별표 4와 같다.

5. 제3종 일반주거지역 안에서 건축할 수 있는 건축물: 별표 5와 같다.

6. 준주거지역 안에서 건축할 수 없는 건축물: 별표 6과 같다.

7. 중심상업지역 안에서 건축할 수 없는 건축물: 별표 7과 같다.

8. 일반상업지역 안에서 건축할 수 없는 건축물: 별표 8과 같다.

9. 근린상업지역 안에서 건축할 수 없는 건축물: 별표 9와 같다.

10. 유통상업지역 안에서 건축할 수 없는 건축물: 별표 10과 같다.

11. 전용공업지역 안에서 건축할 수 있는 건축물: 별표 11과 같다.

12. 일반공업지역 안에서 건축할 수 있는 건축물: 별표 12와 같다.

13. 준공업지역 안에서 건축할 수 없는 건축물: 별표 13과 같다.

14. 보전녹지지역 안에서 건축할 수 있는 건축물: 별표 14와 같다.

이 중에서 일반공업지역에서 건축할 수 있는 건축물을 알아보자. [별표12]의 파일을 열어보면 다음과 같다.

[별표 12] (개정 2016. 7. 1)

일반공업지역 안에서 건축할 수 있는 건축물
(제28조제12호 관련)

1. 영에 따라 건축할 수 있는 건축물
가.「건축법 시행령」별표 1 제3호의 제1종근린생활시설
나.「건축법 시행령」별표 1 제4호의 제2종근린생활시설(단란주점 및 안마시술소를 제외한다)
나.「건축법 시행령」별표 1 제7호의 판매시설(해당 일반공업지역에 소재하는 공장에서 생산되는
　　제품을 판매하는 시설에 한정한다)
라.「건축법 시행령」별표 1 제8호의 운수시설
마.「건축법 시행령」별표 1 제17호의 공장
바.「건축법 시행령」별표 1 제18호의 창고시설
사.「건축법 시행령」별표 1 제19호의 위험물저장 및 처리시설
아.「건축법 시행령」별표 1 제20호의 자동차관련시설
자.「건축법 시행령」별표 1 제22호의 자원순환 관련 시설
차.「건축법 시행령」별표 1 제25호의 발전시설

2. 영 제71조제1항제12호 별표 13 제2호에 따라 건축할 수 있는 건축물
가.「건축법 시행령」별표 1 제1호의 단독주택
나.「건축법 시행령」별표 1 제2호 공동주택 중 기숙사
다.「건축법 시행령」별표 1 제4호의 제2종근린생활시설 중 안마시술소
라. 건축법 시행령」별표 1 제5호의 문화 및 집회시설 중 같은 호 라목에 해당 하는 것
마.「건축법 시행령」별표 1 제6호의 종교시설
바.「건축법 시행령」별표 1 제9호의 의료시설
사.「건축법 시행령」별표 1 제10호의 교육연구시설
아.「건축법 시행령」별표 1 제11호의 노유자시설
자.「건축법 시행령」별표 1 제12호의 수련시설(같은 표 제29호의 야영장 시설을 포함한다)
차.「건축법 시행령」별표 1 제14호의 업무시설(일반업무시설로서「산업집적활성화 및 공장설립에
　　관한 법률」제2조제13호에 따른 지식산업센터에 입주하는 지원시설에 한정한다)
카.「건축법 시행령」별표 1 제21호의 동물 및 식물관련시설
타.「건축법 시행령」별표 1 제23호의 교정 및 군사시설
파.「건축법 시행령」별표 1 제24호의 방송통신시설
하.「건축법 시행령」별표 1 제28호의 장례식장

위 별표 내용 중에서 '1. 영에 따라 건축할 수 있는 건축물'은 법에서
허용하는 건축물의 종류이고, '2. 영 제71조 제1항 제12호 별표 13 제2

호에 따라 건축할 수 있는 건축물'은 화성시에서 허용하고 있는 건축물의 종류다. 따라서 화성시 일반공업지역에서 지을 수 있는 건축물의 종류는 위 별표에 포함된 모든 건축물이다.

토지마다 매번 이렇게 확인해야 할까? 너무 번거로운 일이다. 그래서 쉽고 간편하게 확인할 수 있는 방법을 소개한다.

바로 토지이음 서비스(http://www.eum.go.kr)를 이용하는 방법이다.

| 토지이용계획 열람 |

경기도 화성시 서신면에 있는 토지의 토지이용계획확인서다. 용도지역은 '일반공업지역'(⑥)이다. '행위가능여부'(⑦)를 클릭하면 다음과 같은 화면이 뜬다.

| 행위가능여부 검색 |

검색창(⑧)에 '건축물의 종류'를 입력한다. 이때 일반적으로 사용하는 '빌라' 같은 단어는 입력하지 않는다. '빌라'는 법적인 용어가 아니며, 「건축법」에서는 빌라를 '다세대주택'이나 '연립주택'이라고 한다. 따라서 검색창에 '다세대주택'을 입력하고 '검색(⑨)'을 클릭한다.

| 가능여부 보기 |

건축법 별표에 따른 시설물		가능여부 보기	해당 필지에 지정된 「국토의 계획 및 이용에 관한 법률」에 따른 지역·지구
대분류	시설물		일반공업지역
- 공동주택		⑩	
	다세대주택	🔍	X

위와 같은 화면이 뜨면 돋보기(⑩)를 클릭한다.

| 다세대주택 건축 가능 여부 조회 결과 |

지역·지구	가능여부		조건·제한·예외사항
가축사육제한구역	검색결과 없음		
상대보호구역	검색결과 없음		
성장관리권역	검색결과 없음		
일반공업지역	건축금지 - 다세대주택		⑪
토지거래허가구역	검색결과 없음		

화성시 일반공업지역에는 다세대주택 건축이 금지되어 있음(⑪)을 확인할 수 있다. '연립주택'도 입력해보자.

| 연립주택 건축 가능 여부 조회 결과 |

지역·지구	가능여부		조건·제한·예외사항
가축사육제한구역	검색결과 없음		
상대보호구역	검색결과 없음		
성장관리권역	검색결과 없음		
일반공업지역	건축금지 - 연립주택		⑫
토지거래허가구역	검색결과 없음		

연립주택 역시 지을 수 없다(⑫). 결론적으로 화성시 일반공업지역에 서는 '다세대주택'이나 '연립주택'으로 분류되는 '빌라'를 지을 수 없다는 것을 알 수 있다. 이처럼 토지이음 서비스를 이용하면 전국의 어떤 토지라도 해당 토지에 지을 수 있는 건축물의 종류를 쉽게 확인할 수 있다.

2) 용도지구

용도지역은 각 토지별로 지정하는 게 아니라 지역 일대를 넓게 지정하기 때문에 같은 지역 내에서도 용도를 조금 더 세분화할 필요가 있다. 이때 등장하는 것이 용도지구다. 용도지구는 용도지역의 제한을 강화하거나 완화하여 적용하는 역할을 한다. 그래서 용도지역은 모든 토지에 빠짐없이 지정되어 있지만, 용도지구는 토지에 따라 지정된 경우도 있고 지정되지 않은 경우도 있다. 용도지구는 토지이용계획확인서에 표시(아래 그림에서 ① 위치)되어 있다.

| 용도지구의 표시 |

소재지	경기도 부천시 심곡동		
지목	대❓	면적	178.6 m²
개별공시지가(㎡ 당)	1,498,000원 (2017/01)		
지역지구등 지정여부	① 「국토의 계획 및 이용에 관한 법률」에 따른 지역·지구등	제2종일반주거지역 , 일반미관지구	
	다른 법령 등에 따른 지역·지구등	상대보호구역(2015-03-31)( )유치원 부천교육지원청문의)<교육환경 보호에 관한 법률> , 상대보호구역(유치원-교육청문의)<교육환경 보호에 관한 법률> , 상대보호구역(대학-교육청문의)<교육환경 보호에 관한 법률> , 상대보호구역(초-교육청문의)<교육환경 보호에 관한 법률> , 과밀억제권역< 수도권정비계획법>	
「토지이용규제 기본법 시행령」 제9조제4항 각 호에 해당되는 사항			

:: 용도지구의 종류

(1) 경관지구

경관의 보전 · 관리 및 형성을 위하여 필요한 지구

(2) 고도지구

쾌적한 환경조성 및 토지의 효율적 이용을 위하여 건축물 높이의
최고한도를 규제할 필요가 있는 지구

(3) 방화지구

화재의 위험을 예방하기 위하여 필요한 지구

(4) 방재지구

풍수해, 산사태, 지반의 붕괴, 그 밖의 재해를 예방하기 위하여
필요한 지구

(5) 보호지구

문화재, 중요 시설물(항만, 공항 등) 및 문화적 · 생태적으로 보존
가치가 큰 지역의 보호와 보존을 위하여 필요한 지구

(6) 취락지구

녹지지역 · 관리지역 · 농림지역 · 자연환경보전지역 · 개발제한구
역 또는 도시자연공원구역의 취락을 정비하기 위한 지구.
자연취락지구와 집단취락지구로 나뉜다.

(7) 개발진흥지구

주거기능 · 상업기능 · 공업기능 · 유통물류기능 · 관광기능 · 휴양
기능 등을 집중적으로 개발 · 정비할 필요가 있는 지구

(8) 특정용도제한지구

주거 및 교육 환경 보호나 청소년 보호 등의 목적으로 오염물질
배출시설, 청소년 유해시설 등 특정시설의 입지를 제한할 필요가
있는 지구

(9) 복합용도지구

지역의 토지 이용상황, 개발 수요 및 주변 여건 등을 고려하여 효
율적이고 복합적인 토지이용을 도모하기 위하여 특정시설의 입지
를 완화할 필요가 있는 지구

(10) 그 밖의 용도지구

위 (1)부터 (9)까지 용도지구 외에 시 · 도지사 또는 대도시 시장
이 지역여건상 필요에 따라 지정하는 지구

용도지구에서 지을 수 있는 건물 종류 찾는 법

용도지역과 용도지구가 모두 지정된 토지에서는 용도지역과 용도 지구에서 모두 허용되는 건축물만 지을 수 있다. 예외조항이 없는 한 모든 규제는 중복규제이기 때문이다. 토지이음 서비스(www.eum. go.kr)에서 '행위가능여부' 열람을 통하여 쉽게 확인할 수 있다. 다음 사례를 보자.

| 용도지역과 용도지구가 중복 지정된 토지 |

토지이용계획	🏙 확인도면 서비스	📄 변경이력 보기	🔍 도면 크게 보기	🖨 인쇄
· 지정 현황	소재지	충청북도 청주시 흥덕구 신대동 463-3번지		
· 행위제한내용	지목	전 ❓	면적	479 ㎡
· 행위제한내용설명	개별공시지가(㎡당)	65,100원 (2021/01) [연도별보기]		
행위가능여부 ③				
· 건폐율·용적률			① ②	
· 층수·높이제한	지역지구등 지정여부	「국토의 계획 및 이용에 관한 법률」에 따른 지역·지구등	도시지역 , 자연녹지지역, 특화경관지구	
· 건축선				
· 도로조건		다른 법령 등에 따른 지역·지구등	가축사육제한구역(가축사육전부제한구역)<가축분뇨의 관리 및 이용에 관한 법률>	
도시계획		「토지이용규제 기본법 시행령」 제9조 제4항 각 호에 해당되는 사항	중점경관관리구역(연락처 : 건축디자인과(043-201-2553, 2554))	
관련정보				

이 토지의 용도지역은 '자연녹지지역'(①)이다. 자연녹지지역은 도시 지역 중의 하나이므로, 엄밀히 말하면 여기에는 도시지역이란 글자는 없어도 무방하다. 용도지구는 '특화경관지구'(②)다.

이 토지에 창고를 지을 수 있을까? 화면에서 행위가능여부(③)를 클 릭하고 '창고'를 입력해보자.

| 용도지역과 용도지구의 중복 규제 |

지역·지구		가능여부		조건·제한·예외사항
가축사육제한구역	!	검색결과 없음	!	
도시지역	!	검색결과 없음	!	
자연녹지지역	!	건축가능 - 창고	!	4층 이하의 건축물에 한한다.
중점경관관리구역	!	검색결과 없음	!	
특화경관지구	!	건축금지 - 창고	!	해당 용도로 쓰이는 바닥면적의 합계가 500제곱미터를 초과하는 것에 한한다.

이처럼 자연녹지지역에서는 창고 건축이 가능하고, 특화경관지구에서는 창고 건축이 금지된다고 조회된 경우에는 어떨까? 이런 경우에는 창고를 지을 수 없다. 용도지역과 용도지구가 모두 지정된 토지에서는 용도지역과 용도지구에서 모두 허용되는 건축물만 지을 수 있는 것이 원칙이기 때문이다.

3) 지구단위계획구역

지구단위계획이란 일단의 구역을 체계적이고 계획적으로 관리하기 위하여 수립된 계획이며, 이 계획이 수립된 구역을 지구단위계획구역이라 한다. 지구단위계획구역에서는 지구단위계획으로 기반시설의 배치와 규모, 건축물의 용도제한, 건축물의 높이 등이 결정되어 있기 때문에 지구단위계획에 맞는 건축물만 지을 수 있다. 지구단위계획구역에 포함되어 있는 토지인지 아닌지는 토지이용계획확인서(아래 그림에서 ① 위치)에 나와 있다.

| 지구단위계획구역 표시 |

소재지	경기도 의정부시 가능동		면적	278 ㎡
지목	대 ❓			
개별공시지가(㎡당)	600,000원 (2017/01)			
지역지구등 지정여부	①	「국토의 계획 및 이용에 관한 법률」에 따른 지역·지구등	제1종일반주거지역 , 지구단위계획구역(상직) , 소로2류(폭 8M~10M)(접합)	
		다른 법령 등에 따른 지역·지구등	과밀억제권역<수도권정비계획법>	
「토지이용규제 기본법 시행령」 제9조제4항 각 호에 해당되는 사항				

:: 지구단위계획구역에서 지을 수 있는 건축물의 종류

지구단위계획구역으로 지정된 토지에 지을 수 있는 건축물의 종류는 용도지역이나 용도지구에서의 규제사항을 적용하지 않는다. 왜냐하면 지구단위계획구역이란 지구단위계획으로 기반시설 배치를 포함하여 토지의 용도를 정하고 지을 수 있는 건축물의 종류와 크기도 결정된 구역이기 때문이다. 그래서 지구단위계획구역은 지구단위계획을 분석해야 하며, 용도지역이나 용도지구 분석은 의미가 없다.

다음 사례를 보자.

| 지구단위계획구역에 포함된 토지 경매 물건 |

이 토지에 어떤 건물을 지을 수 있을까? 먼저 토지이용계획확인서를
보자.

| 토지이용계획확인서 |

이 토지는 용도지역이 '제1종일반주거지역'(①)이고 '지구단위계획구

역'(②)으로 지정되어 있다. 이 토지는 지구단위계획구역으로 지정된 토지이므로 이 토지에 지을 수 있는 건축물의 종류는 용도지역이 아니라 지구단위계획에 정해져 있다. 그러면, 지구단위계획은 어디서 열람할 수 있을까? 대부분의 지구단위계획은 시청 홈페이지에 있지만 찾기가 쉽지는 않다. 따라서 시청 지구단위팀에 전화해서 문의하는 것이 좋다. 시청 담당자에게 지번을 불러주고 해당 지구단위계획이 어디에 있는지 물어보면 바로 알려준다. 그렇게 해서 지구단위계획에서 정한 이 토지에서 지을 수 있는 건축물의 종류를 찾아보면 다음과 같다.

| 지구단위계획에서 정한 건축물의 허용용도 |

[별표 1] 건축물 용도계획

구분	계 획 내 용
허용용도	• 단독주택 중 단독주택, 다가구주택(동당 6세대 이하) • 공동주택 중 다세대주택·연립주택(동당 6세대 이하) (단, 주택법에 의한 도시형생활주택 제외) • 제1종 근린생활시설 • 교육연구시설 중 유치원, 초·중·고등학교, 도서관 • 노유자시설 중 아동관련시설, 노인복지시설 • 제2종근린생활시설 (단, 옥외골프연습장, 제조업소, 직업훈련소, 장의사, 총포사, 안마시술소, 단란주점, 지상·지하 노래연습장 제외) • 문화 및 집회시설 중 전시장 (단, 폭 12m 이상인 도로에 12m 이상 접하는 경우에 한함) • 위험물저장 및 처리시설 중 주유소 및 석유판매소 (단, 대로 이상 도로에 접하는 경우에 한함) • 자동차관련시설 중 주차장
불허용도	• 허용용도 이외의 용도 • 지하층, 지붕층(다락, 옥탑) 주거용도 • 고물상, 야적장, 폐자원수집소 등 주거환경 위해용도

건축물의 허용용도와 불허용도가 표시되어 있는데, 이 토지에는 허용용도에 포함된 건축물만 지을 수 있다. 이렇게 지구단위계획구역으로 지정된 땅은 지을 수 있는 건물의 종류가 정해져 있다. 그래서 지구단위계획구역으로 지정된 토지는 꼭 지구단위계획을 찾아보아야 한다.

토지뿐만 아니라 부동산 투자에서는 보통 단기매매보다는 중장기 투자
가 더 큰 수익을 가져다준다. 하지만 투자금이 묶여 여러 부동산에 투자를
하기 어렵다는 단점이 있다. 이런 딜레마를 해결할 수 있는 방법 중 하나는
소액 지분으로 분산해서 투자하는 것이다.

경기도 수원시 토지 지분 물건이 공매에 나왔다.

| 공매로 나온 토지 지분 물건 |

사진	물건번호 물건종류(용도)	소재지	감정가(원) 최저입찰가(원)	진행 상태
□	2013-21922-001 답	경기 수원시 장안구 율전동 126 답 12.0855㎡	2,550,000 1,530,000 1,581,000	낙찰 (60%) (103.33%)
□	2013-21922-002 답	경기 수원시 장안구 율전동 127 답 15.9251㎡	3,360,200 2,017,000 2,120,000	낙찰 (60%) (105.11%)

이 두 농지는 전체 면적이 각각 1,130㎡, 1,489㎡로 그 합이 2,619㎡이지
만, 공매로 나온 지분은 두 물건의 면적 합계가 28㎡로 전체 면적의 1/100
에 불과했다. 공매 토지 두 개를 모두 낙찰받아도 4백만 원이 채 되지 않았
다. 투자금액이 적으니 장기 보유도 전혀 문제가 되지 않았다.

이렇게 아주 작은 지분은 은행 적금에 넣는 셈치고 매수해둔다면 나중에
좋은 투자 결과로 돌아오게 된다. 하지만 중요한 게 있다. 바로 전체 토지
의 가치를 잘 따져보아야 한다는 점이다.

먼저 이 토지의 입지를 보자.

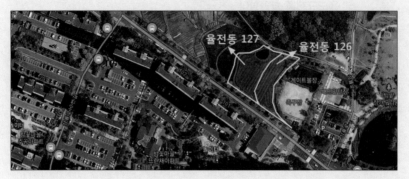

이 토지는 도로 옆의 농지로 사용되고 있었다. 주변에는 아파트 단지가 있고 공원 내 운동시설이 있어 거주자와 이용객을 상대로 한 영업이 가능해 보였다. 이런 농지가 개발되지 않고 있었던 이유는 공원 예정지이기 때문이었다. 이 농지를 포함해 이 일대의 토지는 1967년 지지대공원 조성계획이 수립되면서 개발허가를 받을 수 없는 상태로 남아 있었다. 시청 공원녹지사업소에 문의한 결과 2020년에 공원에서 해제된다고 한다. 공원조성계획 전체 면적이 450만 ㎡인데 지금까지 공원으로 조성된 면적은 6%밖에 되지 않았고 수원시에서는 전체를 공원으로 조성할 여력이 없었다. 지금은 건물을 지을 수 없지만 나중에 공원 예정지에서 해제되면 건물을 지을 수 있게 된다. 그럼 어떤 용도의 건물을 지을 수 있을까? 이 판단을 하려면 이 토지의 용도지역을 살펴보아야 한다. 이곳은 자연녹지지역이다. 수원시에서는 자연녹지지역에서 다음의 건축물을 지을 수 있다.

- 단독주택
- 제1종 근린생활시설
- 제2종 근린생활시설 (음식점은 바닥면적 500㎡ 미만만 가능)
- 의료시설

• 학원

• 운동시설 등

비록 지분 물건이기는 하지만 이처럼 다양한 용도로 사용할 수 있기 때문에 가치 있는 토지라고 생각했다. 그래서 감정가의 60% 수준에 입찰했는데 결과는 단독입찰이었다. 낙찰금액은 ㎡당 13만 원이었다. 이 지역의 토지 가격은 제2종일반주거지역이 ㎡당 330만 원 이상이고, 개발제한구역 내 자연녹지지역 토지는 ㎡당 30만 원 정도에 거래되고 있었다.

자연녹지지역이라 제2종일반주거지역보다 건폐율이나 용적률이 낮지만 대로변이기 때문에 결코 나쁘지 않다고 판단했다.

이 토지는 현재에도 농지로 사용되고 있지만, 그렇더라도 내 지분을 다른 공유자에게 매도할 생각은 없다. 조만간 공원 예정지에서 해제되고 나면 가격이 상승할 것이기 때문이다. 작은 토지의 지분 물건이라도 용도규제를 반드시 확인하고 투자해야 한다는 점을 기억하기 바란다.

지구단위계획 변경에 기회가 있다

한 번 수립된 지구단위계획도 영원한 것이 아니다. 시간이 지나면 주변환경이나 여건도 변한다. 지구단위계획도 5년마다 타당성 여부를 재검토하여 정비하도록 되어 있다. 바로 여기에 기회가 있다. 기존 지구단위계획에서 허용되지 않던 건축물이라도 지구단위계획이 변경되어 지을 수 있게 되는 경우도 있기 때문이다. 그래서 변경되는 지구단위계획에 관심을 갖고 살펴볼 필요가 있다. 지구단위계획 변경은 각 시·군청 홈페이지에도 고시되지만 토지이음 서비스에서 통합하여 관리되므로 이곳에서 조회하는 것이 편리하다.

| 변경된 지구단위계획 조회 |

토지이음 서비스에서 고시정보(①)를 선택하고, '지구단위계획'(②)을 입력한다. 지역(③)을 선택하고 검색(④)을 클릭한다. 그러면 고시내용이 조회되는데 여기서 ⑤를 클릭해보자.

| 지구단위계획 변경 고시문 |

남양주시 고시 제2017-114호

고 시

1. 우리시 준공된 10개 택지개발지구 지구단위계획을 관련 법규의 제·개정 및 토지이용, 도시공간구조 등 여건변화를 반영, 정비하여 주민편의를 도모하고자 입안한 '남양주시 준공택지 지구단위계획 결정(변경)(안)'에 대하여
2. 「국토의 계획 및 이용에 관한 법률」 제30조에 의거 도시관리계획(지구단위계획)을 결정(변경) 및 고시하고,「국토의 계획 및 이용에 관한 법률」제32조와 「토지이용규제기본법」제8조에 의거 지형도면을 고시합니다.
3. 관계도서는 남양주시청 도시개발과에 비치하여 이해관계인 및 일반인에게 보이고 있습니다.
  가. 도시관리계획(지구단위계획) 결정(변경)조서는 붙임을 참고하여 주시기 바랍니다.
  나. 관련 도면 및 지형도면은 게재 생략합니다.

붙임 : 도시관리계획(지구단위계획) 결정(변경)조서

2017. 4. 6.

남 양 주 시 장

첨부된 지구단위계획 변경조서를 열람해보면 다음과 같은 내용이 들어 있다.

라. 건축물에 관한 결정(변경) 조서
※ 건축물의 용도는 「건축법 시행령」 별표1에 따른 용도임
(1) 단독주택용지

도면 번호	위치 (가구번호)	구 분		계획내용
단독	7BL~15BL	용도	기정	• 단독주택
			지정 → 허용 변경	• 제1호 단독주택 (다중주택 제외)
				• 점포주택 [제3호 제1종 근린생활시설, 제4호 제2종 근린생활시설 (단란주점 및 안마시술소 제외)]
				- 단, 근린생활시설은 지상1층과 지하층에 한하며, 건축물 총 연면적의 40%(2층 이하 건축물의 경우 50%)를 초과할 수 없음
			불허 기정	• 건축법 및 남양주시 건축조례 상 불허된 용도
			변경	• 허용용도 이외의 용도

기존에 단독주택 용지로 분양한 택지에 점포주택을 지을 수 있도록 지구단위계획이 변경되었다. 단독주택만 지을 수 있었던 땅 1층에 상가를 둘 수 있게 되면 수익성이 높아진다. 이렇게 변경되는 정보를 이용하여 투자에 활용하면 경쟁자들보다 차별화된 투자를 할 수 있게 되고 부동산 투자에서 성공할 확률이 높다.

보전 규제에 맞는 건물이어야 한다

과거 우리나라는 국토가 급속히 개발되면서 농지와 산림이 무분별하게 훼손되고 환경오염 문제가 누적되었다. 그래서 미래의 후손들에게 물려줄 국토를 보전하기 위한 규제가 시행되고 있는데, 그 대상은 농지와 산지, 그리고 물이다. 이 세 가지의 보전에 필요한 토지에는 보전 규제가 적용되고 있는데 보전규제에 맞지 않는 건물은 건축허가를 받을 수 없다. 그러면 보전 규제에는 어떤 것들이 있고 그 규제를 받는 토지에는 어떤 건물을 지을 수 있는지 알아보자.

1) 농업진흥지역

드넓은 농경지 한가운데 건물이 들어서면 어떻게 될까? 주변 농지가 점차 오염되기 시작하고 건물 수가 늘어남에 따라 결국 비옥한 농지가 없어지게 될 것이다. 그래서 국가에서는 보전할 농지를 따로 정하여 관리하고 있는데 그것이 바로 농업진흥지역이다. 농업진흥지역은 농업진흥구역과 농업보호구역으로 나뉜다. 농사를 짓기에 적합하게 집단화된 농지를 농업진흥구역으로 지정한다. 또, 농업보호구역은 농업진흥구역에서 농사를 잘 지을 수 있도록 농업환경을 보호하기 위해 지정한 구역인데 대표적으로는 농업용 저수지 근처가 해당된다. 농업진흥지역 지정 여부는 토지이용계획확인서(아래 그림에서 ① 위치)에 표시되어 있다.

| 농업진흥지역의 표시 |

소재지	전라북도 완주군 이서면 남계리 일반 821-10		
지목	답 🄰	면적	2,098 m²
개별공시지가(m² 당)	32,000원 (2017/01)		
지역지구등 지정여부	「국토의 계획 및 이용에 관한 법률」에 따른 지역·지구등	생산녹지지역	
	① 다른 법령 등에 따른 지역·지구등	가축사육제한구역(주거밀집에서 500m이내지역)<가축분뇨의 관리 및 이용에 관한 법률>, 농업진흥구역<농지법>	
	「토지이용규제 기본법 시행령」 제9조제4항 각 호에 해당되는 사항		

:: 농업진흥지역에서 지을 수 있는 건축물 종류

농업진흥지역에서는 용도지역과 농업진흥지역에서 모두 허용하는 건축물만 지을 수 있다. 여기서 주의할 점은, 농업진흥지역에 포함된 땅은 지목에 관계없이 농업진흥지역에서의 제한을 받는다는 점이다. 왜냐하면 농업진흥지역은 농지를 효율적으로 이용하고 보전하려고 지정한 지역이기 때문에 농업에 영향을 주는 땅이라면 지목과 관계없기 때문이다.

그렇다면, 농업진흥지역에서는 어떤 건축물을 지을 수 있을까? 농업진흥구역에서는 농업인 주택, 농수산물 가공처리시설, 농업기계 수리시설, 농업용·어업용 창고 정도만 지을 수 있다.농업인 주택은 농사를 전업으로 하는 농업인만 지을 수 있는 주택이다. 반면, 농업보호구역에서는 농업인이 아닌 사람이라도 단독주택이나 소매점은 지을 수 있다.

| 농업진흥지역에서 지을 수 있는 건축물의 종류 |

건축물의 종류	농업진흥지역	
	농업진흥구역	농업보호구역
단독주택	농업인 주택	○
다가구주택	×	×
다세대주택	×	×
소매점	×	○
휴게음식점	×	×
일반음식점	×	×
공장	농수산물 가공처리시설, 농업기계 수리시설	
창고	농업용·어업용 창고	

결론적으로 농업진흥지역은 투자대상에서 제외하는 것이 좋다. 지을 수 있는 건축물의 종류가 제한되어 있어서 내 땅을 되사줄 매수인이 별로 없기 때문이다.

농업진흥지역 해제에 기회가 있다

과거에는 농지를 절대적으로 보전하는 것이 필요했지만 쌀 소비량이 줄어들고 수입농산물시장이 개방되면서 농지가 남아돌고 있다. 그래서 우량농지 보전은 강화하되 보전가치가 낮은 농업진흥지역은 지속적으로 해제되고 있다. 특히 2016년 6월에는 850㎢의 대규모 농업진흥지역이 해제·변경된 바 있다.

| 농업진흥지역 대규모 해제 |

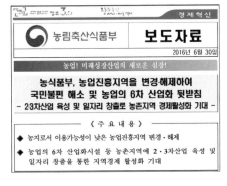

농업진흥지역에서 해제되면 땅값이 많이 오른다. 두세 배 오른다는 사람도 있지만, 얼마나 오를 것인지는 그 땅의 가치에 달려 있다. 다른 문제는 없는데 단지 농업진흥지역이기 때문에 땅값이 낮았다면 더 많이 오른다. 하지만 시골에 있는 땅은 농업진흥지역 규제에서 해제되더라도 가격이 별로 오르지 않는다. 그래서 농업진흥지역에서 해제되어 땅값이 많이 오를 땅을 고를 때는 입지, 도로조건, 개발행위허가를 받을 수 있는지의 여부를 잘 보고 골라야 하는 것이다.

농업진흥지역이 해제되는 구체적인 기준은 해제시점에서 결정된다. 예전의 사례에서 비추어볼 때 도로, 철도, 하천 등이 새로 만들어져 30,000m² 미만으로 분리되는 자투리 농업진흥지역, 경지가 정리되지 않았거나 농업용수 개발 등 생산기반시설의 투자가 이루어지지 않은 지역, 주변 농지의 전용이 많이 이루어진 지역 등의 토지에서 농업진흥지역이 해제될 가능성이 높아 보이므로 이런 지역에 투자를 하는 것도 큰 수익을 낼 수 있는 하나의 방법이 될 수 있다.

절대농지라는 땅은 농업용 외의 다른 용도로는 사용이 불가능한 농지를 말한다. 절대농지 제도는 1992년에 농업진흥지역 제도로 변경되었다. 절대 농지 제도는 필지별 지정방식이고, 농업진흥지역 제도는 권역별 지정방식 이다. 세월이 25년 넘게 흘렀는데도 현장에서는 여전히 절대농지라는 용어 가 사용되고 있다. 여하튼 농업진흥지역으로 지정된 토지는 농업용으로 사 용해야 하기 때문에 투자 가치가 떨어진다. 하지만 농업진흥지역에서 해제 되는 토지라면 어떨까?

경기도 포천시에 있는 창고와 일단의 토지가 경매에 나왔다. 창고 면적은 396㎡, 토지 면적은 9,010㎡였다. 이 토지의 문제는 농업진흥지역으로 지 정되었다는 점이다.

2015타경7		●의정부지법 본원 ● 매각기일 : 2017.02.06(月) (10:30) ● 경매 7계(전화:031-828-0327)					
소재지	경기도 포천시 영중면 거사리 외 7필지 도로명주소검색						
물건종별	창고	감정가	478,210,000원	구분	입찰기일	최저매각가격	결과
토지면적	9010㎡(2725.525평)	최저가	(49%) 234,323,000원	1차	2016-11-28	478,210,000원	유찰
				2차	2017-01-02	334,747,000원	유찰
건물면적	396㎡(119.79평)	보증금	(10%) 23,440,000원	3차	2017-02-06	234,323,000원	
매각물건	토지·건물 일괄매각	소유자		낙찰 : 239,700,000원 (50.12%)			
				(입찰2명,낙찰:)			
개시결정	2015-11-24	채무자		매각결정기일 : 2017.02.13 - 매각허가결정			
				대금지급기한 : 2017.03.21			
사건명	강제경매	채권자		대금납부 2017.03.21 / 배당기일 2017.05.25			
				배당종결 2017.05.25			

이 창고도 농업진흥지역에 지어져 있기 때문에 일반 물류창고가 아닌 농업용 창고일 것이었다. 농업진흥지역임에도 이 토지에 관심을 가졌던 이유는 인근에 도로 개설이 계획되어 있었기 때문이다.

| 도로의 신설로 단절되는 농업진흥구역 |

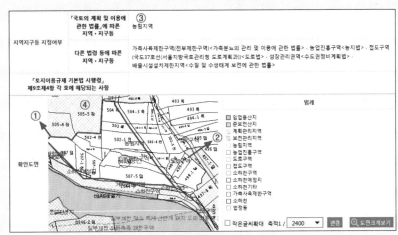

이 경매 토지가 속한 부분(①)은 도로구역(②)에 의해 단절되고 ①부분의 면적 합계는 약 1만 5천㎡ 정도가 된다. 농업진흥지역은 대규모 영농이 가능한 일단의 농지에 지정되는 것인데 이처럼 도로의 개설로 인하여 3만㎡ 이하의 자투리 지역이 되면 농업진흥지역에서 해제가 된다. 또한 현재의 용도지역은 농림지역(③)으로 되어있지만, 농업진흥지역에서 해제가 될 경우 용도지역도 변경된다. 농림지역은 농업의 진흥과 산림의 보전이 필요한 지역에 지정이 되는 것인데 농업진흥지역에서 해제가 된다면 이곳을 더 이상 농림지역으로 둘 이유가 없기 때문이다. 변경 후의 용도지역은 보통 토지이용현황과 주변 용도지역을 고려하여 결정되므로, 이 토지는 계획관리지역으로 변경될 가능성이 높았다. 토지 주변에는 공장이 있고 계획관리지역(④)으로 둘러싸여 있었기 때문이다.

나는 이 토지를 발견하고는 즉시 현장으로 달려갔다. 도착 후 차에서 내려 주변을 살피는데 좀 이상했다. 주택도 아닌 창고 같은 건물이 곳곳에 있다. 확인해보니 모두 양계장이 아닌가.

| 주변 양계장 |

순간 나의 실망은 이루 말할 수 없었고 주변 환경 때문에 입찰은 포기할 수밖에 없었다. 이 토지의 경우에는 아쉽게 되었으나, 여기에서 중요한 것은 농업진흥지역이라고 해서 무조건 패스할 것이 아니라는 점이다. 어떠한 경우에 토지가 농업진흥지역에서 해제가 될 수 있는지 알아두고, 이런 토지에는 계속해서 관심을 가질 필요가 있다. 농업진흥지역에서 해제되어 용도지역이 바뀌면 수익은 저절로 따라올 테니 말이다.

2) 보전산지

국가에서는 보전할 산지를 보전산지로 지정하고 있는데, 보전산지에는 공익용 산지와 임업용 산지 두 종류가 있다. 공익용 산지는 재해 방지, 수원 보호, 자연생태계 보전 등의 공익 기능을 위하여 지정한 산지이고, 임업용 산지는 임업생산을 위하여 지정한 산지다. 보전산지로 지정되지 않은 산지는 준보전산지라고 한다. 보전산지 지정 여부는 토지이용계획확인서(아래 그림에서 ① 위치)에 표시되어 있다.

| 보전산지의 표시 |

소재지	경상북도 포항시 남구 동해면			
지목	임야 ⓣ		면적	40,463 ㎡
개별공시지가(㎡ 당)	1,610원 (2017/01)			
지역지구등 지정여부	「국토의 계획 및 이용에 관한 법률」에 따른 지역·지구등	도시지역 , 자연녹지지역		
	① 다른 법령 등에 따른 지역·지구등	보전산지 <산지관리법> , 임업용산지 <산지관리법>		
「토지이용규제 기본법 시행령」 제9조제4항 각 호에 해당되는 사항				

:: 보전산지에서 지을 수 있는 건축물의 종류

보전산지에서는 용도지역과 보전산지에서 모두 허용하는 건축물만 지을 수 있다. 그러면 보전산지에서는 어떤 건축물을 지을 수 있을까? 임업생산과 공익 목적 외의 사용은 금지된다. 즉, 농림어업인 주택, 임산물 생산·가공·보관·판매 시설, 농축수산물 창고, 농기계 수리시설, 농기계 창고 정도만 지을 수 있다. 단, 준보전산지는 보전산지가 아니므로 보전산지 규제가 적용되지 않는다.

| 보전산지에서 지을 수 있는 건축물의 종류 |

건축물의 종류	보전산지	
	공익용 산지	임업용 산지
단독주택	농림어업인 주택	
다가구주택	×	×
다세대주택	×	×
소매점	×	×
휴게음식점	×	×
일반음식점	×	×
공장	임산물 생산·가공·보관·판매 시설	
	×	농기계 수리시설
창고	농축수산물 창고	
	×	농기계 창고

결론적으로 말하면 보전산지는 투자 대상에서 제외하는 것이 좋다. 지을 수 있는 건축물 종류가 별로 없기 때문이다.

3) 수질보전지역·구역

국가에서는 수질오염을 예방하고 물 환경을 보전하기 위하여 따로 지역과 구역을 정하여 관리하고 있다.

:: 공장설립제한지역/공장설립승인지역

상수원보호를 위해 공장설립을 규제하는 지역이다. 공장설립제한지역은 공장 설립이 제한되는 지역이고, 공장설립승인지역은 공장을 설립하려면 승인을 받아야 하는 지역이다. 공장을 지을 게 아니라면 무시해도 된다.

:: 폐기물매립시설설치제한지역

폐기물 매립시설의 설치가 제한되는 지역이다. 이런 시설을 설치하지 않는다면 무시해도 된다.

:: 배출시설설치제한지역

수은 같은 특정수질유해물질이 배출되는 폐수배출시설 설치가 금지된다. 폐수배출시설을 설치하지 않는다면 무시해도 된다.

:: 수질보전특별대책지역

상수원의 오염이나 환경훼손을 방지하기 위해 팔당호와 대청호 주변에 지정되어 있다. 오수나 폐수 발생량과 공공하수처리시설 설치 여부 및 처리용량 초과 여부에 따라 해당 토지에 지을 수 있는 건축물의 종류가 제한된다. 이 규제는 토지이용계획확인서만으로는 구분이 어렵기 때문에 어떤 건축물을 지을 수 있는지를 확인하려면 시청 담당자에게 문의해보는 게 좋다.

:: 수변구역

상수원보호를 위하여 강가로부터 500m 이내 또는 1km 이내의 지역에 설정된 구역이다. 수변구역에서는 식품접객업, 숙박업, 다가구주택, 공동주택 건축이 금지되어 있다.

부동산 거래에 있어 부동산 중개업소 사장님과의 친분은 중요하다. 중개인이 내 편이냐 상대방 편이냐에 따라 거래금액과 조건이 조금씩 바뀌기도 한다. 그래서 그분들과는 평소 왕래도 자주하며 내 편으로 만들어 놓는 것이 좋다. 오래 전부터 알고 지내던 평택 부동산 중개업소 사장님으로부터 전화가 왔다. 인근 부동산 중개업소에서 보전산지 물건에 투자할 것을 권유했다. 여주시 임야였다.

| 보전산지 투자 물건으로 나온 임야 |

약 1만 평의 땅이다. 평당 급매가 3만 원 정도로 임야의 가격은 약 3억 원이라고 했다. 토지이용계획확인서를 통하여 임야의 가치를 분석해보았다.

| 토지이용계획확인서 |

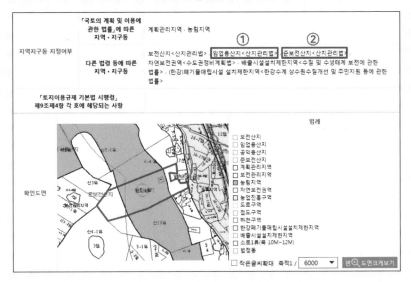

임야 전체 면적의 약 60%를 차지하고 있는 중앙의 녹색 부분은 임업용으로 사용할 수 있는 부분, 즉 임업용산지(①)이다. 양옆으로 있는 흰색 부분은 개발이 가능한 준보전산지(②)이나, 이 중 왼쪽에 있는 토지는 도로가 없어 개발이 불가능했고, 개발 가능한 토지는 마을 가까이에 있는 오른쪽 토지뿐이었는데 그 면적은 대략 1,600평 정도였다.

부동산 중개업소 사장님은 이 토지 1만 평의 가격이 3억 원이라고 했지만, 사실 3억 원은 개발 가능 면적인 1,600평에 대한 가격으로 생각해야 한다. 따라서 이 임야는 가치에 비해 가격이 높게 책정되어 있는 것이다. 개발 가능한 1만 평의 임야가 3억 원이었다면 알짜배기 급매물로 투자할 가치가 있는 땅이었을 테지만, 3억 원을 1,600평의 임야에 투자하는 것은 좋은 투자가 아니었다.

조사 후 나는 부동산 중개업소 사장님께 다른 투자 때문에 지금은 여력이 없다고 에둘러 말하며 제안을 거절했다.

이처럼 임야의 경우에는 개발 가능 면적 대비 가격이 부풀려져 있는 경우가 많다. 부동산 중개업소에서도 이에 대해 잘 모르는 경우가 있으니 무조건 부동산 중개업소 사장님의 말만 듣고 판단해서는 안 되고, 임야 투자 시에는 반드시 준보전산지 비율이 얼마인지, 또 개발이 가능한 면적은 어느 정도인지 파악해야만 실패 없는 투자를 할 수 있다.

Summary

건축 가능한 건물 확인 체크리스트

1. 입지에 맞는 건물이어야 한다.

    ① 지역분석   ② 접근성 분석   ③ 주변환경 분석

2. 용도 규제에 맞는 건물이어야 한다.

    ① 용도지역   ② 용도지구   ③ 지구단위계획구역

3. 보전 규제에 맞는 건물이어야 한다.

    ① 농업진흥지역   ② 보전산지   ③ 수질보전지역·구역

3장.
어떤 규모로 지을 수 있는가?

건물을 지을 수 있는 땅을 샀다면 이제 어떤 규모의 건물을 지을 수 있는지 알아볼 차례다. 같은 면적의 땅이라도 더 큰 건물을 지을 수 있다면 땅의 가치는 더 높아진다.

건축물의 규모에 영향을 미치는 3가지 요소는 면적 제한, 높이 제한, 법정주차대수에 의한 규모 제한이다.

면적 제한

공인중개사 사무실에서 토지를 거래할 때는 보통 토지대장에 기재된 토지면적을 기준으로 거래금액이 결정된다. 하지만 같은 면적의 토지라도 실제 지을 수 있는 건물의 면적은 다르기 때문에 토지를 사기 전에는 꼭 지을 수 있는 건물의 면적을 따져보아야 한다.

토지의 용도에 따라 토지면적에 대비하여 건물면적의 비율에 대한 상한선이 정해져 있다. 또한, 건물을 토지 가장자리에서 일정거리를 두어야 하는 규정 때문에 건물의 면적이 줄어들 수도 있다.

이러한 규정 때문에 같은 면적의 토지라도 실제 지을 수 있는 건물의 면적은 달라진다. 그래서 토지를 볼 때는 지을 수 있는 건물의 면적에 영향을 주는 건폐율, 건축선을 잘 알아야 한다.

1) 건폐율

건폐율은 대지면적에 대한 건축면적의 비율을 말한다.

| 건폐율의 정의 |

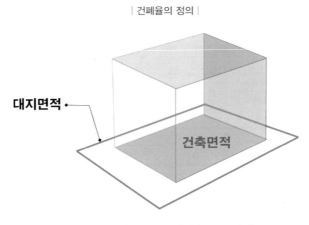

건폐율 = 건축면적 ÷ 대지면적 × 100 (%)

예를 들어 대지면적 1,000㎡인 땅에 건축면적이 400㎡이면 건폐율은 40%가 된다. 대지면적은 대지의 수평투영면적이다. 땅이 비스듬하게 경사져 있을 경우 대지면적은 위에서 내려다본 면적이 된다. 건축면적도 수평투영면적이다.

:: 건폐율 상한 지정

건폐율은 용도지역별로 상한이 정해져 있는데 법에서 정한 상한 이내에서 지자체별로 상한을 따로 정하고 있다. 건폐율은 법에서 정한 상한이 아니라 지자체별로 정한 상한을 기준으로 한다.

| 용도지역별 건폐율 상한 |

(단위 : %)

용도지역		법정상한	서울시	파주시	화성시	안성시
주거 지역	제1종 전용주거지역	50	50	40	50	50
	제2종 전용주거지역	50	40	50	50	50
	제1종 일반주거지역	60	60	60	60	60
	제2종 일반주거지역	60	60	60	60	60
	제3종 일반주거지역	50	50	50	50	50
	준주거지역	70	60	60	70	70
상업 지역	중심상업지역	90	60	70	80	90
	일반상업지역	80	60	70	80	80
	근린상업지역	70	60	60	70	70
	유통상업지역	80	60	60	70	80
공업 지역	전용공업지역	70	60	70	70	70
	일반공업지역	70	60	70	70	70
	준공업지역	70	60	70	70	70
녹지 지역	보전녹지지역	20	20	20	20	20
	생산녹지지역	20	20	20	20	20
	자연녹지지역	20	20	20	20	20
관리 지역	보전관리지역	20	–	20	20	20
	생산관리지역	20	–	20	20	20
	계획관리지역	40	–	40	40	40
농림지역		20	–	20	20	20
자연환경보전지역		20	–	20	20	20

위 표를 보면 법정 상한 이내에서 각 지자체별로 건폐율 상한을 따로 정하고 있고 모두 똑같지 않다는 것을 알 수 있다. 그래서 토지의 건폐율을 확인할 때는 반드시 지자체별로 정해져 있는 건폐율을 확인하여

야 한다. 지자체마다 정하고 있는 용도지역별 건폐율을 쉽게 확인하는 방법이 있다.

:: 건폐율 상한을 확인하는 방법

지자체별로 정한 건폐율 상한은 토지이음 서비스에서 확인할 수 있다.

| 건폐율 상한 확인 방법 |

이 토지의 용도지역은 제2종일반주거지역(①)이다. 용적률·건폐율(②)을 클릭하면 다음 화면이 뜬다.

| 건폐율 상한 확인 |

용도지역지구	건폐율(조례)	용적률(조례)
제2종일반주거지역	60% ③	240%

지자체에서 정하고 있는 건폐율 상한은 ③에 표시되어 있는데, 안양시에서는 제2종일반주거지역의 건폐율 상한을 60%로 정하고 있음을 확인할 수 있다. 이렇게 전국의 모든 토지에 대해 토지이음 서비스의 용적률·건폐율(②) 조회를 통하여 각 지자체에서 정하고 있는 건폐율 상한을 간단하게 찾을 수 있다.

2) 건축선

건축선은 건축을 할 수 있는 경계선을 말하는데, 일반적으로 대지와 도로의 경계선으로 한다. 건축물과 담장은 건축선의 수직선을 넘어서는 안 된다.

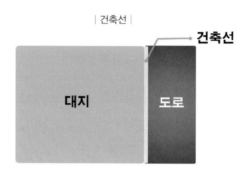

| 건축선 |

:: 건축선 후퇴가 건물의 규모에 미치는 영향

건축선이 내 땅 안으로 밀려나는 경우가 있다. 이를 건축선 후퇴라고 하는데, 건축선 후퇴가 되면 그만큼 손해다. 왜냐하면 건축선 후퇴로 밀려난 면적은 대지면적에서 제외되는데 대지면적은 건폐율을 계산할 때 기준 면적이라서 결국 지을 수 있는 건물의 면적이 줄어들게 되기 때문이다.

예를 들어 가로 세로 각 10m이고 한쪽 면이 도로에 접하고 있는 땅이 있다고 하자. 그런데 어떤 이유로 해서 건축선이 1m 후퇴했다고 가정해보자.

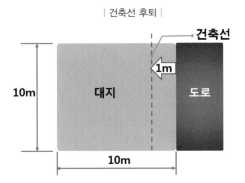

| 건축선 후퇴 |

건축선

1m

10m

대지

도로

10m

　원래 토지면적은 100㎡다. 건폐율이 60%라고 한다면 건축면적을 60㎡까지 지을 수 있다. 하지만 건축선이 1m 후퇴되면 뒤로 밀려난 면적이 10㎡고 남는 면적은 90㎡가 된다. 건폐율은 90㎡에 대해 적용한다. 건폐율 60%를 적용하면 건축면적은 54㎡가 된다. 이처럼 건축선 후퇴 때문에 지을 수 있는 건물의 면적이 줄어든다. 그뿐 아니라 건축선 후퇴로 밀려난 부분은 토지 소유자라고 해도 도로 외에 다른 용도로는 사용할 수 없고, 다른 사람의 통행을 방해할 수도 없으며 통행료를 받을 수도 없고, 도로로 사용된다고 해서 국가에서 보상해주지도 않는다. 건물을 짓기 위해 내 땅을 도로로 내놓았기 때문에 더 이상 내 땅이 아닌 셈이다. 그래서 땅을 볼 때는 건축선 후퇴가 발생하는 땅인지 주의해서 보아야 한다.

:: 건축선 후퇴가 발생하는 땅 구별 방법

　그러면 어떤 땅에 건축선 후퇴가 일어날까? 땅에 접한 도로의 폭이 도로기준 폭에 미달하면 그만큼 도로의 폭을 확보해야 하는데 이때 건축선 후퇴가 발생한다. 도로기준 폭은 일반적인 도로인 경우는 4m이고, 막다른 도로인 경우에는 도로 길이에 따라 2m에서 6m까지다.

| 도로기준 폭 |

구분	도로의 길이	도로기준 폭 (d)
일반적인 도로	관계없음	4m
막다른 도로	10m 미만	2m
	10m 이상 ~ 35m 미만	3m
	35m 이상	6m (도시지역이 아닌 읍·면 지역은 4m)

| 건축선 후퇴 계산 |

만약 위 그림과 같은 상황에서 도로기준 폭(d)이 6m라고 한다면, 도로중심선에서 양쪽으로 3m 떨어진 위치가 건축선이 된다. 맞은편 대지와 절반씩 나누어 가지기 때문이다.

도로 반대쪽이 하천, 절벽, 공원, 철도 등이 있다면 어떻게 될까?

| 도로 반대편에 하천이 있을 때 건축선 후퇴 |

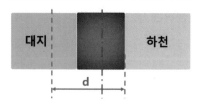

하천 쪽은 움직일 수 없으니 내 땅이 더 많이 밀려나야 도로기준 폭을 확보할 수 있게 된다. 따라서 이때는 도로의 가장자리 선에서 대지 쪽으로 6m 떨어진 위치가 건축선이 되는 것이다. 그래서 땅을 볼 때는 땅뿐만 아니라 접해 있는 도로의 폭과 길이, 도로 반대편의 이용상황을 확인해야 한다.

높이 제한

지을 수 있는 건물의 수평적인 제한을 면적 제한이라고 한다면, 건물의 수직적인 제한은 높이 제한이다. 건물의 높이도 건축주 마음대로 할 수 없다. 누구나 건물을 원하는 만큼 높게 짓도록 허용하면 인구나 이용밀도가 높아져서 도로·상수도·하수도 같은 기반시설이 부족하게 되고 생활의 질이 낮아지게 된다. 그래서 국가에서는 국토의 효율적인 이용계획과 주변 건물 피해를 방지하기 위해 건물의 높이를 제한하고 있다. 따라서 우리는 국가에서 어떤 기준으로 건물의 높이를 제한하고 있는지 그 기준을 이해하고 이왕이면 같은 돈으로 더 높은 건물을 지을 수 있는 땅을 사야 한다. 땅의 면적이 같다고 하더라도 건물을 더 넓고 더 높게 지을 수 있는 땅의 가치가 더 높기 때문이다. 건물의 높이 제한 기준을 이해하려면 용적률, 용도지구, 일조권에 대해 알아야 한다.

1) 용적률

용적률은 대지면적에 대한 건물 연면적의 비율을 말한다.

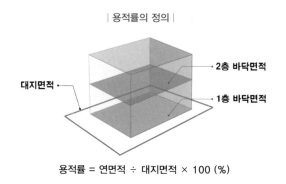

| 용적률의 정의 |

2층 바닥면적

대지면적

1층 바닥면적

용적률 = 연면적 ÷ 대지면적 × 100 (%)

연면적은 건물의 각층 바닥면적의 합계를 뜻하는데, 위 그림에서는 1층 바닥면적과 2층 바닥면적의 합계가 된다. 하지만 지하층의 바닥면적, 지상층의 주차용으로 쓰는 면적은 용적률 계산에서 제외된다.

각 토지마다 허용되는 최대한의 용적률이 정해져 있는데, 같은 면적의 토지라도 허용 용적률이 크면 건물을 더 높게 지을 수 있기 때문에 허용 용적률이 큰 토지가 더 가치가 있다. 그러면 토지마다 정해져 있는 최대 허용 용적률을 찾는 방법을 알아보자.

:: 용적률 상한 지정

용적률도 건폐율과 마찬가지로 용도지역별로 상한이 정해져 있고 법에서 정한 상한 이내에서 지자체별로 상한을 따로 정하고 있다. 용적률은 지자체별로 정한 상한을 기준으로 한다.

용도지역		법정상한	서울시	파주시	화성시	안성시
	제1종 전용주거지역	50/100	50/100	40/80	50/80	50/100
	제2종 전용주거지역	50/150	40/120	50/120	50/120	50/150
주거 지역	제1종 일반주거지역	60/200	60/150	60/180	60/180	60/200
	제2종 일반주거지역	60/250	60/200	60/250	60/250	60/250
	제3종 일반주거지역	50/300	50/250	50/300	50/270	50/300
	준주거지역	70/500	60/400	60/300	70/400	70/500
상업 지역	중심상업지역	90/1500	60/1000	70/800	80/1000	90/1500
	일반상업지역	80/1300	60/800	70/700	80/800	80/1300
	근린상업지역	70/900	60/600	60/400	70/400	70/900
	유통상업지역	80/1100	60/600	60/400	70/400	80/1100
공업 지역	전용공업지역	70/300	60/200	70/200	70/300	70/300
	일반공업지역	70/350	60/200	70/250	70/350	70/350
	준공업지역	70/400	60/400	70/250	70/400	70/400
녹지 지역	보전녹지지역	20/80	20/50	20/50	20/60	20/80
	생산녹지지역	20/100	20/50	20/50	20/80	20/100
	자연녹지지역	20/100	20/50	20/80	20/100	20/100
관리 지역	보전관리지역	20/80	–	20/80	20/60	20/80
	생산관리지역	20/80	–	20/80	20/80	20/80
	계획관리지역	40/100	–	40/100	40/100	40/100
농림지역		20/80	–	20/50	20/60	20/80
자연환경보전지역		20/80	–	20/50	20/50	20/80

| 용도지역별 건폐율 및 용적률 상한 |

(단위:%, 건폐율/용적률)

위 표에 건폐율과 용적률 상한을 함께 표시했다. 이 표를 보면 법정 상한 이내에서 각 지자체별로 용적률 상한을 따로 정하고 있다는 것을 알 수 있다. 따라서 용적률도 반드시 지자체별로 정해진 용적률을 확인 하여야 한다.

:: 용적률 상한을 확인하는 방법

용적률 상한은 건폐율과 마찬가지로 토지이음 서비스에서 확인할 수
있다.

| 용적률 상한 확인 방법 |

토지이용계획	🚩 확인도면 서비스	📄 변경이력 보기	🔍 도면 크게 보기		🖨 인쇄
· 지정 현황	소재지	경기도 안양시 만안구 안양동 711-396번지			
· 행위제한내용	지목	대 ❓		면적	261.4 m²
· 행위제한내용설명					
· 행위가능여부	개별공시지가(m²당)	2,743,000원 (2021/01) 연도별보기			
· 건폐율·용적률 ②	지역지구등 지정여부	「국토의 계획 및 이용에 관한 법률」에 따른 지역·지구등	도시지역 제2종일반주거지역 소로3류(폭 8M 미만)(접합) ①		
· 층수·높이제한					
· 건축선					
· 도로조건					

이 토지의 용도지역은 제2종일반주거지역(①)이다. 용적률·건폐율
(②)을 클릭한다.

| 용적률 상한 확인 |

용도지역지구	건폐율(조례)	용적률(조례)
제2종일반주거지역	60%	240% ③

③을 보면 안양시에서는 제2종일반주거지역의 용적률 상한을 240%
로 정하고 있음을 알 수 있다.

2) 용도지구

용도지구 중 경관지구에서는 건축물의 높이가 제한된다. 높이제한 내
용을 보려면 지자체 도시계획조례를 보아야 한다.

용도지구에서의 높이제한을 찾아보자

1단계 자치법규정보시스템(www.elis.go.kr)에 접속한다.

| 자치법규정보시스템 메인화면 |

2단계 행정 시·군을 선택하고 도시계획 조례를 검색한다.

지자체(①)를 선택하고 검색란(②)에 '도시계획'을 입력한 뒤 검색하기 (③) 버튼을 클릭한다.

3단계 용도지구별 높이제한 규정을 찾는다.

안양시 도시계획조례

제33조(경관지구에서의 건축물의 높이 등)

영 제72조제2항에 따라 경관지구에 건축하는 건축물의 층수 및 높이는 다음 각 호의 기준 이하로 한다. 다만, 자연 · 지형적 여건 등에 따라 경관유지에 지장이 없거나 토지이용을 높일 필요가 있는 지역의 경우 도시계획위원회의 심의를 거쳐 각 호의 높이의 1.3배까지 건축할 수 있다.

1. 자연경관지구: 4층 또는 16미터
2. 수변경관지구 · 시가지경관지구: 5층 또는 20미터

경관지구로 지정된 토지에서의 건축물 높이는 용적률 규제뿐만 아니라 경관지구의 높이제한 규정에도 적합해야 한다.

3) 일조권

혹시 계단식 건물을 보고 "왜 공간 아깝게 면적을 다 사용하지 않았을까?" 의아하게 생각한 적이 있는가? 그 이유는 일조권 때문이다.

법에서는 우리가 빛을 받을 권리를 보장하고 있는데 그것이 바로 일조권이다. 만약 내 집 앞에 높은 건물이 세워져 우리 집으로 들어올 빛을 막는다면 그것은 일조권 침해다. 그래서 남쪽에 있는 건물이 북쪽 건물의 일조권을 침해하지 않도록 높이를 제한하여 건물을 짓도록 규정하고 있다.

| 일조권의 영향 |

사진 속에서 오른쪽이 북쪽이다. 이 건물은 4층과 5층은 일부가 잘려나간 계단식이다. 만약 이 부분에 건물을 지었다면 북쪽 건물의 저층은 하루 종일 햇볕이 들지 않을 것이다. 이처럼 일조권 규정 때문에 건물이 계단식으로 만들어지는 경우가 생긴다.

일조권은 생각보다 건물 면적에 많은 영향을 끼친다. 실제로 일조권 때문에 최대 30%까지 공간이 잘려나가기도 한다. 이것이 바로 용적률만 보고 땅을 사면 안 되는 이유이다. 하지만 대부분의 현장 부동산중개소에서는 이런 영향을 고려하지 않고 용도지역과 면적만을 기준으로

가격을 이야기한다. 하지만 최대한 넓은 건물을 지을 수 있는 땅을 고르려면 반드시 일조권을 따져봐야 한다. 그러려면 일조권 영향이 적은 땅을 골라낼 수 있는 안목이 필요한데, 본격적으로 일조권 적용 기준을 알아보자.

:: 일조권 적용 기준

일조권에 있어 가장 중요한 기준은 '사람'이다. 거주하기에 충분한 빛이 있어야 한다. 따라서 용도지역이 전용주거지역이거나 일반주거지역인 토지에만 적용된다. 준주거지역·상업지역·공업지역·녹지지역·관리지역·농림지역·자연환경보전지역에는 일조권이 적용되지 않는데, 이는 사람이 거주하는 용도로 지정된 땅이 아니기 때문이다.

두 번째는 '높이'다. 건물의 높이에 따라 잘려나가는 면적이 결정된다. 기준은 9m이다. 높이가 9m 이하인 경우에는 북쪽으로 1.5m만 비워두면 되는데, 일반적으로 건물의 층고가 3m임을 감안할 때 9m 이하인 3층까지는 북쪽으로 1.5m만 비워두고 건축하면 된다. 또한 9m를 초과하는 부분은 북쪽으로 건물높이의 $\frac{1}{2}$을 비워두고 건축해야한다.

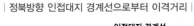

| 정북방향 인접대지 경계선으로부터 이격거리 |

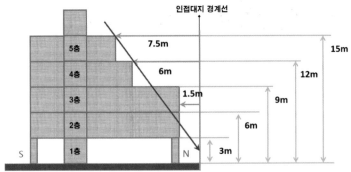

건축물대장 해석하기

건물의 규모를 산출하는 데 필요한 기본적이고 꼭 알아야 할 개념을 설명했다. 부동산 공부와 투자가 어려운 이유 중 하나는 학습내용과 실제 사례 연결이 어렵다는 것이다. 배운 내용을 투자에 연결하려면 현실에서 어떻게 적용되는지 알아야 한다. 건축물대장을 분석하면서 학습한 내용을 실제사례에 접목해보자. 현재 지어진 건물을 분석할 수 있다면, 나대지를 보고 어떤 건물을 지을 수 있는지 분석하는 것은 어렵지 않을 것이다.

먼저 건축물대장을 열람해보자.
건축물대장은 정부24(www.gov.kr) 사이트에서 열람 가능하다.

| 정부24 메인화면 |

자주 찾는 서비스

민원 신청·발급을 쉽고 빠르게 이용하세요.

주민등록표등본 (초본)교부	토지(임야)대장 열람/등본 발급신청	건축물대장 등/초본 발급(열람) 신청	지방세 납세증명	지적도(임야도) 등본 발급 및 열람	토지이용계획 확인신청	자동차 등록원부등본 (초본)발급·열람신청	전입신고	지방세 세목별 과세증명
병적증명서발급	소득금액증명	출입국 사실증명	국민연금 가입내역 조회	운전면허 정보조회	진료받은 내용 보기	자격득실확인서	교통범칙금 과태료 우편물 발송 공고	개인통관 고유부호 조회

'건축물대장 등/초본 발급(열람) 신청' 메뉴를 클릭한다.

| 건축물대장 열람 신청 |

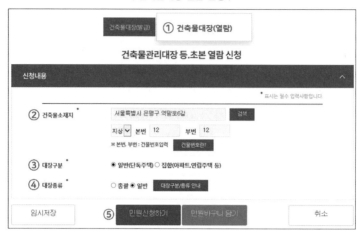

① : 건축물대장을 발급하여 제출하고자 하면 '건축물대장(발급)'을 선택하고, 화면으로 열람하고자 하면 '건축물대장(열람)'을 선택한다.

② : 발급받고자 하는 건축물의 주소를 입력한다.

③ : 일반건물이면 '일반(단독주택)'을 선택하고, 집합건물이면 '집합(아파트, 연립주택 등)'을 선택한다.

④ : 해당 지번에 건물이 2개동 이상인 경우에는 '총괄'을 선택하고, 1개인 경우에는 '일반'을 선택한다.

⑤ : '민원신청하기' 버튼을 클릭한다.

그러면 다음과 같은 화면이 뜬다.

| 건축물 선택 |

● 검색결과

해당되는 동명을 선택하십시오

동번호	동명(연면적)	건축물대장종류	선택
100	동명칭없음(263.54)	일반건축물⑥	선택

⑥ : '선택' 버튼을 누르면 건축물대장을 열람할 수 있다.

만약, 집합건물이라면

| 건축물대장 열람 |

⑦ 대장구분	○ 일반(단독주택) ● 집합(아파트,연립주택 등)	
⑧ 대장종류	● 총괄 ○ 표제부 ○ 전유부	대장구분/종류 안내

⑦ : 대장구분에서 '집합(아파트, 연립주택 등)'을 선택한다.

⑧ : 대장종류를 선택한다. 해당 지번에 건물이 2개 동 이상인 경우에
는 '총괄'을 선택하고, 1개 동 건물 전체 현황을 보고자 하면 '표
제부'를 선택한다. 또, 1개 동 중에서 특정 호실의 현황을 보고자
하면 '전유부'를 선택한다.

이렇게 발급받은 건축물대장은 다음과 같다.

| 건축물대장 |

일반건축물대장(갑)

고유번호	1138010800-1-	민원24접수번호	20190402 -	명칭

대지위치	서울특별시 은평구 역촌동		지번		도로명주소	
※대지면적 ⑨ 128.43 ㎡		연면적 ⑫ 263.54 ㎡	※지역 제2종일반주거지역		※지구	
건축면적 ⑩ 72.06 ㎡		용적률 산정용 연면적 ⑬ 198.73 ㎡	주구조 철근콘크리트구조		주용도	
※건폐율 ⑪ 56.11 %		※용적률 ⑭ 154.74 %	높이 10.35 m		지붕	
※조경면적 ㎡		※공개 공지공간 면적 ㎡	※건축선 후퇴면적 ㎡		※건축선 후퇴	

			건축물 현황			
구분	층별	구조	⑮ 용도	면적(㎡)	성명(명칭) 주민(법인)등록번호 (부동산등기용등록번호)	
주1	지1층	철근콘크리트구조	단독주택(다중주택 3실)	64.81	최 범	서울특
주1	1층	철근콘크리트구조	단독주택(다중주택 3실)	64.81	-1******	
주1	2층	철근콘크리트구조	단독주택(다중주택 3실)	72.06	홍 주	서울특
주1	3층	철근콘크리트구조	단독주택(다중주택 1실)	61.86	-2******	현동

건폐율은 56.11%(⑪)이다. 건폐율이 어떻게 산출되었는지 구해보자.

건폐율 = 건축면적 ÷ 대지면적 × 100 (%)

= 72.06㎡(⑩) ÷ 128.43㎡(⑨) × 100 (%) = 56.11%

여기서 건축면적은 건물의 수평투영면적이므로 가장 면적이 큰 2층의 면적 72.06㎡(⑮)이 건축면적이 된다.

용적률도 구해보자.

용적률 = 연면적 ÷ 대지면적 × 100 (%)

= 198.73㎡(⑬) ÷ 128.43㎡(⑨) × 100 (%) = 154.74%(⑭)

연면적(⑫)은 지하1층+1층+2층+3층의 면적(⑮)을 합한 면적이고, 용적률 산정용 연면적(⑬)은 1층+2층+3층 면적(⑮)의 합이다. 용적률을 산정할 때는 지하층의 바닥면적은 제외한다. 따라서 용적률을 구할 때는 연면적이 아닌 용적률 산정용 연면적을 사용한다. 참고로, 옥탑 1층 계단실 면적은 바닥면적으로 보지 않기 때문에 연면적에서도 제외된다.

법정주차대수에 의한 규모 제한

건물의 규모에 가장 큰 영향을 주는 요인은 일조권과 법정주차대수다. 법정주차대수란 건축물의 용도와 규모에 따라 설치해야 하는 의무주차 대수를 말한다. 법정주차대수만큼 주차장을 만들지 못하면 건물의 규모를 줄일 수밖에 없다.

예를 들어 건폐율, 용적률, 일조권을 모두 적용한 결과 4층까지 건물을 지을 수 있는 대지가 있고, 해당 대지의 소유자는 8세대의 다세대주택을 짓고 싶어한다고 가정해보자. 이곳에 과연 8세대의 다세대주택을 짓는 것이 가능할까?

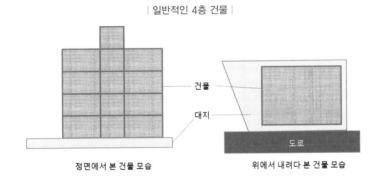

| 일반적인 4층 건물 |

정면에서 본 건물 모습 　　　　　위에서 내려다 본 건물 모습

이때 한 층당 2세대씩 지으면 8세대 지을 수 있는 거 아니야? 라고 생각해서는 안 된다. 땅이 있다고 무조건 원하는 만큼의 높은 건물을 지을 수 없는 것처럼, 건물을 원하는 만큼의 세대수로 나눌 수도 없다. 바로 법정주차대수가 있기 때문이다. 건물을 지을 때는 법정주차대수 이상의 주차장을 건물의 대지 내에 설치해야 한다. 이렇게 건물에 부속

된 주차장을 부설주차장이라 한다.

일반적으로 다세대주택의 법정주차대수는 세대당 1대 이상이므로 이 건물에는 총 8대 이상의 부설주차장을 설치해야 한다. 그런데 위 그림처럼 건물을 지으면 주차장을 설치할 공간이 없기 때문에 어쩔 수 없이 1층을 주차장으로 사용해야 한다. 간혹 주차장을 지하에 만들거나 기계식 주차장을 설치하면 괜찮지 않을까라고 말하는 사람도 있는데, 지하를 주차장으로 사용하려면 완만한 경사로를 만들어야 하기 때문에 작은 면적의 땅에는 지하주차장을 만들 수 없다. 또한, 기계식 주차장은 설치기준이 꽤 까다로워 소형 건물에는 맞지 않다. 따라서 일반적으로 1층을 필로티 구조의 주차장으로 만든다.

| 1층을 필로티로 만든 건물 |

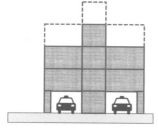

정면에서 본 건물 모습

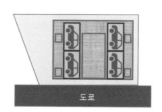

도로

위에서 내려다 본 건물 단면

1층을 필로티로 만들고 계단실까지 설치하고 나면 주차할 수 있는 공간은 그림과 같이 4대뿐이라고 가정하자. 만약 대지가 더 컸더라면 그 이상의 주차공간이 나오겠지만 이 땅은 아쉽게도 여유 공간이 없다. 따라서 이 건물에 지을 수 있는 다세대주택의 규모는 최대 4세대가 된다. 법정주차대수 기준이 없다면 8세대의 다세대주택을 지을 수 있겠지만, 주차장을 확보해야 하기 때문에 4세대만 지을 수 있다. 따라서 지을 수 있는 건축물의 규모를 파악하려면 건축물의 용도에 따른 법정주차대수를 아는 것이 중요하다.

:: 법정주차대수 기준

법정주차대수는 건축물의 용도와 규모에 따라 각 지자체별로 다르게 정하고 있다. 지자체마다 가구별 인구수, 주택보급률, 주차 문제 등이 다르기 때문이다. 예를 들면 전용면적 29㎡인 원룸은 서울시에서는 세대당 0.5대의 주차장을 설치해야 하지만, 평택시에서는 세대당 0.7대의 주차장을 설치해야 한다.

| 서울시와 평택시의 법정주차대수 기준 비교 |

대지 내에 주차공간을 8대 만들 수 있다고 하자. 서울시에서는 16세대의 원룸 건물을 지을 수 있는 반면에 평택시에서는 11세대밖에 지을 수 없다. 이렇게 법정주차대수의 기준은 건물의 수익성에 큰 영향을 끼치므로, 사전에 반드시 지자체별 기준을 확인해야 한다.

Summary

건축물의 규모에 영향을 미치는 3가지 요소

1. 면적제한

① 건폐율   ② 건축선

2. 높이제한

① 용적률   ② 용도지구   ③ 일조권

3. 법정주차대수

① 법정주차대수 기준

법정주차대수 기준 찾는 법

　지자체에서 정하고 있는 법정주차대수 기준은 지자체 주차장 조례에서 찾을 수 있다. 지자체 주차장 조례에서 법정주차대수를 찾는 순서는 다음과 같다.

1단계　자치법규정보시스템(www.elis.go.kr)에 접속한다.

| 자치법규정보시스템 메인화면 |

2단계 행정 시·군을 선택하고 주차장조례를 검색한다.

| 행정 시·군 선택 및 주차장조례 검색 |

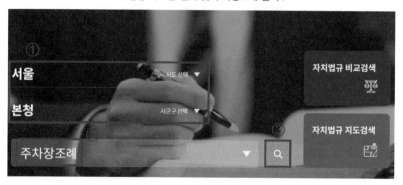

지자체(①)를 선택하고 검색란(②)에 '주차장조례'를 입력한 뒤 검색하기 (③) 버튼을 클릭한다.

3단계 별표 중에서 부설주차장 설치기준을 확인한다.

| 부설주차장 설치기준 찾기 |

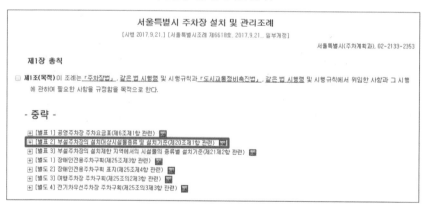

[별표2]에 해당하는 파일을 열어보면 다음과 같이 서울시 주차장 설치기준이 나온다. 다른 지자체의 주차장 기준도 같은 방법으로 찾을 수 있다.

〔별표 2〕(개정 2013.10.4)

부설주차장의 설치대상시설물종류 및 설치기준(제20조제1항 관련)

시설물	설치기준
1. 위락시설	시설면적 67㎡당 1대
2. 문화 및 집회시설(관람장을 제외한다), 종교시설, 판매시설, 운수시설, 의료시설(정신병원·요양병원 및 격리병원을 제외한다), 운동시설(골프장·골프연습장 및 옥외수영장을 제외한다), 업무시설(외국공관 및 오피스텔을 제외한다), 방송통신시설중 방송국, 장례식장	시설면적 100㎡당 1대
2-1.업무시설(외국공관 및 오피스텔을 제외 한다)	일반업무시설 : 시설면적 100㎡당 1대 / 공공업무시설 : 시설면적 200㎡당 1대
3. 제1종 근린생활시설('제3호 바목 및 사목을 제외한다), 제2종 근린생활시설, 숙박시설	시설면적 134㎡당 1대
4. 단독주택(다가구주택을 제외한다)	시설면적 50㎡초과 150㎡ 이하 : 1대, 시설면적 150㎡초과 : 1대에 150㎡를 초과하는 100㎡당 1대를 더한 대수 〔1+{(시설면적-150㎡)/100㎡}〕
5. 다가구주택, 공동주택(외국공관안의 주택 등의 시설물 및 기숙사를 제외한다) 및 업무시설 중 오피스텔	「주택건설기준 등에 관한 규정」 제27조제1항에 따라 산정된 주차대수(다가구주택, 오피스텔의 전용면적은 공동주택 전용면적 산정방법을 따른다)로 하되, 주차대수가 세대당 1대에 미달되는 경우에는 세대당(오피스텔에서 호실별로 구분되는 경우에는 호실당) 1대(전용면적이 30제곱미터이하인 경우에는 0.5대, 60제곱미터이하인 경우0.8대)이상으로 한다. 다만, 주택법시행령 제3조 규정에 의한 도시형 생활주택 원룸형은 「주택건설기준 등에 관한 규정」 제27조의 규정에서 정하는 바에 따른다.
6. 골프장, 골프연습장, 옥외수영장, 관람장	골프장 : 1홀당 10대 / 골프연습장 : 1타석당 1대 / 옥외수영장 : 정원 15인당 1대 / 관람장 : 정원 100인당 1대
7. 수련시설, 공장(아파트형제외), 발전시설	시설면적 233㎡당 1대
8. 창고시설	시설면적 267㎡당 1대
9. 그 밖의 건축물	○ 대학생기숙사 : 시설면적 400㎡당 1대 ○ 대학생기숙사를 제외한 그 밖의 건축물 : 시설면적 200㎡ 당 1대

법정주차대수에 따라 지을 수 있는 건물의 규모가 달라지기 때문에 건물의 종류와 규모를 검토할 때는 지자체 주차장 조례에서 정하는 법정주차대수를 꼭 확인해야 한다.

문콕 사고를 방지하기 위한
「주차장법」개정

주차단위구획을 확대하는 「주차장법시행규칙」 개정규정이 2019년 3월 1일부터 전면 시행되었다. 1990년에 소형차를 기준으로 주차단위구획 크기를 정했지만 차량 전폭이 커지면서 문콕 사고가 많이 발생했기 때문이다. 이 법의 개정으로 직각주차의 주차단위구획 크기가 기존 2.3m × 5m에서 2.5m × 5m로 커지게 되었다.

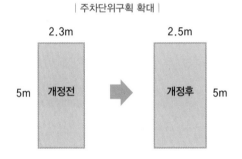

| 주차단위구획 확대 |

기존 건축물은 개정 전의 법률에 따라 지어졌으므로 영향을 받지 않지만 시행일 이후 새로 허가받는 건물부터는 개정된 규격이 적용된다. 따라서 면적이 작은 토지는 사업성이 크게 떨어지게 되었다. 주차단위구획의 가로길이가 차 한 대당 20cm 늘어나면 그만큼 설치할 수 있는 주차대수가 줄어들고, 이에 따라 지을 수 있는 건물의 규모가 줄어드는 것이다. 그래서 일부 토지소유자들은 법 개정 이전에 서둘러 건축허가를 받아두기도 했다. 당장 건물을 짓지는 않더라도 개정 전의 주차장법을 적용받아 사업성을 높일 수 있기 때문이다. 이렇듯 부동산 투자는 법률의 개정에 큰 영향을 받으므로 항상 입법예고 내용을 주시해야 한다. 입법예고된 법률의 내용은 국민참여입법센터(opinion.lawmaking.go.kr)에서 확인할 수 있으니 참고 바란다.

땅의 분할을 고려해서
건축면적을 정하라

땅의 생명은 도로다. 그래서 도로가 없는 땅은 경매에 나와도 값이 절반 이하로 유찰된다. 건축허가를 받을 수 없기 때문이다. 경기도 가평에 있는 농지 경매 물건이다.

2016타경1⬛⬛⬛ • 의정부지법 본원 • 매각기일 : 2017.05.22(月)(10:30) • 경매 7계(전화:031-828-0327)

소재지	경기도 가평군 상면 덕현리 163-1 도로명주소검색							
물건종별	농지	감정가	154,698,000원	**구분**	**입찰기일**	**최저매각가격**	**결과**	
토지면적	1121㎡(339.102평)	최저가	(24%) 37,143,000원	1차	2017-01-02	154,698,000원	유찰	
				2차	2017-02-06	108,289,000원	유찰	
건물면적		보증금	(10%) 3,720,000원	3차	2017-03-13	75,802,000원	유찰	
				4차	2017-04-17	53,061,000원	유찰	
				5차	2017-05-22	37,143,000원		
매각물건	토지만 매각	소유자	성⬛	낙찰 : 54,200,000원 (35.04%)				
				(입찰8명,낙찰:)				
개시결정	2016-05-13	채무자	성⬛	매각결정기일 : 2017.05.29 - 매각허가결정				
				대금지급기한 : 2017.07.05				
사건명	강제경매	채권자	아이대부(주)	대금납부 2017.07.05 / 배당기일 2017.08.10				
				배당종결 2017.08.10				

• 매각토지.건물현황(감정원 : 삼성감정평가 / 가격시점 : 2016.06.01)

목록	지번	용도/구조/면적/토지이용계획	㎡당 단가 (공시지가⬛)	감정가	비고
토지	덕현리 163-1	도시지역, 자연녹지지역,자연보전권역<수도권정비계획법>, 배출시설설...⬛	전 1121㎡ (339.102평)	138,000원 (81,900원)	154,698,000원
감정가		토지:1121㎡(339.102평)		합계	154,698,000원	토지만 매각

경매감정가의 35%에 낙찰되었다. 왜 이렇게 낮은 가격으로 낙찰되었을까? 위성사진을 보자.

| 위성사진 |

주변에 펜션이 많으므로 이 땅도 펜션부지로 좋아 보인다. 다음으로 토지이용계획확인서를 보자.

| 토지이용계획확인서 |

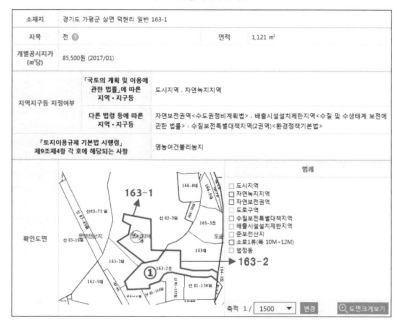

소재지	경기도 가평군 상면 덕현리 일반 163-1		
지목	전	면적	1,121 ㎡
개별공시지가 (㎡당)	85,500원 (2017/01)		
지역지구등 지정여부	「국토의 계획 및 이용에 관한 법률」에 따른 지역·지구등	도시지역 , 자연녹지지역	
	다른 법령 등에 따른 지역·지구등	자연보전권역<수도권정비계획법> , 배출시설설치제한지역<수질 및 수생태계 보전에 관한 법률> , 수질보전특별대책지역(2권역)<환경정책기본법>	
「토지이용규제 기본법 시행령」 제9조제4항 각 호에 해당되는 사항	영농여건불리농지		

지적도상으로 도로가 없는 땅이다. 낙찰받고 난 후 도로만 확보할 수 있다면 제값을 받고 되팔 수 있을 것 같다. 맹지가 아니라면 2억 원 이상의 가치가 있는 땅이었다.

경매 토지가 맹지에서 벗어나려면 도로로 사용할 수 있는 163-2번지(①) 땅의 일부를 매수하거나 소유자에게 토지사용승낙을 받아야 하는데, 이와 같은 제안을 하기 위해서는 163-2번지 땅 소유자의 입장이 되어 생각해 볼 필요가 있다.

만약 당신이 163-2번지(①)의 소유자라면 163-1번지 낙찰자의 상황을 어떻게 이용할 수 있을까?

163-2번지(①)는 도로와 접해있기 때문에 건물을 짓는 데 문제없는 땅이다. 이제 지을 수 있는 건물의 규모를 계산해보자. 토지 면적은 1,403㎡이고, 용도지역은 자연녹지지역이다. 자연녹지지역의 건폐율 상한선은 20%이기 때문에 이 땅에는 건축면적이 280.6㎡(=1,403㎡×20%)인 건물을 지을 수 있다. 평수로 환산하면 약 85평의 건물이다. 만약 이렇게 건폐율 상한선을 꽉 채워 건물을 짓는다면 163-2번지(①) 땅의 일부를 경매 토지인 163-1번지의 낙찰자에게 도로로 내어줄 수 없게 된다. 건축물이 있는 대지는 분할 후에도 견폐율과 용적률 기준에 맞아야 한다고 규정하고 있기 때문이다.

그렇다면 163-2번지(①) 소유자는 어떻게 수익을 극대화할 수 있을까?

일반 사람들이라면 정해진 건폐율을 넘기지 않는 선에서 최대 규모인 약 85평의 건물을 지어 임대하는 것이 수익을 가장 극대화할 수 있는 방법이라고 생각할 것이다. 그러나 같은 상황에서 고수들은 옆 토지가 맹지라는 점을 이용한다. 맹지의 소유자는 도로를 필요로 할 수밖에 없기 때문에 도로 사용료를 지불하거나 도로를 내기 위한 일부의 땅을 매수하려고 할 것이다. 이렇게 되면 맹지 옆 토지의 소유자는 그에 대한 비용을 최대한 높게 부를 수 있게 된다.

그러므로 이 경우에는 여유 있게 건폐율이 약 10% 정도가 되도록 건물을 지은 후, 옆의 경매 토지 낙찰자가 토지사용승낙서를 요청할 때 대가를 받거나 본인의 땅 일부를 매도하는 것이 수익을 가장 극대화할 수 있는 방법이다.

163-2번지(①)의 소유자는 건물 임대료와 도로 사용료 또는 일부 토지 매도 수익을 올릴 수 있기 때문에 일석이조의 효과를 낼 수 있게 되는 것이다. 따라서 옆에 맹지가 있는 토지에는 미리 이러한 상황을 감안하여 건물의 크기와 위치 등을 정하는 것이 좋다.

이 경매 물건은 낙찰 이후 아직까지 163-1, 163-2번지 토지 모두 별다른 변화가 없는 상태이다. 163-2번지 소유자에게는 위 사실을 꼭 알려주고 싶다. 이처럼 땅이 넓다고 해서 건폐율 상한을 꽉 채워서 건물을 짓는 것만이 최고의 수익을 올리는 방법은 아니라는 사실을 기억하기 바란다.

| 저자가 추천하는 토지분할 안 |

3부

토지 투자,
경매로 수익내기

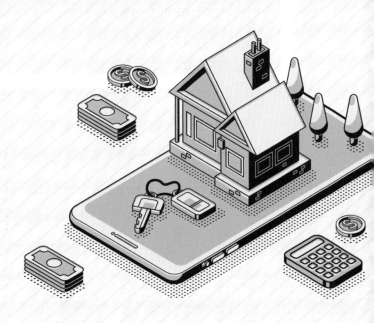

투자로 이익을 얻기 위해서는 남들보다 싸게 사야 한다. 말은 쉽지만 매도자도 항상 시세보다 비싸게 팔려고 노력하기 때문에 급한 사정이 없다면 싸게 사기는 어렵다. 하지만 경매로는 싸게 살 수 있다. 경매는 소유자의 의사와 관계없이 채권자의 신청에 따라 매각되기 때문에 경우에 따라서는 적정 시세의 절반 이하로도 매수할 수 있다. 지금부터는 싸게 매수할 수 있는 방법인 경매를 활용한 토지 투자에 대하여 방법을 알아보자.

1장.
수익률을 극대화하고 싶다면
경매 법원에서 사라

경매의 최대 장점은 싸게 살 수 있다는 것이다. 개별공시지가가 토지가격을 대변하지는 않지만 일반인들은 개별공시지가 이하라면 싸다고 생각한다. 또한 토지소유자들도 개별공시지가 이하로는 팔려고 하지 않는다. 하지만 경매로는 개별공시지가 이하로 매수가 가능하다. 경매로 싸게 살 수 있다는 것은 알지만 부동산 경매를 처음 접하는 사람에게는 쉽지만은 않은 일이다. 특히 명도 과정을 가장 부담스럽게 느낀다. 하지만 걱정할 필요는 없다. 토지는 명도가 필요 없기 때문에 토지 경매는 경매절차 정도만 알아도 충분하다.

토지 투자는 경매가 더 유리하다

사람들은 보통 여윳돈이 있을 때 토지에 투자를 하기 때문에 당장 팔 필요를 느끼지 않는다. 짧게는 3년, 길게는 10년을 내다보고 투자하기 때문이다. 이런 사람들의 땅을 중개사무소를 통해 싸게 구입하는 것은 쉽지 않다. 도로로 사용하고자 토지 일부를 매수하려고 하면 시세의 3배 이상을 부르는 건 예사다. 그렇다면 어떻게 해야 싸게 살 수 있을까? 경매로 사면 된다. 경매의 가장 큰 장점은 싸게 살 수 있다는 것이다.

1) 일반매매와 차별화된 경매의 특징

토지 경매의 구조와 특징을 살펴보자. 일반매매는 매도자와 매수자를 부동산 중개인이 연결함으로써 거래가 이루어진다. 경매는 법원이 부동산 중개인 역할을 대신한다.

중개 시장에서는 매도자가 소유 부동산을 매도하기 위해 매물로 내놓지만, 경매는 채권자의 신청에 의해 채무자 소유의 부동산이 매각된다. 이 부동산을 누군가 낙찰받아 법원에 대금을 납부하면 채권자는 그 돈을 배당받는 것이다.

이때 경매법원은 부동산 매각 과정을 진행하고, 대금을 여러 채권자에게 공평하게 나누어주는 일을 한다. 경매법원도 중개수수료에 해당되는 비용을 매각대금에서 가져가는데, 이것이 바로 경매수수료다. 따라서 낙찰자는 별도의 수수료를 내지 않으며 소유권이전등기에 필요한 취득세와 등기비용 등만 내면 된다.

2) 토지경매의 주요 장점

경매는 일반 매매와 비교했을 때 다음과 같은 장점을 가지고 있다.

첫 번째, 싸게 살 수 있다. 경매는 유찰될 때마다 최저매각금액이

20~30%씩 떨어진다. 처음에 감정평가금액이 1억 원이었고 매회 30%씩 낮아진다면, 두 번만 유찰되어도 최저매각금액은 감정평가금액의 절반 수준이 된다. 이런 가격은 경매가 아니라면 불가능하다.

- 1회차 최저매각금액 : 1억 원
- 2회차 최저매각금액 : 7,000만 원 (-30%)
- 3회차 최저매각금액 : 4,900만 원 (-30%)
- 4회차 최저매각금액 : 3,430만 원 (-30%)

두 번째, 특정 지역에 국한되지 않는다. 자신이 거주하고 있는 지역 외에도 전국에 있는 경매 물건을 모두 볼 수 있다. 경기도에 살면서도 강원도나 경상남도의 물건을 조사하고 입찰할 수 있는 것이다.

세 번째, 안전하다. 경매에서는 법원이 부동산 중개사무소 역할을 하기 때문에 서류를 위조해서 부동산을 매도하고 도망가는 사기꾼이 발붙일 수가 없다. 경매법원은 채권자 신청서류를 검토해서 신청 요건에 문제가 없는지 조사하고, 근저당권자나 압류채권자 또는 부동산 점유자 등 이해관계인에게 경매 진행사항을 통보한다.

모든 절차는 서류를 통해 진행하고, 이의신청이 있는 경우에는 심리와 재판을 통해 해결한다. 만일 낙찰 후 매각이 취소되면 낙찰자에게 입찰보증금을 되돌려주므로, 낙찰자도 계약금인 입찰보증금을 떼일 염려가 없다.

근저당이나 가압류 같은 권리들이 덕지덕지 붙어 있어도 경매로 매각되면 모두 깔끔하게 말소된다. 등기부등본은 깨끗해지고 소유권은 낙찰자가 확실히 취득한다. 이처럼 경매를 통한 부동산 매수는 일반매매보다 훨씬 안전하다.

3) 토지경매의 진행 절차

토지나 주택을 막론하고 경매 진행 절차는 같다. 법원경매는 다음 순서로 진행된다.

:: 경매 신청

채권자가 경매법원에 채무자 소유의 부동산을 매각해서 그 대금으로 자신의 채권을 변제해 달라고 신청한다.

:: 현황조사

경매법원에서는 집행관을 현장에 보내 부동산 현황을 조사한다. 집행관은 부동산의 위치 및 현상, 사용용도, 점유관계, 임대차관계 등을 조사하여 현황보고서를 작성한다.

:: 부동산 매각가격 평가

경매법원은 감정평가사로 하여금 매각 대상 부동산의 매각가격을 평가하게 한다. 감정평가사는 매각가격 산출 근거, 항목별 평가 결과, 위치도, 사진 등을 첨부한 감정평가서를 경매법원에 제출한다.

:: 매각기일 지정 및 공고

매각 대상 부동산에 대한 실제 매각, 즉 입찰이 이뤄지는 날을 매각기일이라 한다. 법원은 매각기일을 정하여 법원 게시판이나 관보·공보 또는 신문에 게재하고 전자통신매체를 이용하여 공고한다.

:: 입찰

매수 희망자는 경매법정에 참석하여 입찰표를 작성·제출한다. 입찰보증금은 최저매각가격의 10% 이상을 현금이나 자기앞수표로 납부한다. 입찰자 중에서 가장 높은 가격을 써낸 사람이 경매 물건을 낙찰받기 때문에, 낙찰자를 '최고가매수신고인'이라고 한다.

입찰에 참여했으나 낙찰받지 못한 사람은 경매법정에서 즉시 입찰보증금을 돌려받는다. 만약 매각기일에 낙찰되지 않으면 최저매각금액을 20~30% 낮추어 다음 매각기일에 다시 입찰을 진행한다.

:: 매각허가결정

낙찰되었더라도 소유자나 채무자 등 이해관계자에게는 매각에 대해 이의를 제기할 수 있도록 일주일의 시간이 주어진다. 그 기간 동안 이의가 없으면 법원은 최고가매수신고인에게 매각을 허가한다는 결정을 하고, 이후에도 일주일의 시간을 더 준다. 이 기간 동안 이해관계인은 매각허가결정에 대해 항고할 수 있는데, 이해관계자의 항고가 없으면 비로소 매각허가결정이 확정된다.

:: 대금지급기한 통보

매각허가결정이 확정되면 법원에서는 기한을 정해서 매각대금을 납부하도록 최고가매수신고인에게 통보한다. 최고가매수인은 납부기한일 이전까지 입찰보증금을 제외한 나머지 매각대금을 법원에 납부한다.

:: 소유권의 취득

매각대금을 완납하면 소유권이전등기를 하지 않아도 자동으로 소유권을 취득한다. 다만, 부동산의 처분은 소유권이전등기를 한 후에 가능하다.

:: 소유권이전등기

일반매매는 소유자나 대리인이 관할등기소에 소유권이전등기를 신청하지만, 경매는 경매법원에서 관할등기소로 소유권이전등기를 촉탁한다. '촉탁'이란 당사자가 아닌 제3자가 등기를 신청하는 것을 말한다. 매수인은 소유권이전등기에 필요한 서류를 경매법원에 제출하면 된다. 등기가 완료되면 부동산 등기부등본상의 소유자가 매수인으로 변경된다.

토지경매 5step

경매 물건 조사, 낙찰 및 매각까지 일련의 과정을 5step으로 나누어 각 step별로 알아야 할 지식과 요령에 대해 알아보자. 이 과정을 충실히 이행한다면 위험을 피하고 수익을 올리는 데 큰 도움이 될 것이다.

입지를 분석한다

토지 경매 물건을 조사할 때는 가장 먼저 입지를 보아야 한다. 현장에 나서기 전에 위성지도나 로드뷰로 지역, 접근성, 주변환경을 꼼꼼히 확인해서 대략적으로 판단한다. 만약 그 지역을 잘 알고 있다면 입지가 좋은지 나쁜지 쉽게 판단할 수 있을 것이다. 경매 물건을 많이 분석하고 임장을 반복하다 보면 입지를 판단하는 눈이 밝아진다.

지목과 면적을 확인한다

지목과 면적을 확인할 수 있는 서류는 여러 가지다. 토지대장(임야인 경우는 임야대장), 부동산 등기부등본, 토지이용계획확인서에 모두 나와 있다. 이들 서류상 지목이나 면적은 모두 일치하는 것이 정상이지만 간혹 다른 경우가 있다. 이럴 때는 토지대장(임야대장)이 기준이다. 지목이나 면적이 변경되면서 토지대장(임야대장)이 먼저 변경되고, 그에 따라 부동산 등기부등본이 변경되는데, 간혹 부동산 등기부등본이 변경되지 않은 경우가 있기 때문이다.

완성된 건축물을 상상한다

입지가 좋고 권리분석상 위험이 없다는 것을 확인했으면 어떤 건물을 지을지 검토해야 한다. 짓고자 하는 건물이 주변과 잘 어울려야 하고, 충분한 수요가 있어야 한다. 현장에 가보면 더 정확하게 판단할 수 있지만 모든 현장에 가보기는 시간이 부족하다. 그래서 위성지도나 로드

맵 등을 통해 이 지역에 어떤 건물이 어울릴지 상상해보고, 그중에 괜찮은 물건을 추려서 현장 확인을 해야 한다. 또, 건축물의 종류는 토지 면적에 영향을 받는다. 단독주택용 부지는 면적이 작아도 되지만, 창고용 부지는 커야 한다. 입지에 맞는 건축물을 충분히 지을 정도의 면적이 되어야 한다. 상상력이 뛰어나면 남들이 보지 못하는 기회를 볼 수 있다. 투자에 정답은 없다.

원하는 건물을 지을 수 있는지 조사한다

이 책 1부에서 건물을 지을 수 있는지, 어떤 건물을 지을 수 있는지, 어떤 규모로 지을 수 있는지 조사하는 방법에 대해 설명했다. 설명한 내용대로 하나씩 점검한다. 처음에는 시간도 오래 걸리고, 모르는 것 투성이겠지만 몇 번 검토해보면 요령이 생겨서 쉽게 체크할 수 있다. 다시 한번 강조하지만 땅의 가치는 개발에 있다. 건물을 지을 수 있어야 하고, 원하는 종류의 건물을 원하는 크기만큼 지을 수 있어야 한다.

권리를 분석한다

낙찰자가 인수해야 하는 권리와 말소되는 권리를 확인하는 것을 권리분석이라 한다. 권리분석은 경매에서 반드시 확인해야 하는 단계다. 토지는 주거용 부동산과 다르게 임차인을 보호하기 위한 주택임대차보호법의 적용을 받지 않으므로 임차인의 대항력을 분석할 필요가 없다. 다만, 낙찰자가 인수해야 하는 권리가 존재할 수 있는 유치권, 법정지상권 등의 몇 가지 특별한 경우에 한해서는 주의를 요한다.

 토지를 현장 조사하러 갈 때에는 미리 어떤 항목을 보아야 할지 정하고 간다. 체크할 항목을 모르는 상태에서 현장에 가면 아무것도 보이지 않는다. 현장에 가서 조사해야 하는 항목은 다음과 같다.

접근성

 접근성이란 해당 토지까지 얼마나 쉽고 빠르고 안전하게 접근할 수 있는가를 뜻한다. 접근성을 조사할 때는 대상 토지까지 접근할 수 있는 도로·지하철·버스 등 교통수단이 편리한가, 접근은 편리한가, 얼마의 시간이 걸리는가, 급경사나 낭떠러지가 있는가, 도로의 폭이 좁거나 비포장 도로가 있는가를 꼼꼼히 살펴야 한다. 아무리 예쁘고 좋은 땅이라고 해도 접근성이 떨어지는 땅은 쉽게 되팔기 어렵기 때문에 접근성을 간과해서는 안 된다.

토지의 물리적 현황

 물리적 현황이란 경계, 면적, 경사도, 입목, 돌산이나 함몰 여부를 말한다. 토지의 경계를 확인하려면 주변 건물 옥상이나 높은 곳에 올라가서 보는 게 가장 좋다. 요즘은 스마트폰의 GPS 기능을 이용하여 토지의 경계를 대략적으로 판단할 수 있다. 또, 지적도에 나타난 토지 경계가 현황과 항상 일치하는 것은 아니다. 옛날부터 쌓여져 있던 낮은 돌담을 경계로 알고 매수했으나 실제 경계가 아닌 경우도 많다. 이럴 경우에는 이웃 토지와 경계 분쟁에 휘말려 다툼이 발생할 수 있다.

토지경계 측량을 하기 위해서는 지적측량바로처리센터(https://baro.lx.or.kr)에 경계복원측량을 신청하면 된다. 누구나 측량을 신청할 수 있는 것은 아니고 해당 토지의 소유자만 가능하다. 안타깝게도 경매로 입찰 예정인 경우에는 측량신청을 받아주지 않는다.

토지 경계를 꼭 확인해야 한다면 토지 소유자의 동의를 받아 경계측량을 해보면 되지만, 경매를 당한 소유자를 만나서 위임장을 받는다는 것은 어렵다. 경우에 따라서는 인접 토지 소유자를 만나 도움을 요청할 수도 있다. 실제로 측량을 통하지 않고서 정확한 경계를 안다는 것은 거의 불가능하지만 기존에 측량을 한 흔적(측량점)이 있다면 이를 활용할 수도 있다.

| 측량점 |

지적도와 현장의 면적 차이가 의외로 큰 경우가 있기 때문에 주의해야 하고, 토지의 경사도도 현장에서 확인해야 한다. 나무가 있으면 얼마나 울창한지도 살펴보아야 한다. 또 돌산이면 개발비용이 많이 드니 돌산 여부를 확인하고, 토지가 함몰된 부분이 없는지도 확인해야 한다.

도로

위성지도를 통해 확인한 현장과 실제 방문한 현장은 다를 수 있다. 없던 길이 생겼을 수도 있고 현황도로가 막혔을 수도 있다. 따라서 도로 폭은 4m가 되는지, 현황도로와 지적도상 도로가 일치하는지, 막다른 도로라면 도로 길이가 얼마인지 확인해야 한다.

때로는 도로 때문에 주변 사람들과 분쟁이 있는 경우도 있다. 이것은 현장조사를 통하여 알아낼 수밖에 없으며, 이럴 경우에는 현장에서 직접 당사자를 만나 분쟁의 원인이나 원만한 해결방법들을 조사해야 한다.

상·하수도

개발행위허가를 받으려면 상·하수도가 있어야 한다. 상·하수도가 설치되어 있는 지역인지, 토지 주변에 구거나 기존 배수로가 있고 그곳까지 연결이 가능한지도 조사해야 한다.

분묘

지상에 분묘가 있으면 이장을 위해 별도의 비용이 필요하고 시간도 오래 걸린다. 분묘기지권이 있는 분묘라면 토지 사용에 큰 문제가 있을 수 있다. 대부분 분묘는 양지바르고 남향에 위치하고 있기 때문에 분묘 부분을 제외하고 개발하기도 쉽지 않다. 분묘가 있다면 반드시 누구의 분묘인지 주변 사람들에게 탐문하여 확인하여야 한다.

주변환경

주변에 악취시설, 위험시설, 유해시설, 혐오시설이 있는지 조사한다. 도시와 달리 시골에는 고압선이 하늘을 지나는 경우가 많으니 땅바닥만 보고 다니지 말고 하늘도 쳐다보아야 함을 잊지 말자.

점유현황

땅 위에 가건물이나 농작물이 있는지 확인해야 한다. 경매로 낙찰받은 후에 예측하지 못한 문제가 발생할 수 있기 때문이다. 농작물이 있다면 농작물을 수확할 때까지 토지이용이 불가능할 수도 있다. 만약 점유자가 있다면 점유자가 누구인지, 어떤 이유로 점유하고 있는지도 조사해야 한다.

스마트폰으로 토지경계 찾기

스마트폰에서 제공하는 GPS 기능과 지도 앱을 통하여 토지의 경계를 찾는 방법을 알아보자. GPS는 위성항법장치라고 부르는데 1970년대 초 미국 국방부가 만든 군사용 시스템이다. 그러나 오늘날 민간에게도 개방되어 GPS 수신기능이 있는 스마트폰에 기본으로 제공되고 있다. 이 GPS 기능을 사용하면 현재 위치와 지도상의 위치를 매칭시킬 수 있다. 다만 아직까지는 오차범위가 최대 10m 이상으로 클 수도 있기 때문에 전적으로 신뢰할 수는 없지만, 이에 더하여 주변 지형이나 시설을 함께 비교한다면 충분히 활용이 가능하다.

GPS 기능을 사용하려면 스마트폰에서 GPS 버튼을 켜야 한다.

| 스마트폰 GPS 켜기/끄기 버튼 |

스마트폰 지도 앱에는 몇 가지 종류가 있지만 그중에서 카카오맵의 활용방법을 살펴보도록 하겠다. 다른 지도 앱들도 비슷한 기능을 제공하므로 필요하다면 사용해보기 바란다. 우선 구글 플레이스토어에서 카카오맵을 찾아 설치한다.

카카오맵을 실행하면 다음과 같은 화면이 뜬다.

| 카카오맵 화면에서 지적도 겹치기 |

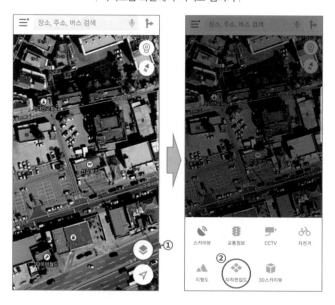

이 화면에서 우측 레이어(①)를 터치하고 지적도(②)를 체크해보면, 지도와 지적도가 겹쳐 보이게 된다.

| 지적도에서 내 위치 표시 보기 |

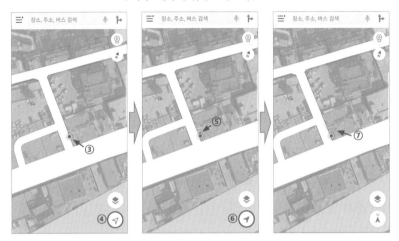

빨간 점(③)은 현재 서 있는 위치를 표시한다. 우측 하단에 있는 화살표(④)를 눌러보자. 빨간 점 옆에 작은 삼각형(⑤)이 뜨는데 현재 바라보고 있는 방향을 나타낸다. 우측 하단 화살표(⑥)를 한 번 더 누르면 바라보고 있는 방향으로 V자 모양(⑦)이 나타나면서 지도가 회전한다. 토지 주변을 여기저기 움직이면서 빨간 점이 지적도에 표시되는 위치를 참고하면 대략적인 토지의 경계를 짐작할 수 있다.

입찰 준비물

입찰하기 위해 법원에 갈 때는 다음과 같은 준비물이 필요하다.

(1) 본인이 입찰할 경우

- 신분증과 도장 (인감도장일 필요는 없음)
- 입찰보증금 (최저매각가격의 10% 이상)

(2) 다른 사람이 본인의 입찰을 대리할 경우

- 본인의 인감증명서와 본인 인감이 날인된 위임장
- 대리인의 신분증과 도장 (인감도장일 필요는 없음)
- 입찰보증금 (최저매각가격의 10% 이상)

(3) 법인 명의로 대표이사가 직접 입찰할 경우

- 법인 등기부등본
- 법인 인감도장
- 대표이사 신분증
- 입찰보증금 (최저매각가격의 10% 이상)

(4) 법인 명의로 대리인이 입찰할 경우

- 법인 등기부등본
- 법인 인감증명서

– 법인의 인감이 날인 된 위임장

– 대리인의 신분증과 도장 (인감도장일 필요 없음)

– 입찰보증금 (최저매각가격의 10% 이상)

(5) 두 사람 이상이 공동으로 입찰할 경우

– 공동입찰 신고서

– 공동입찰자 목록

  (전원 인감도장 날인, 지분표시, 신고서와 목록 사이에 전원 간인)

– 공동입찰자 중 불참한 자의 인감증명서

– 참석자의 신분증과 도장 (인감도장일 필요 없음)

– 입찰보증금 (최저매각가격의 10% 이상)

개인 신분증은 주민등록증이나 운전면허증이면 된다. 대리인이 입찰하는 경우는 위임하는 사람의 인감증명서만 있으면 문제가 없지만, 입찰표를 수정하거나 인감도장 날인을 빠뜨린 경우가 생길 수 있으므로 가급적 위임하는 사람의 인감도장도 함께 지참하는 것이 좋다.

입찰표 작성

경매에 입찰하려면 입찰표를 작성하여 제출해야 한다. 입찰표를 잘못 작성하면 최고가매수신고인으로 호명되고도 자격이 박탈될 수 있으니 주의해서 작성한다.

입찰표는 경매법원에 가서 작성하지 않고 집에서 컴퓨터로 작성하여 프린트해 가는 것이 편리하다. 길이 막히거나 다른 이유로 늦게 도착

하면 입찰표를 작성할 때 실수할 수 있기 때문이다. 실제로 사건번호를 잘못 쓴 경우, 경매 법원을 잘못 찾은 경우, 입찰 가격과 보증금액 란을 바꿔 쓰는 경우가 종종 있다. 마지막에 실수해서 이제까지의 노력이 물거품이 되지 않도록 꼼꼼히 확인하길 바란다.

일반매매로 매수한 부동산 소유권을 이전하려면 매수인이나 매도인이 등기소를 방문하여 소유권이전등기를 신청한다. 그러나 경매로 낙찰받은 경우에는 다르다. 낙찰자가 등기소에 소유권이전등기를 직접 신청하는 것이 아니라, 경매법원에 소유권이전등기에 필요한 서류를 제출하면 법원에서 등기소로 소유권이전등기를 촉탁한다. 소유권이전등기 촉탁 신청은 다음 순서로 진행한다.

잔금 납부

낙찰받은 후 2주가 지나면 경매법원에서 대금지급기한 통지서를 보내온다. 낙찰금액에서 입찰보증금을 제외한 잔금을 대금지급기한까지 납부하라는 통지서다. 이 통지서를 들고 경매법원 해당 경매계에 가면 법원보관금납부명령서를 발급해준다. 명령서에는 보증금을 제외한 잔금 금액이 기재되어 있다. 명령서와 잔금을 들고 법원 내 은행을 방문하여 납부한다. 그러면 은행에서는 법원보관금영수필통지서를 발급해준다. 이로써 잔금납부는 끝난 것이다. 나중에 매각대금완납증명원을 신청하려면 수입인지가 필요하다. 은행에서 수입인지(500원)를 구매한다.

매각대금완납증명원 발급

매각대금완납증명원은 법원 경매계에서 작성하여 발급해주지는 않는다. 잔금납부 후 매각대금완납증명원 2부를 작성하여 수입인지(500원)와 함께 법원 경매계에 제출한다. 그러면 법원 경매계에서는 그 내용을 확인하고 도장을 찍어준다. 매각대금완납증명원은 매각대금을 납부하고 소유권이전등기가 되기 전에 소유자임을 증명하는 서류로 사용된다.

| 매각대금완납증명원 |

매 각 대 금 완 납 증 명 원

수입인지
500원

사　　건　　2019타경 12345 부동산임의경매
채 권 자　　한국새마을금고
채 무 자　　김채무
소 유 자　　채무자와 같음
매 수 인　　풀하우스
　위 사건의 별지목록기재 부동산을 금 200,000,000원에 낙찰받아　2019.8.20.에 그 대금전액을 납부하였음을 증명하여 주시기 바랍니다.

2019년　　　8월　　　20일

매수인　　　풀하우스 (인)
연락처(☎)　　010- 1234-5678

수원지방법원　　경매1계　　귀중

취득세 및 등록면허세 납부

취득세 및 등록면허세를 납부하기 위해 부동산 소재지의 시·군·구청 세무과로 간다. 매각대금완납증명원을 보여주고 취득세 및 등록면허세를 내러 왔다고 하면 신청서를 준다. 내용을 기재하여 제출하면 취득세와 등록면허세를 계산한 후 고지서를 발급해준다. 등록면허세는 말소할 등기의 개수 대로 산정한다. 부동산 등기부등본을 보고 말소할 사항 목록을 미리 만들어 가면 좋다. 취득세와 등록면허세를 납부하면 고지서에 도장을 찍어 납부영수증을 발급해준다. 또 은행에서 국민주택채권을 매입하고 대법원수입증지를 함께 구입한다. 대법원수입증지는 등기신청 수수료인데 부동산 1개당 15,000원과 말소등기 건당 3,000원으로 계산하여 구입한다. 국민주택채권은 정부가 국민주택건설사업에 필요한 자금을 조달하기 위해 발행하는 채권이다. 소유권이전등기를 신청하려면 의무적으로 국민주택채권을 매입해야 한다. 국민주택채권 매입 금액은 주택도시기금 사이트에서 계산할 수 있다.

주택도시기금사이트(http://nhuf.molit.go.kr)에 접속한다.

| 주택도시기금 포털 |

그림과 같이 청약/채권 〉 제1종국민주택채권 〉 매입대상금액조회를 순차적으로 선택한다. 그러면 다음 화면이 나타난다.

매입대상금액조회

제1종 국민주택채권을 매입과 동시에 즉시 매도할 경우 매도금액, 선급이자와 세금을 가감한 고객님의 실제 부담금을 조회하실 수 있습니다.

■ 채권금액 계산하기

매입용도 ① 부동산 소유권등기(토지)

대상물건지역 ② 그 밖의 지역

토지분 시가표준액 ③ [67,500,000] 원   시세표준액 알아보기

④ 매입금액조회

⑤ 채권매입금액   2,362,500 원

매입기준   그 밖의 지역 시가표준액 5천만원 이상 1억원 미만 : 시가표준액의 35/1,000

매입용도를 '부동산 소유권등기(토지)'(①)로 선택하고, 대상물건지역이 서울시나 광역시가 아니면 '그 밖의 지역'(②)을 선택한다. 토지분 시가표준액(③)에는 취득세 고지서에 있는 시가표준액을 입력한다. 그리고 나서 매입금액조회(④)를 클릭하면 채권매입금액(⑤)이 산출된다. 이 금액에서 천원 단위에서 사사오입한다. 위 금액을 예로 들면 채권매입금액이 2,362,500원이므로 2,500원은 절사하고 236만 원어치 채권을 매입하면 된다. 하지만 이 금액만큼 현금이 필요한 것은 아니다. 국민주택채권은 만기가 길고, 이자율이 낮아 대부분 사자마자 즉시 되팔아 채권할인금액만 부담하는 것이 보통이다.

등기촉탁신청

등기촉탁신청서와 첨부서류를 법원 경매계에 제출한다. 추가적으로, 나중에 등기서류를 우편으로 받기 위해서는 우표 두 장(우표 값은 경매계

에 문의)을 함께 제출해야 한다. 간단하게 설명은 했지만, 실제로는 낙찰을 받고 직접 등기하는 경우는 별로 없다. 잔금대출을 실행하게 되면 은행에서 선임한 법무사가 직접 등기를 실행하고, 잔금대출을 하지 않아도 취득세 등 공과금 외에 15~20만 원의 실비만 지급하면 법무사사무실에서 대행해준다. 교통비와 소요되는 시간을 생각하면 촉탁등기를 직접 하는 시간에 경매 물건을 하나 더 검색하고 조사하는 것이 낫다. 등기는 경매 물건 소재 지역의 시청이나 구청 주변에 있는 법무사사무실에 기간을 넉넉히 두고 의뢰하는 것이 가장 저렴하다. 그렇게 하면 법무사사무실에서 다른 업무와 함께 처리할 수 있기 때문이다.

이제는 적당한 타이밍에 매도하여 차익을 남기는 일만 남았다. 낙찰 받을 때 미리 계획한 일이 있다면 그 일을 실행하고 매도시점을 기다린다. 매도할 때는 얼마에 매도할 것인가도 중요하지만, 어떻게 매도할 것인지, 세금을 납부한 후의 순수익은 얼마인지 꼼꼼하게 따져보아야 한다. 의외로 매도 단계에서 실수하여 더 높은 수익을 올릴 기회를 스스로 걷어차기도 하고 많은 세금을 납부하게 되어 허탈해하기도 한다.

매도 잘하는 방법

보유하고 있는 부동산의 가치는 소유자가 가장 잘 알아야 한다. 주변 시세나 개발동향을 주시하면서 높은 가격에 잘 팔 수 있는 타이밍을 잡는다. 직접 매수자를 찾아 매도할 수도 있고 부동산 중개업소에 의뢰할 수도 있다. 부동산 중개업소에서는 매매계약을 신속하게 진행하기 위해서 매도인에게는 부정적인 면을 이야기하고, 매수인에게는 긍정적인 면을 부각시킨다. 따라서 매도가 급하더라도 내색해서는 안 된다. 항상 느긋한 자세를 보여야 한다. 또한 부동산 중개업소에서는 중개수수료 수입이 전부이므로 더 많은 보수를 약속하는 것도 방법이다. 다만 법적으로 정해진 상한선을 넘는 보수는 위법이므로, 이때는 부동산 컨설팅 비용 명목으로 지급하는 것도 방법임을 알아두자. 때로는 전속 매매계약을 체결하는 것도 좋다. 또한, 현장이 어수선하고 정리되지 않으면 매수인에게 좋은 인상을 주지 못하므로 토지 주변을 정리정돈하고 깨끗하게 유지하도록 한다.

세금 납부

토지를 매도하고 나면 양도소득세를 납부해야 한다. 양도소득세 신고에는 예정신고와 확정신고가 있다. 원칙적으로는 확정신고 시 양도소득세를 납부해야 하지만, 납부를 원활히 유도하기 위하여 예정신고를 하게 돼 있다. 확정신고를 하지 않아도 문제는 없지만, 한 해 동안 예정신고를 여러 번 해서 납부세액을 정산할 필요가 있을 때는 확정신고를 해야만 한다.

> 예정신고 토지를 매도한 달의 말일을 기준으로 2개월 이내에 신고
>
> 확정신고 다음 연도 5월에 신고

사례1 토지경매 도전하기 – 임야편

실전 토지경매에 도전해보자. 물건검색부터 입찰까지 단 3단계 과정만 거치면 된다.

step 1 : 물건검색 및 조사

경기도 양평군에 있는 임야 경매 물건이다. 양평은 서울과 가까운 전원주택지로 인기가 좋아 꾸준히 검색하는 지역 중 하나다.

2016타경3		• 수원지방법원 여주지원 • 매각기일 : 2017.01.25(水) (10:00) • 경매 2계(전화:031-880-7446)						
소재지	경기도 양평군 강상면 교평리 : 도로명주소검색							
물건종별	임야	감정가	308,555,000원		구분	입찰기일	최저매각가격	결과
토지면적	1313㎡(397.183평)	최저가	(70%) 215,989,000원		1차	2016-12-14	308,555,000원	유찰
건물면적		보증금	(10%) 21,600,000원		2차	2017-01-25	215,989,000원	
매각물건	토지 매각	소유자			낙찰 : 250,550,000원 (81.2%)			
개시결정	2016-04-06	채무자			(입찰6명,)			
사건명	임의경매	채권자			매각결정기일 : 2017.02.01 - 매각허가결정			
					대금지급기한 : 2017.03.09			
					대금납부 2017.02.16 / 배당일 2017.03.08			
					배당종결 2017.03.08			

입지분석

위성지도를 보면서 판단한다. 남한강에 가까운 지역으로 주변에 전원주택이 많고, 2차선 도로에서 가깝다. 고압선과 철탑이 없고 공장이나 축사도 보이지 않는다.

지목과 면적 확인

경매정보지에는 면적 1,313㎡의 임야로 적혀 있지만 토지이용계획확인서에 기재된 지목과 면적을 꼭 확인해 보아야 한다.

| 토지이용계획확인서에 기재된 지목과 면적 |

소재지	경기도 양평군 강상면 교평리			
지목	임야 ❓		면적	1,313 ㎡
개별공시지가 (㎡당)	32,800원 (2018/01) 🔍 연도별 보기			

적합한 건축물 종류 선정

이 토지는 전원주택이 가장 적합하고 음식점이나 창고 등의 다른 용도는 이 지역에 적합하지는 않아 보인다. 그러면 이제 이 토지에 전원주택을 지을 수 있는지 판단하기 위해 체크리스트를 작성해볼 차례다.

체크 항목		확인 결과
건물을 지을 수 있는가?	도로가 있는가?	①
	토지이용계획에서 건축을 허용하는가?	②
	개발허가를 받을 수 있는가?	③
원하는 건물을 지을 수 있는가?	입지에 맞는 건물인가?	④
	용도규제에서 허용하는가?	⑤
	보전규제에서 허용하는가?	⑥

① 도로가 있는가?

위성지도와 토지이용계획확인서 지적도면을 비교해본다. 위성지도에는 도로가 있지만 지적도면에는 도로가 없다. 이 도로는 남의 땅을 도로로 사용하고 있는 것이다. 도로의 요건 4가지에 맞지 않기 때문에 반드시 시청 건축과에 확인해야 한다. 이 도로를 이용하여 건축허가를 받을 수 있는지 양평군청 건축과에 확인해보았다. 남의 땅에 나 있는 도로라도 이 도로는 마을에서 오랫동안 사용한 도로이기 때문에 건축허가를 내준다고 한다.

| 위성지도와 지적도면 |

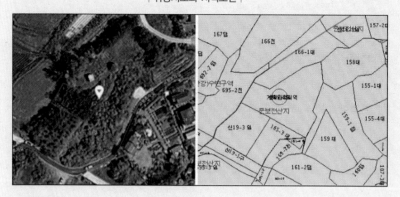

② 토지이용계획에서 건축을 허용하는가?

| 토지이용계획확인서에 기재된 규제내용 |

지역지구등 지정여부	「국토의 계획 및 이용에 관한 법률」에 따른 지역·지구등	계획관리지역(계획관리지역)
	다른 법령 등에 따른 지역·지구등	준보전산지<산지관리법> , 자연보전권역<수도권정비계획법> , 공장설립승인지역(수도법 시행령제14조의3제1호)<수도법> , 배출시설설치제한지역<수질 및 수생태계 보전에 관한 법률> , (한강)폐기물매립시설 설치제한지역<한강수계 상수원수질개선 및 주민지원 등에 관한 법률> , 수질보전특별대책지역(1권역)<환경정책기본법>
「토지이용규제 기본법 시행령」 제9조제4항 각 호에 해당되는 사항		

절대로 건축할 수 없는 토지, 즉, 개발제한구역, 도시자연공원구역, 상수원보호구역, 하천구역, 소하천구역, 소하천예정지, 비오톱1등급이라는 단어는 없다. 또 건축 가능 여부를 확인해야 하는 국방군사규제, 재개발·재건축규제, 문화재보호 규제도 없다.

③ 개발허가를 받을 수 있는가?

토지 지목이 '임야'이므로 개발행위허가와 산지전용허가를 모두 받아야 건물을 지을 수 있다. 먼저 개발행위허가의 4가지 조건에 맞는지 체크해보자.

1) 경사도

위성지도와 로드뷰로 관찰해보니 도로보다 2~3m 높고 경사도가 거의 없는 땅이다.

2) 도로

개발행위허가를 받을 수 있는 최소한의 도로 폭은 4m가 기준이지만, 이 기준은 단독주택인 경우에는 적용하지 않을 수 있다. 양평군청 개발행위허가 담당자에게 문의했다. 도로 폭이 4m가 되지 않아도 주택 건축은 가능하다고 한다.

3) 상수도

양평군청 수도사업소에 문의해보았다. 토지 앞 도로에 상수도관이 매설되어 있다고 한다.

4) 하수도

양평군청 환경사업소에 문의해보았다. 이 토지 북쪽 방향으로 매설되어있는 하수도관에 연결시키든지 아니면 정화조를 설치하면 된다고 한다.

개발행위허가를 받는 데 문제가 없어 보인다. 하지만 현장에 가서 상수도와 하수도는 체크해봐야 할 것 같다. 다음은 산지전용허가를 받을 수 있는지 체크할 차례다. 경사도에도 문제없고 높이도 낮다. 다만 나무는 울창하지는 않은 것 같은데 위성사진으로는 확인이 안 된다. 현장에 가서 확인해봐야 한다. 산지전용허가는 문제가 없어 보인다. 면적이 1,313㎡이므로 대체산림자원조성비를 약 1,300만 원 납부해야 한다.

④ 입지에 맞는 건물인가?

주변을 로드뷰로 살펴보니 전원주택이 많다. 전원주택이 가장 적합해 보인다.

⑤ 용도규제에서 허용하는가?

전원주택은 자연의 정취를 느낄 수 있게 교외에 지은 주택을 뜻하는

데, 「건축법」상으로는 단독주택에 해당한다. 따라서 단독주택을 지을 수 있는지 확인해야 한다. 이 토지의 용도지역은 계획관리지역이고 용도지구나 지구단위계획구역의 지정은 없다. 양평군 계획관리지역에서 단독주택이 허용될까? 양평군 도시계획조례를 보아야 하지만, 토지이음 서비스 행위가능여부 탭에서 간단하게 확인해보자.

| 행위가능여부 확인 |

지역·지구		가능여부		조건·제한·예외사항
(한강)폐기물매립시설 설치제한지역	ⓘ	검색결과 없음	ⓘ	
가축사육제한구역	ⓘ	검색결과 없음	ⓘ	
계획관리지역	ⓘ	건축가능 - 단독주택	ⓘ	단, 4층을 초과하는 경우에는 금지한다. 4층 이하의 범위에서 도시·군계획조례로 따로 정한 층수를 초과하는 경우에도 금지한다.
공장설립승인지역	ⓘ	검색결과 없음	ⓘ	
배출시설설치제한지역	ⓘ	검색결과 없음	ⓘ	
자연보전권역	ⓘ	검색결과 없음	ⓘ	

계획관리지역에서 단독주택 건축이 가능하다.

⑥ 보전규제에서 허용하는가?

농업진흥지역이나 보전산지에는 해당하지 않는다. 다만 수질보전지역·구역 중에 수질보전특별대책지역에는 해당된다. 양평군청 환경사업소에 문의해보았다. 하수도가 설치된 지역이라 단독주택을 짓는 데는 문제가 없다는 답변을 들었다.

어떤 규모로 지을 수 있는가?

비도시지역에서는 규모를 검토할 필요가 없는 경우가 많다. 왜냐하면 건폐율과 용적률만큼 꽉 채워서 짓는 경우가 드물기 때문이다. 이 땅의 경우도 토지이음 서비스의 건폐율·용적률 탭을 눌러보니, 건폐율 40%, 용적률 100%다.

건축면적 = 토지면적 1,313㎡ × 건폐율 40% = 525㎡(158평)

단독주택을 짓는 데는 충분한 면적이다. 또, 계획관리지역이기 때문에 일조권을 검토할 필요도 없고, 부설주차장 설치도 문제가 없다.

권리분석

| 권리분석 |

- **임차인현황** (말소기준권리 : 2013.07.11 / 배당요구종기일 : 2016.08.10)

===== 조사된 임차내역 없음 =====

| 기타사항 | ☞본건 목적물 소재지에 출장한 바, 점유자가 누구인지 알 수 없어 점유확인 불능함. |

- **토지등기부** (채권액합계 : 980,000,000원)

No	접수	권리종류	권리자	채권금액	비고	소멸여부
1(갑12)	2011.12.30	공유자전원지분전부이전	박○조		공유물 분할	
2(을6)	2013.07.11	근저당	우리은행 (연희동지점)	240,000,000원	말소기준등기	소멸
3(을7)	2013.07.11	지상권(토지의전부)	우리은행		존속기간: 2013.07.11~2043.07.11 만30년	소멸
4(을8)	2014.02.11	근저당	이○호	200,000,000원		소멸
5(갑15)	2015.02.13	가압류	신용보증기금	540,000,000원	2015카단50197	소멸
6(갑18)	2016.05.11	임의경매	우리은행 (여신관리부)	청구금액: 240,000,000원	2016타경3329	소멸
7(갑19)	2016.05.25	압류	국민건강보험공단			소멸

2013.7.11. 설정된 근저당이 말소기준권리이고 그 이후의 모든 권리는 소멸된다. 임차인도 없다. 낙찰자는 온전한 소유권을 취득한다.

step 2 : 현장 확인

접근성 및 도로

도로 폭이 약 3m이지만 통행에는 지장이 없고, 위험한 구간도 없다.

| 토지 현황 |

상·하수도

상수도 맨홀은 보이지 않으나 하수도 맨홀은 토지 북쪽 방향으로 약 40m 떨어진 곳에 있다. 여기까지 연결하려면 5백만 원 이상 들 것 같다.

| 하수도 맨홀 |

입목상태 및 분묘 존재 여부

위성사진으로는 나무가 울창해 보였지만 현장에 가보니 모두 잡목이다.
또한 분묘도 없다.

주변 환경

토지가 높아 저 멀리 남한강이 한눈에 들어온다. 인근의 전원주택보다 전
망이 훨씬 좋다. 주변에 오염시설이나 위험시설이 없어 전원주택부지로 최
적이다.

| 주변 환경 |

step 3 : 법원 입찰

밸류맵으로 거래가격을 조사해보고 인근 부동산 여러 곳을 찾아가서 매물을 확인해 본 결과, 전원주택부지는 평당 80만 원에서 100만 원 정도로 거래가 되고 있었다. 이 토지는 남한강 전망이 좋아 평당 100만 원 이상으로 판단되었다. 단기 매도를 고려해서 매도가격을 평당 90만 원으로 설정했다. 토지면적이 397평이므로 예상 매도가격은 3억 5,730만 원이다. 1년 이내에 매도하여 순수익 5,000만 원을 목표로 입찰가를 정했다.

- 입찰가격 : 2억 3,700만 원
- 예상 보유기간 : 1년 미만
- 예상 매도가격 : 3억 9,700만 원
- 양도소득세 (지방소득세 포함) : 6,616만 원
- 순수익 = 매도가격 − 입찰가 − 양도소득세 = 5,413만 원

입찰은 6명이 들어왔는데 3위를 하여 패찰하고 말았다. 입찰가를 조금 더 올려서 썼더라면 하는 아쉬움도 들었다. 하지만 이렇게 예상 목표 수익을 설정하고 입찰가를 정하는 게 안전하게 수익을 올리는 방법이다.

사례 2 토지경매 도전하기 - 농지편

step 1 : 물건검색 및 조사

경기도 안양시에 있는 농지 경매 물건이다. 인구 57만 명인 안양시에도 농지가 있다. 도심과 약간 떨어진 곳이고 개발이 진행되지 않았기 때문이다.

2015타경6 • 수원지방법원 안양지원 • 매각기일 : 2016.04.19(火) (10:30) • 경매 1계 (전화:031-8086-1281)

소 재 지	경기도 안양시 만안구 안양동 도로명주소검색			
물건종별	농지	감 정 가	360,547,200원	
토지면적	421.2㎡(127.413평)	최 저 가	(51%) 184,599,000원	
건물면적		보 증 금	(10%) 18,460,000원	
매각물건	토지만 매각이며, 지분 매각임	소 유 자		
개시결정	2015-07-20	채 무 자		
사 건 명	임의경매	채 권 자		

구분	입찰기일	최저매각가격	결과
1차	2015-12-29	360,547,200원	유찰
2차	2016-02-02	288,437,000원	유찰
3차	2016-03-15	230,749,000원	유찰
4차	**2016-04-19**	**184,599,000원**	

낙찰 : **235,555,000원** (65.33%)
(입찰5명, /
차순위금액 227,539,009원)
매각결정기일 : 2016.04.26 - 매각허가결정
대금지급기한 : 2016.05.27
대금납부 2016.05.12 / 배당기일 2016.06.15
배당종결 2016.06.15

입지분석

위성지도를 보면서 판단한다. 지하철 1호선 안양역으로부터 약 2.5km에 떨어진 산중에 있고 인근에 병목안시민공원이 있다. 이곳은 수리산 등산로 입구로 보인다.

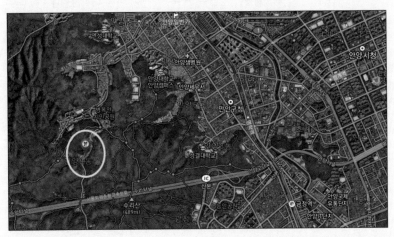

지목과 면적 확인

경매에는 4/10 지분인 421.2㎡만 나왔다. 토지이용계획확인서를 확인해 보니 토지면적은 1,053㎡이고 지목은 '전'이다.

| 토지이용계획확인서에 기재된 지목과 면적 |

적합한 건축물 종류 선정

도심지에서 멀지않은 등산로 주변에 있기 때문에 전원주택 또는 음식점, 커피숍이 적합해 보인다. 원하는 건물을 지을 수 있을까?

이 토지에 원하는 건물을 지을 수 있는가를 판단하기 위해 체크리스트를 작성해보자.

체크 항목		확인 결과
건물을 지을 수 있는가?	도로가 있는가?	①
	토지이용계획에서 건축을 허용하는가?	②
	개발허가를 받을 수 있는가?	③
원하는 건물을 지을 수 있는가?	입지에 맞는 건물인가?	④
	용도규제에서 허용하는가?	⑤
	보전규제에서 허용하는가?	⑥

① 도로가 있는가?

위성지도와 토지이용계획확인서 지적도면을 비교해본다. 위성지도
에서는 이 토지와 현황도로 사이에 다른 토지가 끼어 있다. 지적도면
에서 그 토지의 지번은 1123-1번지이고 지목이 '전'으로 확인된다. 지
적도면을 보면 빨간 선이 그어져 있는데, 빨간 선은 도시계획시설 도
로 예정선이다. 도로가 만들어지면 빨간 선 안의 토지는 도로부지로
수용된다. 1123-1번지 토지 등기부등본을 열람해보았다. 2015년에
보상금을 지급하고 소유자가 안양시로 되어있었다. 토지가 수용되었
기 때문에 조만간 도로공사가 시작될 것으로 생각되었다. 안양시청 도
로과에 전화해보니 안양9동 병목안로 정비공사 구간인데 몇 달 내 시
작되어 2016년 말에 완료될 예정이라고 한다. 도시계획시설 도로는
공공도로이기 때문에 이 도로가 만들어지면 건축허가를 받는 데는 아
무런 문제가 없다.

| 위성지도와 지적도면 |

② 토지이용계획에서 건축을 허용하는가?

| 토지이용계획확인서에 기재된 규제내용 |

지역지구등 지정여부	「국토의 계획 및 이용에 관한 법률」에 따른 지역·지구등	도시지역 , 보전녹지지역 , 지구단위계획구역 , 지구단위계획구역(주거및근생용지) , 소로3류(폭 8M 미만)(저촉) , 중로3류(폭 12M~15M)(접합)
	다른 법령 등에 따른 지역·지구등	대기환경규제지역<대기환경보전법> , 교통기타용도지역지구미분류(대도시권)<도로법> , 도시교통정비지역<도시교통정비촉진법> , 대기관리권역<수도권대기환경개선에관한특별법> , 과밀억제권역<수도권정비계획법>
「토지이용규제 기본법 시행령」 제9조제4항 각 호에 해당되는 사항		

절대로 건축할 수 없는 토지, 즉, 개발제한구역, 도시자연공원구역, 상수원보호구역, 하천구역, 소하천구역, 소하천예정지, 비오톱1등급이라는 단어는 없다. 또 건축 가능 여부를 확인해야 하는 국방군사규제, 재개발·재건축규제, 문화재보호 규제도 없다.

③ 개발허가를 받을 수 있는가?

토지 지목이 '전'이므로 개발행위허가와 농지전용허가를 모두 받아야 건물을 지을 수 있다. 먼저 개발행위허가의 4가지 조건에 맞는지 체크해보자.

1) 경사도

위성지도와 로드뷰로 관찰해보니 토지는 도로와 비슷한 높이의 평지로 보인다.

2) 도로

도시계획시설 도로가 만들어지면 도로는 문제가 없다.

3) 상수도

안양시청 수도사업소에 문의해보았다. 상수도가 설치되어 있다고 한다.

4) 하수도

안양시 동안구청 건설과에 문의해보았다. 하수도가 설치되어 있다고 한다. 개발행위허가를 받는 데는 문제가 없어 보인다. 다음은 농지전용허가를 받을 수 있는가 확인할 차례다. 경지 정리된 농지가 아니므로 농지전용허가를 받는 데는 문제가 없어 보인다. 농지보전부담금은 개별공시지가 405,600원/㎡의 30%로 계산하면 121,680원/㎡이지만 상한선인 50,000원/㎡으로 계산해야 한다.

④ 입지에 맞는 건물인가?

주변을 로드뷰로 살펴보니 음식점과 커피숍이 들어서 있다. 전원주택보다는 음식점이나 커피전문점 등이 적합해 보인다.

⑤ 용도규제에서 허용하는가?

토지이용계획확인서를 보면 용도지역은 보전녹지지역이고, 지구단위계획구역으로 설정되어 있다. 이렇게 지구단위계획이 수립된 토지는 용도지역이 아니라 지구단위계획으로 정하는 건축물의 종류를 보아야 한다. 안양시청 도시계획과에 문의하여 지구단위계획을 시청 홈페이지에서 다운로드 받았다. 지구단위계획으로 정하고 있는 이 토지의 용도는 다음 표와 같다.

	구분	지정용도	불허용도	비고
A	단독주택	• 단독주택(다중, 다가구 제외) 　– 1개층 1세대 총 2세대만 허용	지정용도 외 용도	
	제1종 근린생활시설	• 안양시 도시계획조례 준용		
	제2종 근린생활시설	• 일반음식점에 한함		
	수련시설	• 자연권, 생활권 수련시설에 한함		
	관광휴게시설	• 야외음악당, 야외극장, 어린이회관 등		

앞서 이 토지의 용도로 단독주택, 음식점, 커피전문점을 생각했었다. 이 표를 보면 단독주택과 일반음식점은 건축이 가능하다. 커피전문점은 「건축법」에서 휴게음식점으로 정하고 있는데, 휴게음식점은 제1종 근린생활시설 중의 하나다. 지구단위계획에서는 제1종 근린생활시설은 따로 정하지 않고 안양시 도시계획조례를 준용한다고 되어 있다. 그러면 안양시 보전녹지지역에서 허용되는 건축물의 종류를 도시계획조례에서 찾아보아야 한다.

커피전문점도 가능하다.

⑥ 보전규제에서 허용하는가?

농업진흥지역, 보전산지, 수질보전지역·구역에 해당하지 않는다.

어떤 규모로 지을 수 있는가?

지구단위계획으로 건축물의 규모가 정해져 있다.

건폐율	20% 이하
기준 용적률	30%
허용 용적률	40%
최고 높이	10m (2층 이하)

허용 용적률은 지구단위계획에서 정하는 지침을 준수할 경우 최대로 주어지는 용적률이다. 따라서 이 토지에는 건폐율 20%로 2층까지 지을 수 있다.

건축면적 = 토지면적 1,053㎡ × 건폐율 20% = 210.6㎡(63.7평)

이렇게 건물을 짓고 남는 공간에는 주차장, 벤치 등을 만들면 되겠다.

권리분석

| 권리분석 |

| 권리분석 |

• 등기부현황 (채권액합계 : 390,000,000원)

No	접수	권리종류	권리자	채권금액	비고	소멸여부
1(갑1)	1976.06.21	소유권이전(상속)	임○성외5명		재산상속, 임○성 지분 3/10, 최○희 임○자 임○숙 각 지분 1/10, 임○경 임○영 각 지분 2/10	
2(을2)	2007.07.11	갑구1번임○성지분전부근저당	안양중부새마을금고	110,500,000원	말소기준등기	소멸
3(갑13)	2009.06.02	최○희지분전부이전	임○성		증여, 지분 1/10	
4(을9)	2011.12.22	갑구1,13번임○성지분전부근저당	○○스앤트론(주)	60,000,000원		소멸
5(을10)	2013.08.26	갑구1,13번임○성지분전부근저당	안양중부새마을금고	19,500,000원		소멸
6(갑27)	2014.08.07	갑구1,13번임○성지분가압류	○○스앤트론(주)	200,000,000원	2014카단100473	소멸
7(갑28)	2015.07.21	갑구1,13번임○성지분임의경매	○○스앤트론(주)	청구금액: 360,000,000원	2015타경6211	소멸

임○성 지분만 경매에 나왔고, 2007.7.11. 설정된 근저당이 말소기준권리이다. 이후의 모든 권리는 소멸된다.

step 2 : 현장 확인

접근성 및 도로

현재는 도로에 맞닿아 있지 않지만 도시계획시설 도로가 개설되면 도로에 접한 토지가 된다. 측량점도 보이는데 여기까지 도로가 확장될 계획이다. 도로가 정비되면 접근성이 더 좋아질 것이다.

| 토지 현황 |

상·하수도

상수도 맨홀, 하수도 맨홀이 모두 존재했다.

| 상·하수도 맨홀 |

주변 환경

인근에 음식점, 커피숍 등이 영업 중이고, 고압선이나 철탑, 유해시설은 보이지 않는다.

| 주변 환경 |

step 3 : 법원 입찰

이 토지를 조사하면서 가장 힘들었던 부분이 시세조사였다. 비슷한 토지도 별로 없고, 거래도 뜸해 공인중개사들도 가격을 잘 몰랐다. 밸류맵으로 거래가격을 조사해본 결과 보수적으로 평당 4백만 원 이상은 충분할 것이라 판단되었다. 지분 물건이라 대출이 어려워서 투자금액을 모두 현금으로 투입해야 한다. 낙찰받은 후 공유물분할소송을 통해 경매로 매각하는 계획을 세웠다. 2년 후 매도하여 순수익 1억 5,000만 원을 목표로 입찰가를 정했다.

- 입찰가격 : 2억 2,000만 원
- 예상 보유기간 : 2년 ~ 3년
- 예상 매도가격 : 5억 1,000만 원
- 양도소득세 (지방소득세 포함) : 1억 6,300만 원
- 순수익 = 매도가격 − 입찰가 − 양도소득세 = 1억 4,600만 원

이렇게 계산해서 입찰을 했지만 결국 낙찰받지는 못했다. 이후에 어떻게 변했을까? 현장을 찾아가 보았다.

| 도로가 확장된 현재 모습 |

도로가 2차선으로 확장되고 맞은편 땅에 음식점이 새로 들어서 있음을 확인할 수 있었다.

2장.
입찰가 산정요령

경매 입찰에서 2등은 아무런 의미가 없다. 1등만 낙찰의 기쁨을 누리고 수익을 독식한다. 그래서 계속 패찰하다 보면 오기가 생겨 입찰가를 올려서 낙찰받는 실수를 하고 만다. 비록 낙찰은 받았지만 수익은커녕 오히려 손해가 나는 경우도 생긴다. 그러면 과연 입찰가는 어떻게 정해야 할까?

목표 수익을 기초로 입찰가를 산정한다

입찰가는 세금을 낸 후 순수익을 계산해서 정한다. 경매 입찰은 낙찰보다는 수익을 내기 위한 수단임을 잊어서는 안 된다. 만약 목표수익을 기초로 해서 입찰가를 정했는데도, 매번 패찰한다면 전략을 수정할 필요가 있다. 목표수익을 너무 높게 설정했다면 조금 낮출 필요도 있다.

입찰가를 정하는 순서는 다음과 같다.

1단계. 목표 수익 기준 정하기

투자금액과 투자기간에 따른 목표 수익 기준을 미리 정해야 한다. 그 기준은 절대적인 것이 아니라 투자자 본인의 아주 주관적인 기준이다. 목표 수익은 모든 비용과 세금을 납부한 후의 순수익이다. 1억 원을 투자해서 1년 후에 원하는 목표 수익은 얼마인가? 누군가는 1,000만 원의 수익에 만족할 것이고, 어떤 이는 적어도 3,000만 원의 수익은 되어야 한다고 생각할 것이다. 자신만의 목표 수익 기준을 정하는 것이 우선이다.

2단계. 보유기간과 매도가격 설정

토지를 낙찰받는다면 언제 매도할 것인지 정한다. 이해관계자와의 협의나 소송이 끝나는 시점, 지역 개발계획, 가격 동향 등을 고려하여 매도시점을 정한다. 또, 매도시점에 얼마의 가격으로 매도할 수 있을 것인지를 예측해봐야 한다. 너무 희망적으로 매도가격을 정해도 문제지만 너무 소극적으로 정할 필요는 없다. 매도가격을 너무 낮게 책정하면 입찰가를 낮게 쓰게 되고 낙찰받을 확률도 떨어진다.

3단계. 입찰가 정하기

입찰가를 대략적으로 정한다. 이 입찰가는 최종적인 입찰가가 아니다. 3단계부터 5단계까지 반복하여 양도소득세와 순수익을 계산해보고 목표 수익 기준을 만족시키는 입찰가를 정한다.

4단계. 양도소득세 산출

토지를 낙찰받기 전에 양도소득세도 산출해본다. 양도소득세는 금액이 클 뿐더러 순수익에 가장 큰 영향을 준다. 주택의 경우에는 1가구 1주택 비과세 제도가 있어서 양도소득세를 면제 받을 수 있지만, 토지의 경우에는 8년 자경농지 감면 등의 극히 일부를 제외하고는 예외 없이 양도소득세를 납부해야 한다. 양도소득세는 보유기간과 소득금액에 따라 세율이 달라지므로 1단계에서 보유기간과 매도가격을 확실히 정해야 오차가 줄어든다. 양도소득세 산출방법에 대해서는 5부의 양도소득세 산출편 내용을 참고하면 된다.

5단계. 순수익 계산

목표 수익 기준, 보유기간, 매도가격을 정하고 양도소득세를 산출했다면 순수익은 다음과 같이 계산된다.

> **순수익 = 매도가격 − 입찰가 − 양도소득세**

만약 순수익이 목표 수익에 미치지 못한다면 다시 3단계로 돌아가서 입찰가를 다시 정한다. 복잡하고 번거로워 보이지만 목표 수익을 확실히 얻을 수 있는 입찰가를 정하기 위한 과정이므로 반드시 이 과정을 반복해야 한다.

사례를 통해 이 과정을 좀 더 자세히 알아보자. 지금부터 경매 감정가가 1억 8,000만 원인 토지의 입찰가를 정해야 한다.

1단계. 목표 수익 기준 정하기

예를 들어, 1억 원을 투자하여 1년에 적어도 2,000만 원 이상의 수익(수익률 20%)이 나야 한다는 목표 수익 기준을 갖고 있다고 가정해보자.

2단계. 보유기간과 매도가격 설정

2년 보유하고 매도가격은 2억 원을 예상한다.

3단계. 입찰가 정하기

일단 1억 5,000만 원으로 정했다.

4단계. 양도소득세 산출

양도차익은 5,000만 원이므로 양도소득세율은 24%, 누진 공제는 522만 원이 적용된다.

따라서 양도소득세는 678만 원이다.

양도소득세 = (5,000만 원 × 24%) − 522만 원
　　　　　 = 678만 원

5단계. 순수익 계산

$$순수익 = 2억\ 원 - 1억\ 5,000만\ 원 - 678만\ 원$$
$$= 4,322만\ 원$$

한편, 투자기간이 2년이고, 투자금액도 1억 5,000만 원이므로 이 투자에서의 목표 수익은 다음과 같이 계산된다.

$$목표수익 = (1억\ 5,000만\ 원 × 수익률\ 20\%) × 2년$$
$$= 6,000만\ 원$$

예상 순수익이 4,322만 원이므로 목표 수익을 만족하지 못한다. 목표수익 6,000만 원이 되려면 입찰가를 낮춰야 한다. 다시 3단계로 돌아가서 입찰가를 1억 3,000만 원으로 바꾸어 보자.

그러면 양도소득세는 1,158만 원으로 계산되고, 순수익은 5,842만 원이 된다.

$$양도소득세 = (7,000만\ 원 × 24\%) - 522만\ 원 = 1,158만\ 원$$
$$순수익 = 2억\ 원 - 1억\ 3,000만\ 원 - 1,158만\ 원 = 5,842만\ 원$$

이 정도면 목표 수익을 대략 만족하므로 입찰가를 1억 3,000만 원 내외로 정하면 된다는 결론에 이른다.

수익률보다는
절대 수익금액을 생각하라

　개인별로 투자할 수 있는 금액의 차이는 있겠지만 돈이 한정되어 있는 것은 누구나 마찬가지다. 그래서 투자금액에 대비하여 수익률을 계산하고 높은 수익률을 얻을 수 있는 투자 물건에 집중한다. 하지만 수익률의 함정에 빠지지 않도록 주의하고, 수익금액의 절대적인 크기를 따져봐야 한다. 예를 들어 연 수익률이 40%가 된다고 하더라도 투자금액이 500만 원이라면 실제 수익은 연 200만 원이다. 반대로 수익률이 20%라고 하더라도 투자금액이 5억 원이라고 한다면 실제 수익은 연 1억 원이 된다. 연 수익 200만 원인 투자 물건을 더 많이 낙찰받으면 총 수익은 더 커지는 게 아니냐고 반문할 수도 있다. 그러나 실제 투자에서는 다른 얘기다. 연 40% 수익률이 되는 경매 물건을 계속 낙찰받기 위해 노력하는 시간이 만만찮기 때문이다. 총 보유자금이 500만 원이라면 모를까, 그렇지 않다면 한 건으로도 충분한 수익이 되는 경매 물건에 집중하는 것이 좋다.

　단기 투자에서 흔히 발생하는 수익률의 착각에서도 벗어나야 한다. 실투자금 2,000만 원으로 매수한 토지를 1개월 보유한 후 매도하여 300만 원의 수익을 올렸다고 하자. 아직도 많은 사람들이 수익률 계산 시 투자금 대비 월 수익을 연 수익률(300만 원/2,000만 원×12개월×100%=180%)로 환산하여 생각한다. 연 수익 180%라는 수익률 숫자에 현혹되어 고수익으로 착각하는 일이 발생해서는 안 되며, 실제로 번 절대 수익은 300만 원일뿐이라고 생각해야 한다. (토지시장에는 적은 수익임에도 고수익률을 앞세워 전문가라고 사칭하는 사람이 많으니 주의 바란다.)

　돈을 불리는 것은 절대적인 수익금액이지 수익률이 아니다. 수익률의 착각에서 벗어나야 한다. 1년에 단 한 건만 낙찰받더라도 그 한 건으로 1억 원의 수익을 얻는 게 더 낫다.

입찰가 산정 시 개발 중인 토지 경매 물건의 유의점

부동산 가격을 정확히 얼마라고 얘기하는 것은 어쩌면 아무런 의미가 없을지 모른다. 그나마 실거래가를 파악하기 쉬운 아파트만 해도 그때그때 가격이 다르고, 매수자와 매도자 간의 흥정을 통해 몇 백만 원이 조정되는 경우도 흔하다. 그렇다면 경매에서 부동산 가격은 어떻게 평가될까? 우리나라에서는 감정평가사라는 국가공인자격증 제도를 두고, 이들이 법으로 정해진 기준에 따라 부동산 가격을 평가하도록 하고 있다. 하지만 이렇게 평가된 부동산 가격이 시세라고 믿어서는 안 된다. 특히 개발진행 중인 토지의 경우에는 더욱 유의해야 한다.

:: 감정평가금액을 신뢰하지 마라

똑같은 토지는 하나도 없다. 위치, 형상, 크기, 지목, 도로 유무, 건폐율, 용적률, 건축 가능한 건축물 종류 등 토지마다 특성이 모두 다르다. 우리나라에서는 이러한 토지의 개별적인 특성을 고려하여 '비교표준지'를 선정하고, 그 비교표준지를 기준으로 개별 토지의 가격을 평가하는 데에 사용하고 있다. 이러한 방식을 '공시지가기준법'이라 한다. 이 방식은 합리적이고 객관적인 평가방법이지만 개발진행 중인 토지인 경우에는 감정평가서를 유심히 보아야 한다. 개발진행 중인 토지가 마치 개발이 완료된 토지처럼 평가되는 경우도 있기 때문이다.

다음 사례를 보자.

지목은 '임야'(①)이고 현재 토목공사 중(②)에 있다고 한다. 이 토지 경매감정서에서 비교표준지 선정결과를 찾아보면 다음과 같다.

| 경매감정평가에서의 비교표준지 선정 |

2. 비교표준지의 선정

③   (공시기준일 : 2017.01.01.)

기호	소재지	지목	면적 (㎡)	이용 상황	용도 지역	도로 교통	형상 지세	공시지가 (원/㎡)
A	동두천동	대	331.0	주거 나지	자연녹지	세로(가)	세장형 평지	185,000

이 경매 토지의 비교표준지로는 주거나지로 사용되고 있고 지목이 '대'(③)인 토지가 선정되었다. 비교표준지는 이미 개발이 완료된 토지인 데 반해, 경매 토지는 아직 개발이 진행 중인 토지다. 경매 토지에는 추가적으로 개발 완료를 위한 공사비가 투입되어야 한다. 따라서 개발 진행 중인 경매 토지를 개발이 완료된 토지에 비교하여 가격을 평가하게 되면 경매 토지의 감정평가금액이 과다하게 부풀려질 수 있는 여지가 있다. 감정평가금액은 감정평가 기준에 따라 평가되긴 하나, 그렇다고 감정평가금액을 전적으로 믿지는 말고 과대평가된 여지는 없는지 항상 주의를 기울여야 한다.

:: 허가를 승계하거나 다시 받을 수 있는가

개발이 진행 중인 토지를 낙찰받을 때는 기존 허가를 승계할 수 있는지 여부도 조사해야 한다. 허가에는 개발행위허가, 농지전용허가, 산지전용허가, 건축허가 등이 있는데 토지의 소유권과 그 토지의 허가권은 전혀 별개의 것이다. 경매로 토지를 낙찰받으면 소유권은 낙찰자가 취득한다고 하더라도 기존 허가까지 자동 승계 받는 것은 아니다. 전 소유자가 경매로 소유권을 잃었기 때문에 전 소유자가 받은 허가 사항이 낙찰자에게 승계되는 것은 당연해보인다. 하지만 현실은 다르다. 허가 담당자는 소유권과 허가권을 별도로 보기 때문이다. 낙찰자가 전 소유자의 동의 없이 허가를 승계할 수 있는지 입찰 전에 미리 허가 담당자에게 확인해야 하며, 전 소유자의 동의가 필요하다면 입찰가를 정할 때 그 비용을 포함해야 한다.

만약 전 소유자의 동의 없는 허가를 승계 받지는 못하지만 취소가 가능한 경우에는 다시 새롭게 허가를 받을 수 있는지의 여부를 확인해야 한다. 기존에 허가를 받았기 때문에 당연히 새로 허가를 받을 수 있다고 생각해서는 안 된다. 기존 허가를 받은 시점 후에 법이나 조례가 개정되었거나 다른 사정변경이 있을 경우에는 새로 허가를 받지 못할 수도 있다.

기존 허가가 살아 있는 토지인가? 그렇다면 그 허가를 전 소유자의 동의 없이 승계할 수 있는가? 그게 아니라면 기존 허가를 취소하고 다시 허가를 받을 수 있는가? 이것을 확인하는 것이 핵심이다.

4부

(최소 1억은 버는)
고수들의 노하우
따라잡기

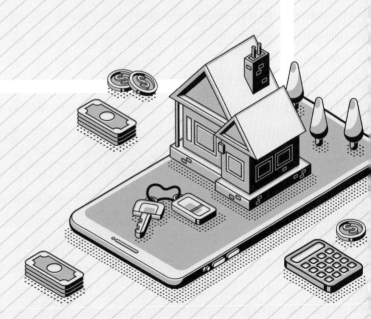

토지를 배우기 위해 수많은 책을 읽고 강의를 들었지만 원론적이거나 부동산 공법 해설에 관한 내용이 대부분이었다. 또 토지 투자로 돈 버는 방법을 알고 싶었지만, 정작 사람들은 장기 투자나 토지개발 이야기를 할 뿐이었다. 물론 토지를 사서 묻어두고 언젠가 가격이 오를 만한 지역에 투자하는 것도 나쁘지는 않다. 하지만 그 기간이 너무 오래 걸리고 확실하지 않아 선뜻 나서기는 어려웠다. 그래서 확실하게 수익을 올릴 수 있는 토지 투자 방법에 대해 고민했고 실전에 하나씩 적용했다. 그 결과로 나만의 수익 모델이 만들어졌는데, 여기서 그중에 몇 가지 방법을 설명하고자 한다.

1장.
매달 월세처럼 받는 농지연금

농촌에 거주하는 노인들은 농지를 소유하고 있지만 농사 외에는 별다른 소득이 없는 경우가 많다. 그래서 국가에서는 이러한 고령 농업인의 노후를 보장하기 위해 농지연금제도를 실시하고 있는데, 이 제도는 토지경매 투자자에게도 아주 좋은 기회가 된다. 농지연금을 받을 수 있는 나이가 아니라 해도 실망하지 마라. 농지연금을 공부해서 부모님이 편안하게 생활하실 수 있도록 하면 된다.

한 지인의 부모님은 평생 농사를 지어 생활하신 농업인이었기에 농지연금 자격조건은 충분했다. 그래서 지인에게 부모님의 농지연금을 받을 수 있도록 도와주었고, 그 결과, 현재 월 200만 원이 넘는 농지연금을 수령하고 있다. 예상보다 높은 수령액에 적잖이 놀랐을 텐데, 그렇다면 낙찰받은 농지를 이처럼 꼬박꼬박 연금을 받을 수 있는 수익형 부동산으로 전환시키는 방법은 없을까?

농지연금이란

농지연금제도는 2011년에 도입되었다. 이 제도는 농업소득 외에 별도의 소득이 없는 고령 농업인이 소유하고 있는 농지를 담보로 제공하고, 노후생활자금을 매월 연금방식으로 지급받는 제도다. 도시에는 주택연금, 시골엔 농지연금이 있다고 생각하면 된다. 하지만 주택연금에 비해 농지연금 가입자 수는 그리 많지 않다. 2018년까지 누적 가입자 수는 11,283명이 전부다. 실제 가입자가 1%도 안 된다. 그 이유는 농지를 시세보다 낮게 평가하기 때문이기도 하고, 농민들 중 상당수가 농지를 상속 대상으로 생각해서다.

그러나 경매 투자자라면 이 제도를 잘 연구해서 활용하면 농지를 싸게 살 수 있다. 농지를 담보로 안정적인 노후자금을 받을 수 있고, 연금을 받는 동안 담보농지를 임대해주는 방법으로 추가소득도 올릴 수 있다. 무엇보다도 정부에서 시행하는 제도인 만큼 연금지급이 안정적이다. 소유자 사망 시에도 배우자에게 승계되며, 부부가 모두 사망한 이후에는 농지를 처분하고 남은 금액을 상속인에게 돌려주고, 처분한 금액이 지급한 연금보다 부족한 경우에도 상속인에게 따로 청구하지 않는다. 또 농지연금 가입 시 6억 원 이하의 농지는 재산세가 100% 감면된다.

농지연금용 농지 투자법

농지연금 신청자격, 연금 산정기준, 연금 지급방법을 알아보고 농지연금을 많이 받을 수 있는 농지를 고르는 방법도 알아보자.

1) 농지연금의 신청자격
농지연금의 신청자격 조건을 신청자와 대상 농지로 구분해서 알아보자.

:: 신청자의 조건
신청자 본인이 만 65세 이상이고 영농경력이 5년 이상인 농업인이어야 한다. 배우자도 농업인일 필요는 없다. 다만, 신청 당시 배우자의 나이가 60세 이상인 경우에 한해서만, 신청자가 사망한 이후에도 배우자가 농지연금을 계속 받을 수 있다.

농업인은 다음의 조건 중 하나에 해당하면 된다.

① 1,000㎡ 이상의 농지에서 농작물 또는 다년생식물을 경작 또는 재배하거나 1년 중 90일 이상 농업에 종사하는 자
② 농지에 330㎡ 이상의 고정식온실·버섯재배사·비닐하우스를 설치하여 농작물 또는 다년생식물을 경작 또는 재배하는 자
③ 대가축 2두, 중가축 10두, 소가축 100두, 가금 1천수 또는 꿀벌 10군 이상을 사육하거나 1년 중 120일 이상 축산업에 종사하는 자
④ 농업경영을 통한 농산물의 연간 판매액이 120만 원 이상인 자

영농 경력은 신청일 직전에 연속적으로 5년이 되어야 할 필요는 없고, 전체 영농기간을 합했을 때 5년 이상이면 된다. 현재 농업인이 아

니라면 앞으로 5년간만 농사를 지으면 농업인이 된다. 경험이 부족해 농사를 짓는 것에 어려움을 느낀다면 귀농귀촌종합센터(www.returnfarm.com)에서 도움을 받을 수 있다.

:: 대상농지의 조건

지목이 전·답·과수원이고 실제 영농에 이용되고 있어야 한다. 그리고 2020년 1월 1일부터 신규 취득한 농지는 농지 보유기간과 거리제한을 모두 충족해야 농지연금을 신청할 수 있게 되었다. 즉, 농지연금 신청일 현재 보유기간이 2년 이상이어야 하고, 농지연금 신청인의 주소지를 농지가 소재하는 시·군·구 및 그와 연접한 시·군·구 내에 두거나, 주소지와 농지까지의 직선거리가 30km 이내의 지역에 위치해야 한다. 여기서 신청인의 주소지는 주민등록 주소지가 기준이 된다.

조금 까다로워지긴 했지만, 농지연금 신청일 현재 기준이므로 미리 걱정할 필요는 없다. 2년 이상 보유한 이후에 주민등록 주소지를 옮긴 후 농지연금을 신청하면 된다. 다만, 실제 거주하지 않으면서 주민등록 주소만 전입하는 것은 위법한 행위이므로 절대로 해서는 안 된다.

또한 농지에 압류, 가압류, 가처분, 가등기가 설정되어 있지 않아야 한다. 저당권이나 근저당권이 설정되어도 가능하지만 공시지가로 계산된 농지시세 대비 채권최고액 15% 이내만 가능하다. 예를 들어 농지시세가 1억 원이라면 채권최고액 1,500만 원 이내의 대출이 있을 때는 농지연금을 신청할 수 있다. 농업용 목적이 아닌 시설이나 불법건축물이 설치되어 있으면 안 된다. 다만 분묘, 농가주택 등이 있는 농지는 해당 면적을 제외하고 농지면적을 산정한다. 또 부부를 제외하고 2인 이상이 공동으로 소유하고 있는 농지는 대상에서 제외된다. 각종 개발지역으로 지정 및 인가 고시되어 개발계획이 확정된 지역의 농지도 제외된다.

2) 농지연금 산정 및 지급방법

농지연금 월 지급액은 신청자의 나이, 담보농지의 가격, 지급 기간에 따라 차이가 난다. 담보농지 가격은 개별공시지가를 기준으로 하거나 감정평가를 따로 하여 정한다. 개별공시지가를 기준으로 할 때는 100%로 평가하고, 감정평가금액을 기준으로 할 때는 그 금액의 90%로 한다. 만약 감정평가금액이 공시지가 기준으로 산정한 금액보다 높으면 심의 후 결정한다.

농지연금 지급 방법은 종신형과 기간형으로 나뉜다. 종신형은 생존하는 기간 동안 매월 지급받는 것인데, 매월 동일 금액을 받는 정액종신형, 초기에 더 많은 연금을 받는 전후후박형, 담보 농지가격의 30% 이내에서 일시인출이 가능한 일시인출형이 있다. 기간형은 5년, 10년, 15년으로 정해진 기간 동안 매월 지급받는 것이다. 지급 방식별 가입 가능한 연령기준은 다음과 같다.

기간	5년형	10년형	15년형	종신형
가입연령	78세 이상	73세 이상	68세 이상	65세 이상

받을 수 있는 월지급금 상한금액은 신청인별로 월 300만 원이다. 따라서 부부가 모두 농지연금을 신청하면 각자 월 300만 원까지 연금을 받을 수 있다. 농지의 평가금액에 따른 월별 연금 지급액은 아래 표와 같다. 연금 지급이 종료되면 토지는 처분하고 잔여금액은 상속인에게

돌려준다. 만약 지급한 연금액의 합계보다 처분금액이 부족하다고 해도 따로 청구하지 않는다.

　농지은행 통합포털(www.fbo.or.kr)를 이용하면 실제 받을 수 있는 농지연금의 액수를 미리 계산해볼 수 있다.

| 농지가격별 월지급금 - 15년간 정액으로 연금을 받는 기간정액형 기준 |

농지가격 / 연령	1,000만 원	5,000만 원	1억 원	2억 원	3억 원	4억 원
70세	58,000원	290,000원	581,000원	1,162,000원	1,743,000원	2,325,000원
75세	60,000원	302,000원	604,000원	1,209,000원	1,814,000원	2,419,000원
80세	63,000원	321,000원	634,000원	1,269,000원	1,903,000원	2,538,000원

3) 농지연금을 많이 받는 농지 고르는 법

:: 개별공시지가보다 가격이 싼 농지

　개발 목적으로 농지를 구입하려면 진입도로와 토지규제에 문제가 없어야 한다. 이런 조건이 갖춰진 농지는 가격이 비싸기 때문에 농지연금용으로 활용하기에는 부적합하다. 농지연금을 목적으로 한다면 개발이 어려운 농지를 경매로 사는 것이 좋다. 개별공시지가보다 낮은 가격으로 낙찰받을 수 있기 때문에 투자금액에 대비해 농지연금 수령액이 높다.

:: 규제완화가 예상되는 농지

　가격이 저렴한 농지는 농업진흥지역으로 지정된 농지다. 그중에서 농업진흥구역으로 지정된 농지는 영농목적 외에는 농지전용허가를 해주지 않고 농업보호구역에서도 단독주택이나 소매점 정도만 가능해서 가격이 저렴하다. 만약 매수한 후에 농업진흥지역에서 해제된다면 농지 가격이 올라서 더 많은 농지연금을 받을 수 있을 것이다.

아래 사례는 경기도 화성시에 있는 농지다. 대부분 농지로 사용되고 있지만 지상에는 허가받지 않은 주택이 있다. 불법 주택이 있는 농지라서 현재 상태로는 농지연금을 신청하지 못하지만, 이 지상 주택은 이동식 주택으로 이전이 가능해보였다. 건물 소유자와 협의하여 건물을 이전한다는 가정하에 경매농지를 살펴보자.

2016타경2▒▒▒ · 수원지방법원 본원 · 매각기일 : 2017.01.03(火) (10:30) · 경매 1계(전화:031-210-1261)

소 재 지	경기도 화성시 우정읍 멱우리 ▒▒▒ 도로명주소검색						
물건종별	농지	감 정 가	40,560,000원	구분	입찰기일	최저매각가격	결과
토지면적	390㎡(117.975평)	최 저 가	(34%) 13,912,000원	1차	2016-05-26	40,560,000원	유찰
				2차	2016-06-29	28,392,000원	유찰
				3차	2016-08-18	19,874,000원	낙찰
건물면적	건물은 매각제외	보 증 금	(30%) 4,180,000원	낙찰 35,757,000원(88.16%) / 1명 / 미납			
				4차	2016-11-30	19,874,000원	유찰
매각물건	토지만 매각	소 유 자	최▒	5차	2017-01-03	13,912,000원	
				낙찰 : 17,100,000원 (42.16%)			
개시결정	2016-01-22	채 무 자	황▒	(입찰6명, / 차순위금액 17,000,000원)			
				매각결정기일 : 2017.01.10 - 매각허가결정			
				대금지급기한 : 2017.02.24			
사 건 명	임의경매	채 권 자	농협	대금납부 2017.02.08 / 배당기일 2017.03.07			
				배당종결 2017.03.07			

● 매각토지.건물현황 (감정원 : 부림감정평가 / 가격시점 : 2016.02.12)

목록	지번	용도/구조/면적/토지이용계획	㎡당 단가 (공시지가)	감정가	비고
토지	멱우리 ▒▒▒	① 자연녹지지역, 농업보호구역, 농지법>, 성장관리권역<수도 권정비계획법>	전 390㎡ (117.975평)	104,000원 (70,300원)	40,560,000원	▶제시외 건물로 인하 여 영향받는 상태의 토지가격 @73,000 = 2 8,470,000원
감정가	토지:390㎡(117.975평)			합계	40,560,000원	토지만 매각

이 농지는 경매에 나온 2016년 당시에 농업보호구역(①)으로 지정되어 있었다. 그런데 현재 토지이용계획확인서를 발급받아 보면 농업보호구역이란 단어가 보이지 않는다. 그 사이에 해제된 것이다.

| 현재의 토지이용계획확인서 내용 |

소재지	경기도 화성시 우정읍 멱우리			
지목	전 ❓		면적	390 ㎡
개별공시지가 (㎡당)	76,200원 (2017/01)			
지역지구등 지정여부	「국토의 계획 및 이용에 관한 법률」에 따른 지역·지구등	자연녹지지역(2017-04-07)		
	다른 법령 등에 따른 지역·지구등	성장관리권역<수도권정비계획법>		
「토지이용규제 기본법 시행령」 제9조제4항 각 호에 해당되는 사항		<추가기재> 하천구역은 재난안전과 방재부서(031-369-2461) 확인 바랍니다.		

이 농지의 개별공시지가는 2016년에는 70,300원이었는데, 농업보호구역에서 해제된 후 2018년도에는 79,300원으로 약 13% 올랐다. 이처럼 농업보호구역이 해제된 후 농지연금을 신청하면 더 많은 농지연금을 받을 수 있다.

| 개별공시지가표 |

	개별공시지가(열람용)					
토지소재지	경기도 화성시 우정읍 멱우리 번지					
신청대상 토지			확인내용			
가격기준년도	토지소재지	지번	개별공시지가	기준일자	공시일자	비고
2018	경기도 화성시 우정읍 멱우리	번지	79,300 원	01월 01일	2018/05/31	
2017	경기도 화성시 우정읍 멱우리	번지	76,200 원	01월 01일	2017/05/31	
2016	경기도 화성시 우정읍 멱우리	번지	70,900 원	01월 01일	2016/05/31	
2015	경기도 화성시 우정읍 멱우리	번지	70,300 원	01월 01일	2015/05/29	

만약 농지연금을 신청한 이후에 규제가 완화되어 공시지가가 큰 폭으로 오른 경우라면 어떨까? 공시지가가 올랐다고 해도 농지연금은 조정되지 않는다. 이때는 농지연금을 해지하고 난 후 다시 신청을 해야 상

향조정된 농지연금을 받을 수 있다.

:: 미래가치가 높은 농지

농지연금을 신청한 농지는 연금지급이 종료되면 처분하고, 잔여금액은 상속인에게 돌려준다. 연금신청 당시보다 땅값이 큰 폭으로 오른다면 자식들에게 상속될 재산도 많아진다. 따라서 농지연금을 위한 농지라도 역시 미래가치가 높은 토지일수록 좋다. 미래가치가 높은 농지를 고르기 위해서는 개발계획을 분석하고, 정부정책이 변화되는 흐름을 읽을 줄 알아야 한다. 당장은 아니지만 시간이 지날수록 개발 압력이 높아질 만한 지역을 고르면 된다.

농지연금 경매 사례

앞에서 말한 지인의 부모님이 농지연금을 받고 있는 농지는 다음 경매사건에서 낙찰받은 것이다. 농지의 위치는 전남 무안군으로, 부모님이 사시는 강원도 고성에서 직선거리로 무려 430㎞가 넘는다. 농지 보유기간과 거리제한은 2020년 1월 1일부터 적용된 규정이므로, 당시에는 이처럼 멀리 떨어진 곳에 있는 농지도 낙찰받자마자 농지연금을 신청하는 데 아무런 문제가 없었다.

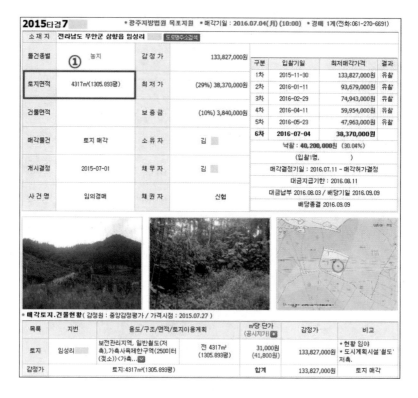

2015타경7⬛⬛				* 광주지방법원 목포지원 * 매각기일 : 2016.07.04.(月)(10:00) * 경매 1계(전화:061-270-6691)				
소재지	전라남도 무안군 삼향읍 임성리		도로명주소검색					
물건종별	① 농지	감정가	133,827,000원	구분	입찰기일	최저매각가격	결과	
토지면적	4317㎡(1305.893평)	최저가	(29%) 38,370,000원	1차	2015-11-30	133,827,000원	유찰	
				2차	2016-01-11	93,679,000원	유찰	
건물면적		보증금	(10%) 3,840,000원	3차	2016-02-29	74,943,000원	유찰	
				4차	2016-04-11	59,954,000원	유찰	
매각물건	토지 매각	소유자	김⬛	5차	2016-05-23	47,963,000원	유찰	
				6차	2016-07-04	38,370,000원		
개시결정	2015-07-01	채무자	김⬛	낙찰 : 40,200,000원 (30.04%)				
				(입찰1명,)				
사건명	임의경매	채권자	신협	매각결정기일 : 2016.07.11 - 매각허가결정				
				대금지급기한 : 2016.08.11				
				대금납부 2016.08.03 / 배당기일 2016.09.09				
				배당종결 2016.09.09				

* 매각토지.건물현황(감정원 : 중앙감정평가 / 가격시점 : 2015.07.27)

목록	지번	용도/구조/면적/토지이용계획	㎡당 단가 (공시지가) ▶	감정가	비고
토지	임성리⬛⬛	보전관리지역, 일반철도(저촉),가축사육제한구역(2500미터 (젖소))<가축...☑	전 4317㎡ (1305.893평)	31,000원 (41,800원)	133,827,000원	* 현황 임야 * 도시계획시설 '철도' 저촉.
감정가		토지:4317㎡(1305.893평)		합계	133,827,000원	토지 매각

경매감정가 1억 3,382만 원이었지만 4,020만 원에 단독으로 낙찰받았다. 이렇게 낮은 금액으로 낙찰받을 수 있었던 이유는 이 농지가 농사를 짓지 않고 방치된 이른바 '묵전'이었기 때문이다.

묵전을 농지로 원상복구한 후 2017년에 농지연금을 신청했는데, 당시 이 농지의 개별공시지가는 ㎡당 43,000원이었다.

| 개별공시지가표 |

개별공시지가(열람용)						
토지소재지		전라남도 무안군 삼향읍 임성리 ⬛⬛번지				
신청대상 토지			확인내용			
가격기준년도	토지소재지	지번	개별공시지가	기준일자	공시일자	비고
2017	전라남도 무안군 삼향읍 임성리 ⬛⬛번지		43,000 원	01월 01일	2017/05/31	
2016	전라남도 무안군 삼향읍 임성리 ⬛⬛번지		42,600 원	01월 01일	2016/05/31	

농지의 면적이 4,317㎡이므로 개별공시지가를 기준으로 한 농지의 가격은 무려 1억 8,563만 원이다. 이 가격 대비하여 21% 가격에 낙찰받았으므로, 적은 투자금으로 농지연금을 많이 받을 수 있는 우량 물건이었던 것이다.

| 농지은행 통합포털(www.fbo.or.kr)에서 조회한 연금 수령액 |

● 예상연금산출표

● 조건입력

생년월일	소유자 : 1948 ▼ 년 10 ▼ 월 4 ▼ 일 배우자 : 1950 ▼ 년 7 ▼ 월 1 ▼ 일
단위선택	제곱미터(㎡) ▼
농지평가	○ 감평가 (평가율 : 80.0%) ● 공시가 (평가율 : 100%)
농지시세 ⊞ ⊟	43,000 원 ×면적 4,317.00 (1,305.89 평) = 185,631,000 원
합계	면적 : 4,317.00 ㎡ (1,305.89 평) 농지가격 : 185,631,000 원

결과조회

● 결과출력

구분	종신형			기간형		
	정액형	전후후박형(70%)	일시인출형(30%)	기간형(정액형)		경영이양형
월지급금	②713,270	849,230(전) 594,460(후)	③506,540 (45,000,000)	5년	해당없음	5년 3,000,000
				10년	해당없음	10년 1,772,360
				15년	1,054,150	15년 1,262,380

* 월지급금 지급 상한금액은 300만원 입니다.

종신 정액형으로 신청할 경우 월 713,270원(②)을 지급받는다. 상가나 다른 수익형 부동산과 다르게 월세가 밀릴 염려나 공실 위험도 없다. 농지연금을 신청할 당시에는 일시인출형 제도가 없었는데, 만약 이 제도가 있었다면 일시인출금으로 4,500만 원(③)을 받아 투자금을 전액 회수하고 매월 50만 원의 연금을 받을 수 있었을 것이다. 그래도 단돈 4,000만 원을 투자해서 종신으로 이만한 연금을 받을 수 있다면 괜찮지 않은가. 농지연금 투자는 조금만 노력한다면 누구나 충분히 할 수 있다.

농지연금 경매 투자 포인트

투자 포인트 첫 번째는 농지를 취득하기 전에 농지취득자격증명서 발급에 문제가 없는지 확인해야 한다는 것이다. 농지를 매수한 자는 소유권이전등기 서류와 함께 농지를 매수할 수 있는 자격을 증명하는 농지취득자격증명서를 등기소에 제출해야 하고, 이를 제출하지 못하면 소유권이전등기를 하지 못하기 때문이다. 법원 경매로 농지를 취득할 때도 마찬가지다. 법원 경매에서 농지를 낙찰받은 사람은 낙찰 후 1주일 이내에 농지취득자격증명서를 경매 법원에 제출해야 한다. 만약 제출하지 못하면 매각이 불허가 된다. 또 경우에 따라서는 입찰보증금을 몰수당하기도 한다. 그래서 농지를 매수하려는 경우에는 농지취득자격증명서 발급 조건에 대해 잘 알아야 한다. 농지취득자격증명서는 소유 농지의 면적에 따라 다음과 같이 발급받는다.

1) 농지 면적 1,000㎡ 이상 : 농업경영 목적으로 발급

기존 보유 농지와 취득하려는 농지 면적의 합이 1,000㎡ 이상이면, 농업인이거나 농업인이 되고자 하는 사람만 취득할 수 있다. 이때는 자격증명서를 반드시 농업경영 목적으로 신청해야 하고 농업경영 계획서를 추가로 제출해야 한다. 농업경영 계획서에는 농업경영을 하는 데 필요한 노동력과 농업 기계·장비·시설의 확보 방안을 포함한다. 담당 공무원은 투기를 목적으로 허위 사실을 기재하거나 농업경영으로 위장할 목적이 있다고 판단되는 경우 자격증명을 발급하지 않을 수 있다. 하지만 취득하려는 농지에 대한 거리 제한은 없다. 즉, 농지의 취득세 또는 양도소득세 감면을 받을 때는 거주지로부터 20km 또는 30km 거리 제한이 있지만, 농지를 취득할 때는 거리 제한이 없다.

2) 농지 면적 1,000㎡ 미만 : 주말·체험영농 목적으로 발급

보유하고 있는 농지와 취득하려는 농지의 면적을 합하여 1,000㎡ 미만일 때는 취미생활이나 여가활동으로 농작물을 경작하거나 다년생 식물을 재배하기 위한 주말·체험영농 목적으로만 발급이 가능하다. 단, 이때의 면적은 본인뿐만 아니라 세대원들이 소유한 면적을 전부 합한 면적이 기준이다.

두 번째는 농지연금 수령기간 동안에 계속 농사를 지어야 한다. 농지연금 수령 여부와 관계없이 모든 농지는 영농에 이용되어야 한다고 법으로 정하고 있다. 농지연금을 받고 있는 기간 동안에 농사를 짓지 않으면 농지연금 지급이 중단될 수도 있다. 고령의 농업인은 직접 농사짓기가 어렵다고 판단하기 때문에 만 60세 이상의 농업인은 5년 이상 농사를 지은 농지를 타인에게 임대해줄 수 있다. 직접 농사를 짓든, 타인에게 임대를 주든 농사는 계속 지어야 한다. 농사를 반드시 벼나 고추 등의 작물을 재배해야 하는 것으로만 오해하지 말자. 매실나무 등 과실수를 재배하면 손이 덜 간다. 묘목을 키워서 판매하는 행위도 농사로 본다. 만약, 계속 농사를 짓지 못한다면 적당한 이윤을 붙여 농지연금을 받을 수 있는 자격이 있는 사람에게 매도하는 것도 방법이다.

농지취득자격증명신청서
작성법

| 농지취득자격증명신청서 |

농지취득자격증명신청서

※ 뒤쪽의 신청안내를 참고하시기 바라며, 색상이 어두운 란은 신청인이 작성하지 않습니다. (앞쪽)

접수번호				접수일자			처리기간	4일 (농업경영계획서를 작성하지 않는 경우에는 2일)	

농지 취득자 (신청인)	① 성 명 OO (명칭)			② 주민등록번호 123456 (법인등록번호) -1234567			⑤ 취득자의 구분		
	③ 주 소 경기도 수원시 *** *** ***						농업인	신규 영농	주말· 체험영농	법인 등
	④ 전화번호 010-****-****								주말· 체험영농

취득 농지의 표시	⑥ 소 재 지						⑩ 농지구분			
	·군	구·읍· 면	리·동	⑦지번	⑧지목	⑨면적(㎡)	농업진흥지역		진흥지역 밖	영농여건 불리농지
							진흥구역	보호구역		
	평택시	청북면	삼계리	613-1	전	536			○	

⑪ 취득원인	경매							
⑫ 취득목적	농업경영		주말·체 험영농	○	농지전용		시험·연구 ·실습지용 등	

「농지법」 제8조제2항, 같은 법 시행령 제7조제1항 및 같은 법 시행규칙 제7조제1항제2호에 따라 위와 같이 농지취득자격증명의 발급을 신청합니다.

20 년   월   일

농지취득자(신청인)   김 O O   (서명 또는 인)

시장·구청장·읍장·면장 귀하

첨부서류	1. 별지 제2호서식의 농지취득인정서(법 제6조제2항제2호에 해당하는 경우만 해당합니다) 2. 별지 제4호서식의 농업경영계획서(농지를 농업경영 목적으로 취득하는 경우만 해당합니다) 3. 농지임대차계약서 또는 농지사용대차계약서(농업경영을 하지 않는 자가 취득하려는 농지의 면적이 영 제7조제2항제5호 각 목의 어느 하나에 해당하지 않는 경우만 해당합니다) 4. 농지전용허가(다른 법률에 따라 농지전용허가가 의제되는 인가 또는 승인 등을 포함합니다)를 받거나 농지전용신고를 한 사실을 입증하는 서류(농지를 전용목적으로 취득하는 경우만 해당합니다)	수수료: 「농지법 시행 령」 제74조에 따름
담당공무원 확인 사항	법인 등기사항증명서(신청인이 법인인 경우만 해당합니다)	

① ~ ④ : 신청자의 인적사항을 기록한다.

⑤ : 취득하려는 농지의 면적을 합하여 1,000㎡ 이하이면 '주말·체험영농'에 ○ 표시를 하고, 그 이상이면 '농업인'이나 '신규영농'에 ○ 표시를 한다.

⑥ : 취득하려는 농지의 소재지를 기재한다.

⑦ : 취득하려는 농지의 토지이용계획확인서를 발급받아 농업진흥지역 지정 여부를 확인한다. 농업진흥구역이면 '진흥구역'에, 농업보호구역이면 '보호구역'에, 그 외에는 '진흥지역' 밖에 ○ 표시한다.

⑧ : 경매로 취득한 경우 '경매'로, 일반매매인 경우에는 '매매'로 기재한다.

⑨ : '주말·체험영농'이나 '농업경영'에 ○ 표시를 한다.

원상복구계획서를 활용하라

등기도 없는 허름한 주택이나 허가받지 않은 건물 및 창고, 묘지가 있는 농지가 경매에 나오면 입찰을 고민하게 된다. 낙찰 후 1주일 이내에 농지취득자격증명서를 발급받아 경매법원에 제출하지 못하면 자칫 입찰보증금을 몰수당할 수도 있기 때문이다. 그래서 입찰하기 전에 지상에 있는 시설물의 이동이나 철거가 가능한지, 용도가 무엇인지, 소유자가 누구인지, 어떤 이유로 존재하는 것인지를 확인해야 한다. 또, 사전에 현장을 확인하고 농지 담당자와 미리 협의할 필요가 있다. 농지 담당자는 농지취득자격증명서를 발급해주거나, 발급하지 못하는 사유가 있을 때는 반려증을 내준다. 반려증을 내줄 때는 미발급 사유로 다음 중 하나를 기재한다.

미발급 사유	기재 내용
① 신청 대상 토지가 농지에 해당하지 아니하는 경우	신청 대상 토지가 「농지법」에 의한 농지에 해당되지 아니함
② 신청 대상 농지가 자격증명을 발급받지 아니하고 취득할 수 있는 농지인 경우	신청 대상 농지는 농지취득자격증명을 발급받지 아니하고 취득할 수 있는 농지임 ("도시계획구역 안 주거지역으로 결정된 농지" 등 해당 사유를 기재)
③ 신청인의 농지 취득 원인이 자격증명을 발급받지 아니하고 농지를 취득할 수 있는 것인 경우	취득 원인이 농지취득자격증명을 발급받지 아니하고 농지를 취득할 수 있는 경우에 해당함
④ 신청 대상 농지가 불법으로 형질이 변경되었거나 불법건축물이 있는 농지인 경우	신청 대상 농지는 취득 시 농지취득자격증명을 발급받아야 하는 농지이나 불법으로 형질이 변경되었거나 불법건축물이 있는 부분에 대한 복구가 필요하며 현 상태에서는 농지취득자격증명을 발급할 수 없음

이 중에서 ①~③번의 사유로 미발급된 경우에는 그 반려증을 경매 법원에 제출하면 되지만, ④번의 사유로 미발급된 경우에는 그 반려증만으로는 농지를 취득할 수 없다.

이럴 때는 원상복구 후 다시 농취증을 신청하는 게 원칙이다. 하지만 경매 낙찰자는 아직까지 그 토지의 소유자가 아니기 때문에 원상복구할 수 있는 자격이 없다. 그래서 낙찰자는 원상복구를 하겠다는 계획서를 제출한다. 원상복구계획서는 따로 양식이 없고 아래 샘플을 참조해서 작성하면 된다. 농지 담당 공무원은 복구계획서가 이행될 수 있는 계획이라고 판단되면 농지취득자격증명서를 발급해준다.

농지원상복구계획서

○ 대상농지 : 경기도 가평군 000 000번지
○ 지목 : 전
○ 면적 : 000㎡
○ 취득목적 : 주말체험영농
○ 현재 상태 : 무허가 창고 소재 및 보도블럭 포장

상기 농지를 취득하려는 목적(주말체험영농)에 맞게 이용할 수 있도록 원상복구를 실시하도록 하겠습니다.

○ 원상복구 기간 : 2019년 00월 00일 까지
○ 원상복구 계획
　무허가 창고를 철거하고 보도블럭 포장을 제거하여 영농에 적합한
　상태로 복구하여 2019년 가을에 나무 묘목을 식재할 예정입니다.

2019. . .

원상 복구인 주소 : 경기도 수원시 000
　　　　　　성명 : 000
　　　　　　주민등록번호 :   -
　　　　　　연락처 : 010-0000-0000

2장.
매매가 필요 없는 보상경매

토지 투자를 시작한 사람은 낙찰받은 토지를 적정 가격으로 원하는 시점에 매도할 수 있을지 불안할 것이다. 사실 토지 투자 경험이 있다면 괜찮지만 처음에는 다들 그렇다. 하지만 만약 누군가 매수하기로 약속된 토지라면 안심하고 매수할 수 있지 않을까? 그런 토지가 바로 보상되는 토지다.

보상경매란

땅을 사두었는데 개발되면서 보상금을 받았다. 보상금액이 많아서 졸지에 큰 부자가 되었다는 얘기도 가끔 들린다. 그런 얘기를 들을 때마다 얼마나 복이 많으면 보상금을 받아 부자가 되었을까? 왜 우리 아버지는 그런 땅을 미리 사두지 않았을까? 등의 생각이 드는 것도 무리가 아니다.

방법은 개발사업이 예정된 땅을 찾아 매수하는 것이다. 그런 물건을 찾는 것은 그리 어렵지 않지만, 매수하기는 어렵다. 소유자가 팔려고 하지 않기 때문이다. 그럴 때 가장 쉬운 방법은 법원경매나 공매를 이용하는 것이다.

　보상경매란 개발사업이 예정된 부동산이 경매에 나왔을 때 국가 등의 사업시행자가 지급하는 보상금보다 낮은 가격으로 낙찰받아 수익을 내는 경매 투자 방법이다.

| 보상경매의 구조 |

개발사업 예정지에 포함된 토지

경매진행

보상을 목적으로 낙찰

국가에서
수용보상

보상금 수령

보상경매 물건 투자법

1) 보상경매 물건 찾는 법

사설경매정보사이트에서 보상받는 경매 물건을 찾으려고 해도 경매정보지에서는 '이 토지는 보상 대상이다'라는 문구는 볼 수 없다. 이런 물건을 찾으려면 공익사업 계획이 수립된 지역에 포함된 땅을 찾아야 한다. 국가나 공공기관에서 시행하는 도로, 철도, 항만, 산업단지, 주택단지 등의 공익사업은 사전에 계획이 수립되고 그 계획에 따라 개발이 진행되기 때문이다.

경매 물건이 공익사업 예정지에 포함되었는지의 여부는 어떻게 확인할 수 있을까? 바로 토지이용계획확인서에 그 답이 있다. 토지이용계획확인서상에 다음과 같은 공익사업에 해당하는 단어는 있으나 현재는 개발되지 않고 있는 토지가 보상경매의 대상이다.

- 도시개발구역
- 국가산업단지, 일반산업단지
- 소로, 중로, 대로
  (1류, 2류, 3류를 끝에 붙임. 예: 소로1류, 대로2류)
- 도로구역
- 공원 등

2) 보상대상

보상받는 대상은 개발사업예정지에 포함된 토지뿐만 아니라 다음과 같이 사업시행으로 인해 실질적인 피해를 입는 모든 물건과 손실을 포함한다.

- 토지
- 건축물 및 물건(펜스, 비닐하우스 등)
- 수목
- 분묘
- 영업 손실
- 농업 손실
- 축산업 손실 등

3) 사업 순서에 따른 보상금 지급 시점

사업시행자는 사업구역에 포함된 토지 및 건축물 등에 대해 다음과 같은 절차로 토지소유자와 보상을 협의한다.

① 공익사업 계획 승인

한국토지주택공사(LH) 등 공익사업 시행자는 사업계획서를 작성하여 국토교통부 등 정부 승인을 받아야 한다.

② 토지 및 물건 등 기본조사

사업시행자는 토지목록과 물건목록을 작성하고 토지소유자에게 확인시킨다. 보상을 목적으로 나중에 나무를 심는다고 해도 이 목록에 없다면 보상받지 못한다.

③ 보상계획 공고·통지 후 열람

사업시행자는 토지조서와 물건조서를 작성하면 공익사업의 개요, 토지조서와 물건조서의 내용과 보상시기·방법 및 절차 등이 포함된 보상계획을 공고해야 한다. 그리고 토지소유자와 관계인에게도 각각 통지하여야 하고 일반인도 열람할 수 있게 하여야 한다.

④ 감정평가사 선정

사업시행자는 감정평가업자를 선정하여 보상액 산정을 의뢰한다. 감정평가업자로 3인을 선정하는데 토지소유자가 그중 1인을 추천할 수 있다. 토지소유자가 감정평가업자를 추천하지 않으면 2인의 감정평가업자가 평가한다.

⑤ 감정평가

감정평가를 의뢰받은 감정평가사는 현장을 방문하여 대상물건을 확인한다. 토지와 건물 소유자는 감정평가 현장에 참석하여 평가에 혹시 빠진 물건이 없는지, 소유권이 불분명한 물건으로 처리하는 경우는 없는지 등을 확인하고 적극적으로 자기주장을 하는 것이 좋다.

⑥ 보상금액 사정 및 보상협의 요청

감정평가가 완료되면 사업시행자는 감정평가업자 3인의 평가금액을 평균하여 보상금액을 정한다. 그리고 나서 보상금액이 적힌 손실보상협의요청서를 토지소유자에게 통보한다.

⑦ **협의보상 시행**

　　토지소유자는 사업시행자가 제시한 보상금액으로 매도할 의사가 있으면 보상계약을 체결하면 된다. 그러면 토지소유자로부터 사업시행자로 소유권이 이전되고 보상금이 지급된다. 만약, 협의매수가 안 되면 사업시행자는 수용재결 절차를 진행한다. 수용재결이란 재판을 통해 수용이 결정된다는 의미다. 수용재결이 완료되면 계약을 하지 않아도 토지소유권이 사업시행자에게 강제로 넘어가고 보상금은 공탁된다.

4) 보상금 지급시점 조사법

　공익사업은 지자체에서 사업진행현황을 파악하고 있다. 그러므로 가장 먼저 해야 할 일은 시·군청 도시계획과에 전화하는 것이다. 사업시행자가 정해져 있고 담당자가 있다면 친절하게 연락처를 알려줄 것이다. 보상담당자나 사업담당자와 면담하면 된다.

　보상일정을 상세히 질문해도 보상계획이 수립된 경우가 아니면 담당자도 쉽게 답변을 하지 못한다. 담당자가 예산을 배정받은 것도 아니고 담당자 선에서 결정할 수 있는 사안도 아니기 때문이다. 다짜고짜 보상이 언제 될 것인지를 물으면 되돌아오는 답변은 '잘 모르겠다'일 것이다. 따라서 공익사업이 어느 단계까지 진행되고 있는지를 확인하여 보상시기를 간접적으로 알아내야 하는데, 이렇게 질문하려면 공익사업이 어떤 절차로 진행되는지를 미리 알고 있어야 한다. 공익사업의 절차는 사업의 종류별로 각각 다르게 정하고 있지만 보통 다음과 같은 단계로 진행된다.

사업 계획 수립 및 구역 지정

⬇

실시계획 승인

⬇

보상

⬇

사업 시행

⬇

준공검사 및 사업완료 공고

대략적으로 위와 같은 사업계획 순서만 알아두면 충분하다. 담당부
서에 전화를 걸어 사업절차가 어디까지 진행되었고 다음 단계는 언제
쯤 진행할 예정인지를 묻는다면 자연스럽게 대화가 이어질 것이다. 보
상에 관해 문의를 한다면 예산이 확정되어 있지 않을 경우에는 답을 못
해주겠지만, 사업 일정은 이미 계획되어 있는 것이기 때문에 잘 알려준
다. 이렇게 확인된 일정을 통해 언제쯤 보상이 이루어질 것인지 예측도
가능해진다.

5) 보상금액 산정법

보상감정평가가 이루어지지 않은 경우에는 보상금을 추정하기는 어
렵다. 보상감정평가는 공정성을 위해 3명의 감정평가업자가 한다. 각
감정평가업자가 평가한 금액의 차이가 10%를 벗어나면 다시 평가하게
한다. 즉, 평가금액이 1억 원이라면 1,000만 원 이내는 오차로 인정한

다는 것이다. 감정평가사도 이러한 오차를 인정하는데 경매 투자자가 보상금액을 정확히 산출한다는 것은 불가능하다. 다만, 보상금액은 실거래가격보다는 더 높게 보상되는 것이 일반적이어서 실거래가격을 파악한 후 그것을 기준으로 삼으면 된다.

보상경매 사례

고속도로 건설 부지에 포함되어 보상받은 경매 물건 사례를 소개한다.

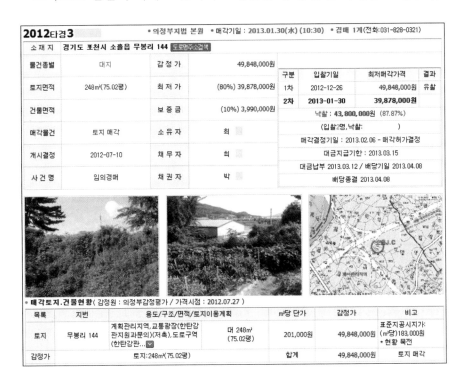

2012타경**3**			•의정부지법 본원 •매각기일 : 2013.01.30(水)(10:30) •경매 1계(전화:031-828-0321)				
소재지	경기도 포천시 소흘읍 무봉리 144 도로명주소검색						
물건종별	대지	감정가	49,848,000원	구분	입찰기일	최저매각가격	결과
토지면적	248m²(75.02평)	최저가	(80%) 39,878,000원	1차	2012-12-26	49,848,000원	유찰
건물면적		보증금	(10%) 3,990,000원	2차	2013-01-30	39,878,000원	
매각물건	토지 매각	소유자	최	낙찰 : 43,800,000원 (87.87%)			
개시결정	2012-07-10	채무자	최	(입찰2명,낙찰:)			
				매각결정기일 : 2013.02.06 - 매각허가결정			
사건명	임의경매	채권자	박	대금지급기한 : 2013.03.15			
				대금납부 2013.03.12 / 배당기일 2013.04.08			
				배당종결 2013.04.08			

• **매각토지.건물현황** (감정원 : 의정부감정평가 / 가격시점 : 2012.07.27)

목록	지번	용도/구조/면적/토지이용계획		m²당 단가	감정가	비고
토지	무봉리 144	계획관리지역,교통광장(한탄강관지원과문의)(저촉),도로구역(한탄강관...▼)	대 248m² (75.02평)	201,000원	49,848,000원	표준지공시지가: (m²당)183,000원 •현황 묵전
감정가	토지:248m²(75.02평)			합계	49,848,000원	토지 매각

주변에는 소규모의 공장이나 창고가 흩어져 있고, 이 토지는 지목이 '대'이지만 농사에 이용되고 있었다. 또한 도로가 없는 맹지이고 면적도 75평으로 작다. 외형적으로는 그다지 매력이 없는 토지였다.

| 토지이용계획확인서 |

소재지	경기도 포천시 소흘읍 무봉리 일반 144-0			
지목	대 ❓		면적	14 ㎡
개별공시지가 (㎡당)	75,900원 (2017/01)			
지역지구등 지정여부	「국토의 계획 및 이용에 관한 법률」에 따른 지역·지구등	계획관리지역 , 교통광장(2014-12-24)(행복도시건설단 전략사업과 문의)		
	다른 법령 등에 따른 지역·지구등	가축사육제한구역(일부제한구역(젖소 돼지 닭 오리 메추리 개 제한구역)) <가축분뇨의 관리 및 이용에 관한 법률 ① 도로구역(2014-12-24)(행복도시건설단 전략사업과 문의)<도로법> , 성장관리권역<수도권정비계획법> , 배출시설설치제한지역<수질 및 수생태계 보전에 관한 법률>		
「토지이용규제 기본법 시행령」 제9조제4항 각 호에 해당되는 사항				

확인도면 (범례: 준보전산지, 계획관리지역, 도로구역, 접도구역, 가축사육제한구역, 교통광장, 법정동)

축적 1/ 1200 ▼ 변경 🔍도면크게보기

토지이용계획확인서에서 '도로구역'(①)이 표시되어 있다. 또 '구리~포천간 민자'(②)를 보고 구리~포천간 민자고속도로사업에 편입된 토지라는 것도 알아냈다.

| 구리~포천 민자고속도로 사업 계획 |

　　인터넷에서 관련 정보를 찾아보았더니 한국도로공사 현장사무실이 경매 물건지 근처에 있었다. 담당자와 면담한 결과 이 토지는 6공구에 속하는 토지로 조만간 보상될 예정이고, IC가 들어설 위치에 있어 계획된 노선이 변경될 가능성이 거의 없다는 사실을 확인했다.

　　인근 부동산 중개업소에 들러 토지 시세를 조사해보았다. 집을 지을 수 있는 대지는 평당 100만 원 이상이지만 이 토지는 80만 원 이하여야 거래가 가능하다고 했다. 입찰 당시는 부동산 경기가 침체된 시기였고 변두리의 이 조그마한 땅에 누구도 관심을 갖지 않았다. 다른 용도로 개발하기에는 가치도 낮았다. 그러나 필자는 인근에 먼저 보상된 사례를 탐문한 결과 보상가는 적어도 평당 100만 원 이상은 될 것이라는 확신이 들었다. 결국 평당 59만 원에 입찰하여 낙찰받았다. 그리고 1년 후 기다리던 손실보상 협의요청서를 받았다.

보상내역

일련 번호	소재지	원 지 적		편입지번	지 목		용도지역	표준지 공시지가	공유면적	편입면적 (㎡)	보상금액(원)		소유자
		지번	면적(㎡)		공부	현황					단가	보상액	성명
141	포천시 소홀읍 무봉리	144	248	144-1	대	대	계획관리	183,000		234.0	357,000	83,538,000	

실제 보상가는 평당 118만 원이었다. 낙찰받아 보상받기까지 1년 5개월이 걸렸지만, 낙찰금액 4,380만 원이 8,353만 원으로 돌아왔다. 보상내역을 보면 원지적이 무봉리 144번지(248㎡)이고 편입지번이 144-1번지로 기재되어 있다. 실제 보상금액은 편입면적 234㎡에 대해서만 나와 있다. 전체면적 중에서 편입면적을 제외한 14㎡는 보상에서 빠진 것이다. 14㎡에는 건물도 지을 수 없기 때문에 잔여지 매수청구를 해서 그 다음 해에 추가로 533만 원의 보상금을 받을 수 있었다.

보상내역

일련 번호	소재지	원 지 적		편입지적		지 목		토지이용 계획사항	보상금액(원)		소유자
		지번	면적(㎡)	지번	편입면적 (㎡)	공부	현황		단가	보상액	성명
141	포천시 소홀읍 무봉리	144	14	144	14	대	대	계획관리	381,333	5,338,662	

투자 결과를 정리해보았다.

- 낙찰금액 : 4,380만 원
- 투입금액 : 4,600만 원(취득세 등 포함)
- 보상금액 : 8,887만 원(편입토지 + 잔여지)
- 수익금액 : 4,287만 원

- 투자기간 : 1년 5개월(편입토지 기준)
- 수익률 : 93% (세전)

　보상받는 토지는 점유자의 명도가 필요하지 않고, 매도하기 위해 노력할 필요가 없다는 점이 큰 장점이다. 낙찰받아서 보유하기만 하면 국가에서 알아서 매수해준다.

보상경매 투자 포인트

　첫 번째, 공익사업 이전의 용도지역을 파악해야 한다. 만약, 공익사업 계획으로 인해 토지의 용도지역 등이 변경되었다면 변경 전 기준으로 보상금액을 산정하기 때문이다.

| 공익사업으로 인해 용도지역이 변경된 토지 |

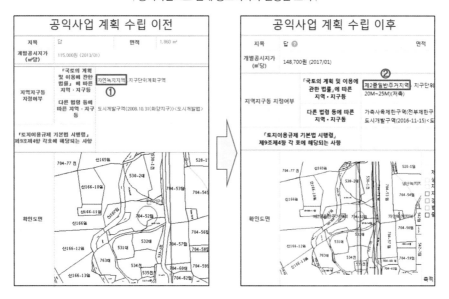

이 토지는 공익사업이 시행되기 전에 용도지역이 '자연녹지'(①)였지만, 공익사업 계획이 수립된 이후에 용도지역이 '제2종일반주거지역'(②)으로 변경되었다. 이 경우 보상금액은 자연녹지로 평가된다. 바뀐 용도지역으로 보상금을 지급하게 되면 사업시행자는 자신의 계획 때문에 보상금 지급 부담이 커지는 상황이 발생한다.

두 번째, 공익사업 계획으로 가격이 급등하기 전의 토지가격을 기준으로 보상가를 예상해야 한다. 공익사업이 예정된 지역은 토지가격이 오르는 곳이 많다. 하지만 공익사업 계획 때문에 토지가격이 대폭 상승되었다면 개발이익을 배제한 가격으로 보상금액을 평가한다. 현장에서는 오른 땅값으로 거래되는 경우가 많기 때문에 나중에 보상을 받아도 손해 보는 경우가 생길 수 있다.

| 공익사업으로 인한 토지가격 변동 |

세 번째, 허가를 받고 형질변경이 이루어졌는지 확인해야 한다. 전·답·임야를 허가받지 않고 대지로 조성했다면 불법행위가 있기 이전 상

태인 전·답·임야로 보상된다. 허가 없이 임의로 형질을 변경하는 것을 '불법 형질변경'이라 하는데, 불법 형질변경이 되기 전 상태로 평가가 들어간다. 물론 불법행위에 들어간 비용도 보상받지 못한다.

3장.
맹지가 돈이 된다

토지의 가치는 개발에 있다. 개발할 수 없는 토지는 투자 가치가 낮다. 도로가 없는 토지를 맹지라고 하는데 맹지는 도로가 있는 토지의 절반 가격도 되지 않는다. 맹지에 건물을 지으려면 인근 토지소유자로부터 진입통로로 사용할 토지를 매수하거나 토지사용승낙서를 받아야 한다. 만약 응해주지 않으려고 하면 곤란해진다. 가격도 높게 부를 것이다. 맹지를 사게 되면 마음고생도 많이 하고 돈도 많이 든다. 그래서 토지를 고를 때는 꼭 도로가 있는 토지를 골라야 한다.

어느 날 맹지인 내 땅 옆에 멋진 도로가 만들어진다면 얼마나 좋을까? 국가에서 만든 도로니까 공짜로 사용할 수 있고 건물도 지을 수 있다. 이렇게만 된다면 로또가 따로 없다. 과연 이런 토지를 골라서 살 수 있는 방법이 있을까? 방법은 도로개설이 예정된 토지를 사는 것이다.

도로개설이 예정된 토지

도로의 종류는 많다. 법률로 만들어지는 '법정도로'도 있고, 마을 안 길이나 이면도로, 농로 등 개인 소유의 토지지만 지역 주민의 통로로 이용되는 '비법정도로'도 있다.

| 법정도로의 구분 |

근거법률	종류
「도로법」	고속국도, 일반국도, 특별광역시도, 지방도, 시도, 군도, 구도
「국토의 계획 및 이용에 관한 법률」	도시·군계획시설 도로
「사도법」	사도법에 의한 사도
「농어촌도로정비법」	면도, 리도, 농도

| 비법정도로의 구분 |

종류	의 미
사도	순수한 개인 소유 또는 사용승낙서를 받은 다른 소유자의 토지
사실상의 사도	지목의 일부가 도로이거나 대부분이 다른 지목이고, 사실적으로 도로의 기능을 제공하고 있는 토지로 현황도로, 관습상의 도로의 개념을 포함
통로	단순히 도보나 차량의 통행만 가능한 골목길, 산책로, 등산로, 오솔길 등을 의미
농로	농민이 농지의 경작을 위해 신고절차 없이 만든 도로
임도	산림의 경영과 보호를 위해 산림 내에 개설하는 도로

법정도로는 국가에서 개설하는 도로인데, 이 중에서 「국토의 계획 및 이용에 관한 법률」로 만들어지는 도시군계획시설 도로를 주목하자. (여기서는 '도시군계획시설'을 편의상 '도시계획시설'로 부르기로 한다.)

도시계획시설 도로는 국가에서 도시의 기반시설로 만드는 도로이고,

누구나 자유롭게 이용할 수 있기 때문에 그 도로에 접한 토지는 맹지에서 벗어날 수 있다. 실제로 도시계획시설 도로는 건축허가를 받는 데 아무런 문제가 없는 대표적인 도로다. 그렇다면 도시계획시설 도로는 어떻게 생겼을까?

| 도시계획시설 도로의 모습 |

사진처럼 대부분의 도로와 같은 모습이다. 현재는 이런 도로가 없지만 앞으로 개설될 예정에 있는 토지를 찾는 방법에 대해 알아보자.

도로개설이 예정된 토지 투자법

1) 도시계획시설 도로개설이 예정된 토지 찾는 법

도시계획시설 도로 계획은 토지이용계획확인서에 표시되어 있다. 이때 단순히 '도로'로 표현되지 않고 '대로1류, 중로1류, 소로3류' 등 도시계획시설 도로의 종류 중 하나로 기재된다. 따라서 토지이용계획확인서에 이런 단어가 적혀 있는 토지를 고르면 된다.

| 도시계획시설 도로의 종류 |

구분		내용	비고
광로	1류	폭 70m 이상인 도로	40m 이상
	2류	폭 50m 이상 70m 미만인 도로	
	3류	폭 40m 이상 50m 미만인 도로	
대로	1류	폭 35m 이상 40m 미만인 도로	25m 이상
	2류	폭 30m 이상 35m 미만인 도로	
	3류	폭 25m 이상 30m 미만인 도로	
중로	1류	폭 20m 이상 25m 미만인 도로	12m 이상
	2류	폭 15m 이상 20m 미만인 도로	
	3류	폭 12m 이상 15m 미만인 도로	
소로	1류	폭 10m 이상 12m 미만인 도로	12m 미만
	2류	폭 8m 이상 10m 미만인 도로	
	3류	폭 8m 미만인 도로	

| 도시계획시설 도로계획이 나와 있는 토지이용계획확인서 |

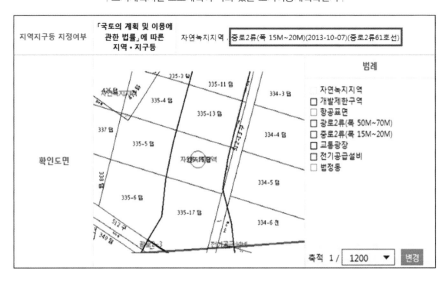

2) 도시계획시설 도로개설 시점 조사법

이 내용은 아주 중요하다. 왜냐하면 도시계획시설 도로 계획이 있다고 해도 가까운 미래가 아닌 아주 먼 미래, 10년 후에나 개설되는 경우도 있기 때문이다. 그래서 도로가 언제 개설될지 알아야 한다. 그러려면 도시계획시설 도로사업 순서를 이해해야 한다.

:: 도시계획시설 도로 사업 순서

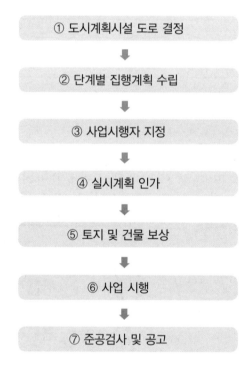

① 도시계획시설 도로를 결정한다. 결정이 되면 토지이용계획확인서에 '대로1류, 중로1류, 소로3류' 등의 글자가 표기된다.

② 시장·군수는 단계별 집행계획을 수립하는데 수립일 기준으로 3년 이내에 시행하는 경우에는 제1단계 집행계획에, 3년 이후에 시행하는 경우에는 제2단계 집행계획에 포함된다. 1단계 집행계획에 포함되어 있다면 가까운 시일 내에 도로가 개설될 예정이라고 생각할 수 있다. 매년 단계별 집행계획을 검토하므로 시간이 지나면 2단계 집행계획이었던 도로계획이 1단계로 들어오게 된다.

③ 사업시행자를 지정한다. 거의 대부분 시장·군수가 사업시행자이지만 민간사업자도 사업시행자가 될 수 있다.

④ 도로개설계획이 구체화되고 실제 공사를 진행할 단계가 오면 실시계획을 수립한다. 실시계획을 승인하는 것을 '인가'라고 한다.

⑤ 실시계획이 인가되면 도로에 편입되는 토지 소유자에게 보상을 한다.

⑥ 도로공사에 착공한다. 이 단계가 되어야 일반인들은 도로가 만들어진다는 사실을 비로소 알게 된다.

⑦ 준공검사를 하고 사업이 완료된다.

:: 도로개설 계획 조사 순서

첫 번째, 토지이용계획확인서를 보고 도시계획시설 도로개설 계획이 있는지 확인한다. 앞의 그림에서 확인 도면에 빨간선으로 그어진 도로계획이 도시계획시설 도로이고, '대로,중로,소로' 등으로 표시되어 있다.

두 번째, 시청 도시계획과에 전화한다. 해당 번지를 불러주고 도시계획시설 도로 결정고시일과 단계별 집행계획이 몇 단계인지 묻는다.

세 번째, 시청 도로과에 전화한다. 해당 번지를 불러주고 도로개설계획을 묻는다. 개설계획이 있다면 실시계획은 언제 수립하는지, 실시계획인가를 받았는지, 보상은 언제 하는지, 공사는 언제 시작해서 언제 끝날 계획인지 확인한다.

도로개설이 예정된 토지경매 사례

경매 물건을 검색하다가 오래된 주택을 한참 동안 들여다보았다. 주택과 도로 사이에 구거가 있고, 주택부지는 실제로는 맹지였다.

자동차로는 접근이 어렵고 옆 토지에 나 있는 통로로 출입이 가능했다. 주택을 허물고 다시 지으려고 해도 도로가 없어 건축허가를 받을 수 없는 토지였다.

| 구거로 도로와 단절된 주택 |

　물론 구거에 다리를 놓아 길을 만들면 되겠지만, 그 비용이 만만치
않아 겉으로 보기에 투자 대상으로는 부적합해보였다. 토지이용계획확
인서를 열람해보았다.

| 토지이용계획확인서 |

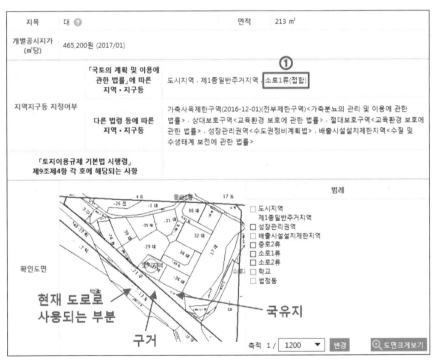

'소로1류(접함)'(①)라고 표시되어 있다. 이 토지와 현황도로 사이에는 구거가 있고, 구거부분이 '소로1류'로 지정되어 있었다. 그렇다면 소로1류(①)는 아직 개설되지 않은 도시계획시설 도로라는 결론을 내렸다. 시청 도시계획과에 전화해보았더니, 이 계획도로는 구거를 복개하여 만들어질 예정이며, 도시계획시설 결정고시는 1987년도에 했고, 곧 공사가 시작되어 1년 후에 완공 예정이라는 답변을 들었다. 경매정보를 아무리 들여다봐도 공사가 곧 시작된다는 이야기는 없었다. 여기까지 확인해본 사람은 많지 않을 것이라는 생각이 들었고 1회 유찰된 후에 입찰하여 낙찰받았다. 참고로 이 토지와 도시계획시설 도로 사이에 있는 삼각형 토지는 국유지로서 점용허가를 받아 차량 진입로로 사용하는 데 문제가 없다. 그 이후 1년의 시간이 지나자 더럽고 냄새나는 구거는 없어지고 멋진 도로가 만들어졌다.

| 도로가 개설된 후의 모습 |

이런 도로는 개인이 만들 수도 없고 설령 만든다고 해도 비용이 엄청

날 것이다. 낙찰받은 후 오래된 주택은 그대로 두었다. 도로가 개설되면서 사람들의 동선도 달라질 것이기 때문에 조금 더 관찰하면서 신축 건물의 용도를 정하기로 했기 때문이다. 1층은 상가, 2~4층은 원룸을 신축하기 위해 구상 중이다.

도로개설이 예정된 토지 투자 포인트

첫 번째, 가까운 시기에 도로가 개설되어야 한다. 도로가 개설된다고 하더라도 시간이 오래 걸린다면 돈이 묶인다. 따라서 그 일대의 도로개설 계획을 확인하고, 지자체 입장에서 계획도로 개설이 시급한지를 판단해야 한다.

두 번째, 도로계획이 취소될 경우를 대비해야 한다. 도로계획만 믿고 맹지를 샀는데 도로계획이 취소되면 문제가 된다. 그래서 도로계획이 취소되어도 그 토지를 다른 용도로 이용하거나 활용할 수 있는 방안이 있는지 검토해야 한다.

세 번째, 해당 사업구간이 터널이나 경사면, 교량으로 만들어지는 것은 아닌지 확인해야 한다. 터널, 경사면, 교량으로 만들어지면 도로 진출입이 되지 않기 때문에 도로개설의 의미가 없다. 현장 지형으로 보아 터널이나 경사면, 교량으로 사업이 진행될 가능성이 있는지를 판단해야 한다.

4장.
토지 투자의 블루오션,
미불용지 경매

경매에 나오는 물건은 참으로 다양하다. 그중에서도 가장 황당한 것 중 하나는 아스팔트로 포장된 도로가 경매에 나오는 경우다. 대부분이 개인 소유의 토지인데 도로로 사용되고 있는 것들이다. 국가에서 도로로 사용하면서 소유자에게 보상을 해주지 않은 토지인 것이다. 이런 토지를 낙찰받아 수익을 내는 것이 바로 미불용지 경매다.

미불용지란

경매 물건을 검색하다 보면 도로로 사용 중인 땅이 곧잘 보인다. 이런 물건을 보며 낙찰받아 통행료나 이용료를 받을 수 있지 않을까라는 생각을 하겠지만, 거의 대부분은 불가능하다. 도로로 사용되고 있는 토지는 일반인의 통행을 막지 못한다. 만약 차량 통행을 방해한다면 일반

교통방해죄에 해당한다. 그렇다면, 도로를 낙찰받는 사람들은 도대체 무슨 생각일까.

도로로 사용되고 있는 토지 중에도 보상받을 수 있는 경우가 있다. 바로 '미불용지'다. 이미 공익사업이 시행된 토지인데도 불구하고, 소유권은 개인에게 있고 보상금이 지급되지 않은 토지를 말한다. '미불용지'는 '미지급용지'로 용어가 변경되었으나 아직 현장에서는 '미불용지'로 불린다. 요즘에서야 국가에서 개인의 토지를 적합한 보상 없이 강제로 사용하는 경우가 없어졌지만, 일제 강점기 때나 6·25 전쟁 당시에는 보상 없이 개인 토지를 국가에서 사용한 경우가 많았다. 또한 보상금을 받지 않은 상태에서 공사를 승낙했지만 예산상의 이유로 보상이 지연되는 경우도 있었다. 미불용지는 이런 이유로 생겨났다.

미불용지 투자법

1) 미불용지 찾는 법

미불용지는 지목이 '도로'인 경우만 해당되는 것은 아니다. 지목이 '대'이거나 '전', '답'처럼 다른 지목인 경우에도 해당된다. 미불용지를 찾는 방법은 미불용지의 정의에 맞는 토지를 고르는 것이다. 미불용지는 ① 종전에 시행된, ② 공익사업의 부지로서, ③ 보상금이 지급되지 아니한 토지를 말한다.

'① 종전에 시행된'의 의미는 미불용지로 보상금을 신청하는 시점에서 과거에 시행된 사업이라야 한다는 것이다. 도시계획시설 도로예정지와 같이 미래에 개설할 예정인 도로부지는 사업이 시행되지 않았으므로 미불용지가 아니다.

'② 공익사업의 부지'의 의미는 도로로 사용 중이기는 하지만 과거에 공익사업으로 개설된 도로여야 한다는 것이다. 과거부터 자연발생적으로 만들어진 도로, 개인이 자신의 땅에 건물을 지으면서 개설한 도로, 주택단지를 만들면서 진출입로로 만든 도로는 공익사업에 의한 것이 아니므로 미불용지가 아니다.

'③ 보상금이 지급되지 아니한 토지' 요건에서 주의해야 할 것은 개인 소유로 남아 있다고 하더라도 이미 보상금이 지급된 토지일 수 있다는 점이다. 공익사업 시행자는 보상금을 지급하면서 토지소유자로부터 소유권 이전에 필요한 서류를 모두 받는다. 간혹 소유권 이전 서류를 받고서도 국가나 지자체 앞으로 소유권이전등기를 하지 않은 경우가 있는데, 이 경우는 미불용지가 아니다. 이미 보상금이 지급된 용지로 본다.

다음 경매 물건이 미불용지가 아닌 대표적인 경우다.

이 토지는 도로로 사용되고 있는 개인 소유의 토지이기는 하지만 공익사업으로 개설된 도로가 아니다. 개인이 건물을 지으면서 개설한 도로다.

어떻게 미불용지가 아니라는 사실을 알 수 있을까? 토지이용계획확인서를 확인해보자.

| 토지이용계획확인서 |

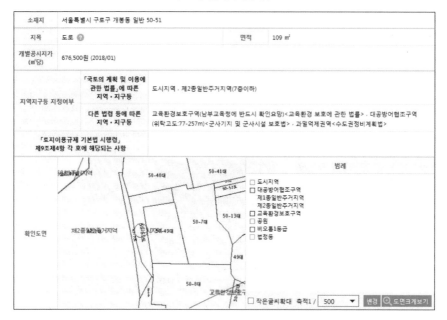

토지의 형상으로 보아 인근 토지인 50-49, 50-7의 진입통로로 사용되는 것으로 보인다. 이들 토지의 분할, 합병 이력과 건축시점을 조사해보면 다음과 같다.

| 주변 토지와 건물 이력 조사 결과 |

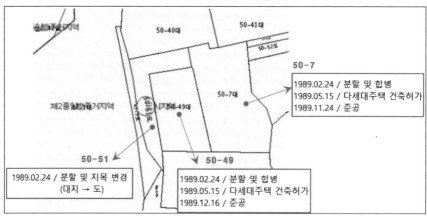

경매 토지와 인근 토지가 분할되고 합병된 시점이 1989.2.24로 동일하다. 또한 인근 다세대주택은 그로부터 몇 개월 후에 건축허가를 받아 준공되었다. 이 사실로 보아 경매 토지는 인근 토지에 건물을 짓기 위해 분할되고 지목이 도로로 변경되었다는 추론이 가능하다. 그렇다면 경매 토지는 개인이 건축을 위해 만든 도로일 뿐 공익사업으로 만들어진 도로가 아니다. 따라서 경매 토지는 미불용지가 아니라는 결론을 내릴 수 있다.

2) 미불용지 조사법

① 도로로 사용 중인 토지가 발견되면 토지대장(또는 임야대장)을 열람하여 분할이나 합병 시점, 지목 변경 시점을 확인한다. 또 분할된 나머지 토지에 건물이 있다면 건축물대장을 발급받아 건축년도와 건축주를 확인한다. 즉, 도로개설시점과 해당 토지의 변경이력을 비교하여 미불용지 가능성을 추정하는 것이다.

② 같은 도로에 속한 다른 토지의 토지분할 시점과 국가로 소유권이 이전된 시점을 확인한다. 대부분 토지가 국가나 지자체로 소유권이 이전된 경우라면 미불용지일 가능성이 높다.

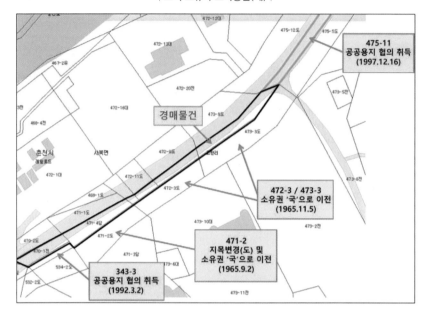
| 토지 소유자 조사방법(예) |

③ 지자체 도로과 미불용지 담당자에게 해당 토지가 미불용지인지를 확인한다. 미불용지 보상담당자는 그 도로에 속한 토지를 보상했거나 보상신청을 받아 검토한 경험이 있어, 도로의 노선만 보고도 알 수 있다. 미불용지라는 답변을 하면 그 도로의 과거 이력, 어떤 공익사업으로 개설되었는지, 개설경위와 시점, 보상예상시점 등을 확인한다.

| 미불용지 보상담당자의 확인 내용(예) |

> **시청 도로과 *** 주무관 (☎031-***-****)
- 본 도로는 비포장 상태로 군사용 도로로 사용되던 것이었는데 일반인들이 사용하게 되면서 관습적 도로로 사용되는 상태였음
- 그러다가 1986년도에 도시계획시설도로로 고시하였음
- 1998년도에 **택지지구와 **택지지구를 만들면서 본 건은 택지지구 사이 경계에 존재하는 상태였으며,
- **시에서는 도시계획시설도로로 공사를 진행하였음(1998.3.27~2003.3.31)
- 본 건외에는 모두 보상하였으며 본 건은 미불용지가 맞음

미불용지 경매 사례

경기도 파주시 파주읍 봉암리에 있는 농지가 공매로 나왔다. 지목이 '답'이기는 하지만 현황사진을 보면 아스팔트로 포장된 도로로 사용되고 있었다.

2013-___-001			입찰시간 : 2013-08-12 10:00~ 2013-08-14 17:00			공매2림(☎ 02-3420-5196)	
소재지	경기 파주시 파주읍 봉암리 ___		도로명주소검색				
물건용도	답	위임기관	고양세무서		감정기관	(주)___감정평가법인	
세부용도		집행기관	한국자산관리공사		감정일자	2013-04-29	
물건상태	낙찰	담당부서	조세정리부		감정금액	49,680,000	
공고일자	2013-05-08	재산종류	압류재산		배분요구종기	2013-06-24	
면적	답 414㎡				처분방식	매각	
명도책임	매수자	부대조건	농지(전, 답, 과수원 등)에 대해서는 농지법 제8조의 규정에 의거 농지취득자격증명을 발급 받을 수 있는 개인과 농업법인만이 소유권 이전등기를 받을 수 있고, 농지취득자격증명을 발급 받지 못하는 개인이나 일반법인이 농지를 낙찰 받은 후 농지취득자격증명을 발급받지 못하여 소유권이전등기를 할 수 없더라도 매각결정은 취소되지 않으므로 입찰자 책임 하에 사전 조사하고 입찰에 참가하시기 바랍니다.			
유의사항		인접필지와 경계구분 없이 이용중으로 정확한 경계는 지적측량을 요하므로 입찰전 현장확인 바람.					

• 입찰 정보(인터넷 입찰)

회/차	대금납부(납부기한)	입찰시작 일시~입찰마감 일시	개찰일시 / 매각결정일시	최저입찰가	결과
028/001	일시불(낙찰금액별 구분)	13.07.08 10:00 ~ 13.07.10 17:00	13.07.11 11:00 / 13.07.15 10:00	49,680,000	유찰
029/001	일시불(낙찰금액별 구분)	13.07.15 10:00 ~ 13.07.17 17:00	13.07.18 11:00 / 13.07.22 10:00	44,712,000	유찰
030/001	일시불(낙찰금액별 구분)	13.07.22 10:00 ~ 13.07.24 17:00	13.07.25 11:00 / 13.07.29 10:00	39,744,000	유찰
031/001	일시불(낙찰금액별 구분)	13.07.29 10:00 ~ 13.07.31 17:00	13.08.01 11:00 / 13.08.05 10:00	34,776,000	유찰
032/001	일시불(낙찰금액별 구분)	13.08.05 10:00 ~ 13.08.07 17:00	13.08.08 11:00 / 13.08.12 10:00	29,808,000	유찰
033/001	일시불(낙찰금액별 구분)	13.08.12 10:00 ~ 13.08.14 17:00	13.08.16 11:00 / 13.08.19 10:00	24,840,000	낙찰

📋 낙찰 결과

낙찰금액	25,840,000	낙찰가율 (감정가격 대비)	52.01%	낙찰가율 (최저입찰 대비)	104.03%
유효입찰자수	1명	입찰금액	25,840,000원		

혹시 미불용지가 아닐까라는 생각으로 파주시청 미불용지 보상담당자에게 물어보았다. 과거에 파주시에서 지정한 '시도'였는데 현재는 노선이 변경되었다고 한다. 미불용지가 맞긴 하지만 기존에 미불용지 보상이 접수된 건수가 너무 많아서 보상받기까지 5년 넘게 걸릴 거라고했다. 미불용지로 보상받는다 해도 5년 동안 보상받지 못하면 투자금만

묶일 것 같아서 섣불리 입찰하지 못했다. 그러다가 공매감정가의 절반 수준에서 낙찰받으면 5년 후에는 2배로 보상받을 수 있겠다는 생각이 들어서 결심하고 낙찰을 받았다. 또 미불용지는 지자체를 상대로 부당이득금 반환소송을 하면 보상 일정이 앞당겨진다는 얘기를 들었던 터라 한번 해볼 만하다는 생각이 들었다. 소유권이전등기를 하고나서 파주시청 도로관리사업소에 미불용지 보상신청서를 접수했다.

| 현장 사진 |

미불용지 보상신청서를 접수하면서 이상했던 점은 신청서에 접수번호를 부여하지 않는다는 점이었다. 그러면 보상순서를 보상담당자 마음대로 할 수 있지 않을까 의심되었다. 보상담당자는 장부를 별도로 관리하고 있으니 큰 문제가 되지 않는다고 말했지만 여전히 탐탁지 않았다. 한시라도 빨리 부당이득금 반환소송을 제기해서 미불용지 보상금 지급시기를 앞당기는 편이 더 나을 것 같아서 소송을 서두르기로 했다.

도로편입 체불용지 보상신청서

노 선 명	구시도 7호						
토지 소재지			지 번	지 목	지 적 (㎡)	도로편입 면적(㎡)	
시.군	읍.면	리.동					
파주시	파주읍	봉암리		답			
체불용지 보상신청조건	체불용지 보상신청에 따라 지적정리 및 감정평가를 실시하고 협의 보상 요청을 거부할 경우에는 소요된 제반비용을 변상함						

상기 체불용지보상신청 조건을 승낙하고, 공익사업을위한토지등의취득및보상
에관한법률 시행규칙 제25조 1항의 규정에 의한 감정평가금액으로 협의보상 받
고자 도로편입 체불용지의 보상을 신청합니다.

2013년   월   일

신청인 주소 :

성   명 :

연 락 처 :

파 주 시 장   귀 하

보상 신청시 구비서류	①토지등기부등본1부 ②토지대장1부 ③지적도1부
보상금 수령시 구비서류	①토지등기부등본1부 ②토지대장1부 ③인감증명2통 ④주민등록초본1부 ⑤통자사본1부 ⑥인감도장

미불용지 소유자는 자신의 토지를 도로로 사용하고 있는 국가를 상대로 지료를 청구할 수 있다. 지료 청구의 원인은 부당이득이다. 토지소유자가 건축행위 등 토지를 사용·수익할 수 있는 권한을 침해당했고 국가는 개인 재산을 도로로 사용하는 이득을 취하고 있다. 그래서 부당이득금 반환청구가 가능하다. 부당이득금 반환청구는 별도의 청구 절차가 존재하는 것이 아니고 민사소송에 의한다.

미불용지의 소유자는 지자체로부터 부당이득금을 수령하면서 미불용지가 보상될 때까지 기다릴 수 있다. 부당이득금 산정기준은 미불용지 감정평가액을 기준으로 정기예금금리, 국·공채 수익률 등을 고려하여 평가된 기대이율을 곱해서 산출한다. 그렇다면 미불용지 소송의 피고는 누구일까? 도로는 불특정 다수가 이용하지만 도로 관리책임이 지자체여서 부당이득금 반환소송도 지자체를 상대로 해야 한다.

| 부당이득금반환소송 소장 |

소   장

원 고

피 고   파주시

대표자 파주시장 이   재

부당이득금반환청구의 소

청 구 취 지

1. 피고는 원고들에게 2013. 9. 6.부터 별지 목록 기재 부동산 인도완료일까지 매월 금1,147,200원의 비율에 의한 금원을 지급하라.

2. 소송비용은 피고의 부담으로 한다.

3. 위 제1항은 가집행할 수 있다.

라는 판결을 구합니다.

소장을 접수할 때까지만 해도 앞으로 닥쳐올 일을 전혀 예상하지 못했다. 미불용지 보상담당자가 미불용지라고 확인해주었고 미불용지 보상신청서까지 접수한 상태였다. 당연히 소송은 아무런 쟁점 없이 승소할 것이고, 파주시로부터 부당이득금을 받으면 보상일정도 앞당겨질

것이라고 단순하게 생각했다. 그런데 얼마 후 파주시로부터 답변서를 받고 깜짝 놀랐다.

답 변 서

피고의 소송대리인은 다음과 같이 답변합니다.

청구취지에 대한 답변
1. 원고의 청구를 기각한다.
2. 소송비용은 원고의 부담으로 한다.

청구원인에 대한 주장 (요약)

1. 이 사건 토지는 과거부터 현황도로로 사용되면서 1997.12.15. 시도7호선으로 다시 2008.12.29. 면도103호선으로 관리되고 있다.

2. 1966년 제작된 지도를 보면 이미 2차선 비포장도로가 존재하는 바 <u>과거부터 현황도로가 있었다.</u>

3. 이 사건 토지의 전 소유자가 토지를 분할하였고 나머지 토지는 대지로 바꾸면서 통행로로 사용하는 동시에 <u>일반공중의 통행로로 무상제공하여 독점적이고 배타적인 사용수익권을 포기</u>하였다.

4. 원고는 이 사건 토지를 취득시 도로로 사용되고 있는 사정을 알고 있었고 사용·수익할 목적으로 취득한 것이 아니므로 <u>매수인에게 어떠한 손해가 발생하는 것이 아</u>니다.

입증방법 (☞ 목록만 나열)
: 토지카드대장, 시도7호선 및 면도103호선 경기도보, 이동정리결의서,
토지등기부등본, 1966년 지도, 토지분할신청서, 토지지목변경신청서

파주시에서는 1966년 지도에서 현황도로가 존재했다고 주장했다. 따라서 그 이전의 항공사진을 구해서 현황도로가 없었음을 증명하면 될 것이라 생각했다. 문제는 파주시 일대는 군사지역이라 위성지도나 항공사진이 일반에게 제공되지 않는다는 점이다. 1966년 이전 위성지도

는 발견하지 못했지만 일제시대인 1915년 작성된 지적도를 찾아냈고 당시 지적도에는 도로가 존재하지 않았음을 확인했다.

| 일제시대 지적도 |

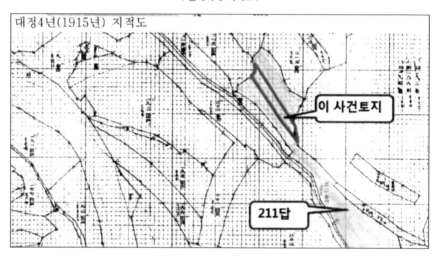

| 2012년 보상된 인근 도로부지 |

순위번호	등 기 목 적	접　수	등 기 원 인	권 리 자 및 기 타 사 항
3	공유자전원지분전부이전	2012년3월15일 제19294호	2012년3월13일 공공용지의 협의 취득	소유자 파주시

[토지] 경기도 파주시 파주읍 봉암리　　　　고유번호 1156-1996-0

이를 바탕으로 다음과 같이 준비서면을 작성하여 제출했다.

준 비 서 면

사 건 2014가소 3*** 부당이득금
원 고 ○ ○ ○
피 고 파주시

당사자 간 위 사건에 관하여 다음과 같이 준비서면을 제출합니다.

(중략)

1. 1915년 일제시대 지적도는 그 당시 사용현황을 기준으로 작성한 것이다. 그 이후부터 1966년 사이에 도로가 만들어졌고 국가에서 적법한 취득절차로 토지를 점유한 것을 증명하지 못하는 이상 개인의 토지를 무단으로 사용하고 있는 것이다.

2. 전 소유자의 토지분할은 공로 출입용도나 일반 공중의 통행로로 제공하기 위한 것이 아니라 이미 국가에서 무단으로 도로로 사용 중이어서 어쩔 수 없이 분할한 것이다.

3. 이 사건 토지가 있는 도로 상에 존재하는 토지로서 불과 180미터 떨어진 거리에 있는 토지도 2012.3.경 공공용지 협의취득절차가 진행되어 보상되었다.

결과는 다행히 승소였다. 아주 적은 금액이긴 하나, 매월 파주시로부터 89,010원의 부당이득금을 받게 되었다. 미불용지 감정평가금액 53,000,000원 기준으로 2%의 기대이율로 계산되었다.

비록 부당이득금은 적었으나 승소했고, 미불용지 부당이득금 반환소송의 쟁점은 무엇이며 미불용지 감정평가는 어떤 기준으로 진행되는지 상세히 알게 되었다는 사실이 중요했다.

의정부지방법원 고양지원 파주시법원
판 결

사 건   2014가소3   부당이득금

원 고

피 고   파주시

변 론 종 결   2015. 2. 6.

판 결 선 고   2015. 3. 27.

주 문

1. 피고는 원고에게 1,068,120원과 이에 대하여 2014. 8. 15.부터 2015. 3. 27.까지는 연 5%, 그 다음날부터 다 갚는 날까지는 연 20%의 각 비율로 계산한 돈과 2014. 9. 6.부터 파주시 파주읍 봉암리 211-5 답 414㎡에 대한 피고의 점유 종료일 또는 원고의 소유권 상실일까지 월 89,010원의 비율로 계산한 돈을 지급하라.

2. 소송비용은 이를 3분하여 그 2는 원고가, 나머지 1은 피고가 각 부담한다.

그 후 필자는 부당이득금을 받으면서 기다렸고, 얼마 전 2019년 4월에 파주시에서 보상을 통보해왔다. 최종 보상금은 58,788,000원이었다. 조금 더 낮은 가격으로 낙찰받았다면 더욱 좋은 결과였을 것인데 아쉽지만, 지금까지의 투자 결과를 정리해보자.

· 투입금액 : 2,778만 원 (낙찰가 + 부대비용)

· 보상금액 : 5,878만 원

· 부당이득금 수령액 : 600만 원 (5년 7개월)

· 수익금액 : 3,700만 원 (세전)

· 투자기간 : 5년 7개월

· 수익률 : 133% (연 수익률 23%)

미불용지 경매 투자 포인트

첫 번째, 지자체의 미불용지 보상예산과 보상시점을 확인한다. 미불용지라도 보상대상 토지는 많고 보상예산이 얼마 되지 않는다면 보상까지 오래 걸린다. 앞의 파주시 사례처럼 보상 대상 토지가 많은 지자체가 많다. 반드시 지자체 미불용지 보상담당자에게 보상 가능 시점을 확인하고 투자 여부를 판단해야 한다. 만약 보상까지 오래 걸린다면 충분히 낮은 가격에 낙찰받아야 한다.

두 번째, 미불용지라도 배타적인 사용·수익권이 포기된 토지라면 더욱더 보상시점을 확인해야 한다. 부당이득금반환청구를 하지 못하기 때문이다. 배타적인 사용·수익권 포기란 이전 소유자 중 어느 누구라도 사용·수익권을 포기한 적이 있는 토지는 부당이득금의 청구를 인정하지 않는다는 것이다. 예를 들어 경기도 하남시 초이동 00번지 도로 부지가 A→B→C로 소유권이 이전되었다가 경매로 D가 낙찰을 받았다고 가정하자. 과거에 A, B, C 중 누구라도 사용·수익권을 포기한 사실이 있다면 D는 부당이득금을 청구할 수 없다.

배타적인 사용·수익권 포기로, 부당이득금을 청구할 수는 없는 미불용지는 다음과 같다. 다만, 배타적인 사용·수익권을 포기했다 하더라도 미불용지로 보상받을 수 있는 토지인 점은 분명하다.

① 자연발생적으로 만들어진 도로로 사용 중이었던 토지를 국가나 지자체가 도로로 개설하여 사용하고 있는 경우

→ 이미 도로로 사용 중이었던 토지이기 때문에 국가나 지자체가 도로로 사용하더라도 토지 소유자에게 손해가 발생되는 것도 없고 지자체도 아무런 이익을 얻은 바가 없기 때문이다.

② 토지 소유자가 토지의 일부를 도로부지로 무상 제공하여 주민들이 그 토지를 무상으로 통행하게 된 경우

③ 토지 소유자들이 도로 확장사업에 자발적으로 참가하여 토지의 도로 사용에 대한 동의서를 제출한 경우
→ 토지에 대한 사용·수익권을 포기한 것으로 보아 부당이득금반환청구를 할 수 없다.

④ 토지 소유자가 토지를 분할하여 매도하면서 중앙에 토지를 남겨두었고, 그 토지가 나머지 토지들의 유일한 통행로로 사용되어 온 경우
→ 소유자가 남겨진 토지 부분의 사용·수익권을 포기한 것으로 본다. 또한 이러한 토지를 경매로 낙찰받은 자는 사용·수익의 제한을 용인하거나 알고서 취득한 것으로 본다. 그래서 독점적이고 배타적인 사용·수익권을 행사할 수 없으며, 국가나 지자체에 부당이득금 반환 청구도 할 수 없다.

세 번째, 미불용지 보상감정평가 기준을 잘 알아야 한다. 일반적으로 토지는 현재 사용되고 있는 상태를 기준으로 감정평가한다. 하지만, 미

불용지는 현황인 도로로 보상감정평가를 하지 않는다. 미불용지는 과거의 공익사업이 이루어질 당시에 이용상황을 가정하여 평가한다. 현재 도로로 사용 중이지만 과거 공익사업이 시행될 때 보상이 되었어야 하는데 실제 보상이 이루어지지 않은 것이기 때문이다.

과거의 공익사업이 이루어질 당시에 이용상황이란 종전의 공익사업에 편입될 당시의 지목이나 지형, 지세, 면적, 도로와의 접근성 등을 말한다. 종전의 공익사업으로 인하여 변경된 사항들은 제외하고, 종전의 공익사업이 아닌 다른 절차로 변경된 경우에는 이를 보상감정평가에 반영해야 한다.

예를 들어, 용도지역이 관리지역이고 지목이 '답'인 토지가 있었는데, 원래 이 토지는 도로에 접하지 않은 맹지였다. 이후 그 토지에 공익사업으로 도로가 개설되었지만 보상금을 받지 못한 상태에서 이 토지 일대가 용도지역이 일반주거지역으로 변경되고 도시화가 진행되었다. 이 토지가 미불용지라고 한다면 보상금액은 어떤 기준으로 산정될까? 이 토지에 도로가 개설되지 않았다는 가정 하에 감정평가를 한다. 지목은 '답'이고 도로가 없는 맹지로 평가된다. 다만, 도로를 만든 공익사업과는 별개로 용도지역이 관리지역에서 일반주거지역으로 변경되었다면, 이 미불용지는 용도지역이 일반주거지역이고 지목이 '답'인 맹지로 평가한다.

미불용지라도 과거 공익사업이 시행될 당시에 불특정 다수의 통행에 사용되고 있었던 경우가 있다. 이런 토지는 인근 토지 평가액의 1/3 이내로 평가한다.

경쟁하지 말고 차별화하라

부동산 경매에 새롭게 뛰어드는 사람이 많다보니 경매로 낙찰받기가 쉽지 않다고 한다. 그래서인지 어떤 물건에 투자하느냐는 질문을 많이 받는다. 이 질문에 대한 대답은 "돈 되는 물건에 투자합니다"이다. 질문하는 사람은 아마도 아파트, 상가, 오피스텔, 토지 등 부동산 분류나 유치권, 법정지상권, 대지권미등기 등 특수물건의 종류에 대해 질문한 것일 수도 있다.

그러나 나는 물건의 종류를 가리지 않고 사람이 치열하게 경쟁하지 않는 물건에 입찰한다. 경쟁률이 낮아야 낮은 가격으로 낙찰받을 수 있고 수익을 올리기 쉽기 때문이다. 불과 몇 년 전만 해도 특수물건은 해법이 어렵기 때문에 일부 경매고수들의 전유물이었다. 그래서 일반물건과 특수물건의 분류기준은 하수와 고수의 경계와 같았다. 하지만 요즘은 용기와 도전정신으로 똘똘 뭉친 투자자들이 특수물건에 뛰어들고 있다. 풍부한 실전경험을 겸비한 경매고수들은 여전히 특수물건에서 초과 수익을 얻고 있기는 하지만 시간이 지날수록 더욱 과열될 것은 분명하다. 특수물건의 해법이 이미 공개되어 있기 때문이다. 최근에는 특수물건의 해법을 다뤘지만 이해하기 쉽도록 잘 쓰여진 전문서적도 있다.

개인적으로, 많은 도움을 받았고 자주 활용하고 있는 '셀프 소송의 기술' 이라는 책을 추천한다.

예를 들면, 재건축해야 할 것 같은 오래된 주택이 경매에 나왔다. 대부분은 주택의 가격이나 임대료가 궁금할 것이다. 그러나 고수는 남들과 다른 생각을 하는 사람이다. '재건축을 하면 어떤 규모의 주택을 지을 수 있을까?', '한 층을 더 증축할 수 있을까?', '건물을 다른 용도로 바꿀 수는 없을까?' 등의 생각을 할 수 있어야 한다.

많은 경쟁자들이 유치권이 신고된 물건만 조사해서 유치권을 깰 궁리를 하고, 권리신고를 하지 않은 선순위임차인이 있는 물건만 골라 혹시 가짜 임차인이 아닌지를 조사할 때 이에 더하여 미래가치가 뛰어난 부동산을 고를 수 있는 눈을 만들어야 한다. 그래야 남들과는 다른 것을 볼 수 있다. 눈에 보이지 않는 가치를 알아봐야 치열한 경쟁에서 벗어날 수 있다.

경쟁하지 말고 차별화하라!

5부

고수들의
토지 매매와 절세

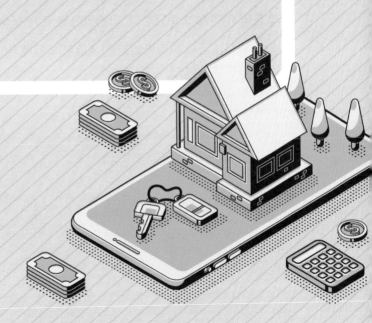

토지 투자에 있어 마지막 방점은 매도와 절세다. 경매 토지를 얼마에 팔수 있는지, 또 어떻게 해야 더 높은 가격을 받을 수 있는지, 양도소득세를 어떻게 줄일 것인지가 중요하다. 마지막으로 토지가격 조사법, 적정 토지가격 산출법, 양도소득세 산출방법과 절세요령에 대해 알아보려고 한다.

1장.
꼼꼼한 토지가격 조사요령

경매의 장점은 시세보다 싸게 사는 것인 만큼 시세 파악이 중요하다. 그러나 아파트와 달리 토지는 가격을 조사하기 쉽지 않다. 아파트는 실거래 신고가격만으로도 거의 비슷하게 판단할 수 있지만, 토지는 위치나 도로조건 등 개별적인 요인으로 인한 가격 격차가 크기 때문이다.

경매 감정평가금액 역시 맹신할 것이 못 된다. 토지 감정평가가격은 종종 실제 시세보다 높거나 낮게 평가되기도 한다. 감정평가금액보다 낮게 낙찰받았다고 반드시 싸게 산 것은 아니다. 개별공시지가도 마찬가지다. 오히려 개별공시지가가 시세보다 높은 곳들도 있다.

토지가격을 조사하는 방법에는 3가지가 있는데, 실거래가격을 조사하거나 부동산 중개업소를 통하는 방법, 거래사례를 조사하는 방법이 그것이다.

토지실거래가 조사

토지실거래가격을 조사하는 방법이다. 토지실거래가격은 국토교통부 실거래가 공개시스템(http://rt.molit.go.kr/)에서 확인할 수 있다.

| 국토교통부 실거래가 공개시스템 메인 화면 |

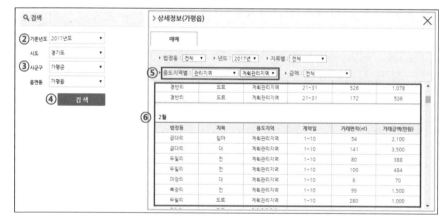

실거래가 공개시스템 홈페이지에서 토지(①)를 클릭한다.

| 실거래가 조회 |

다음 화면에서 기준연도(②)와 지역(③)을 선택하고 검색(④)을 누른 후 용도지역(⑤)을 선택한다.

그러면 실거래가 자료(⑥)가 조회되는데, 면적단위당 거래금액을 환산하면 대략적인 가격을 알 수 있다. 하지만 이 자료만으로는 정확한 가격을 파악할 수 없다. 개인정보 보호를 위해 거래된 땅 지번 정보를 제공하지 않기 때문이다. 도로에 접한 땅인지, 안쪽 땅인지, 모양이 삼각형인지 사각형인지도 모른다. 하지만 대략적인 가격과 동향을 파악할 수 있기 때문에 유용하다.

부동산 중개업소를 통한 조사

중개업소를 방문할 때는 최대한 많은 중개업소를 방문하는 것이 좋다. 그래야 정확한 정보를 주는 중개업소를 만날 가능성이 높아지기 때문이다. 그러기 위해서는 정확한 목표를 가지고 가야 한다. 목표에 따라 문의 방법도 달라진다. 팁을 주자면 경매 토지에 대해 직접 문의하는 것이다. 그러면 대상이 확실하기 때문에 이야기가 겉돌지 않으며, 솔직하고 숨김없이 상담할 수 있다. 대상토지 거래가격에 대한 의견을 나눌 수도 있고 개발방향에 대한 이야기를 들을 수도 있다.

또 다른 방법은 매수자로 위장을 하는 것이다. 이런 경우에는 주변의 다양한 매물과 전반적인 분위기, 시세 등을 확인할 수 있다. 이때 주의할 점은 뚜렷한 토지매입 목적과 진실성을 보여줘야 한다는 것이다. 만약 목적이 불분명하다고 느껴지면 중개인에게 성의 있는 대답을 듣긴 힘들다. 다른 목적을 생각해내기 힘들다면, 전원주택 부지를 보러 왔다거나 또는 투자해서 묻어둘 땅을 사러 왔다고 하면 된다. 이는 대부분의 토지 매수자들이 부동산을 방문하는 목적이기도 하다. 또한, 투자금액도 미리 설정하면 구체적인 정보를 습득할 수 있다.

부동산 중개업소 방문 조사 시
주의할 점

1. 평균적인 가격이다. 토지는 각각 입지, 면적, 도로조건 등이 다르기 때문에 중개사들이 말하는 가격은 평균적인 가격일 확률이 높다. 매수하려는 토지를 그 가격으로 매도할 수 있다고 속단하면 안 된다.

2. 면적기준 가격이다. 토지의 가치가 아닌 면적기준으로 가격을 말한다. 예를 들면 건축선 후퇴가 되는 토지라도 그 면적을 제외하지는 않는다. 그래서 투자자 스스로 토지의 가치를 판단할 수 있어야 한다.

3. 너무 믿지는 말자. 공인중개사라고 해도 토지에 대해서는 잘 모르는 경우도 많다. 스스로 토지의 기본지식을 습득하고 난 후, 공인중개사와 대화하면 그들의 실력을 짐작할 수 있다.

4. 잠재적인 경쟁자다. 그들도 경매에 입찰하려 할 수도 있다. 그래서 절대적인 믿음을 갖지도 믿지도 말고 파악한 정보를 유출하지도 말아야 한다.

5. 현혹당하지 말자. 그들이 이야기하는 장밋빛 개발계획에 현혹당해 처치곤란인 그들의 매물을 매수하게 될 수도 있다.

토지 거래사례 조사

 거래사례는 현장임장을 통해서 찾을 수 있다. 중개업소를 통해 알 수도 있지만 인근 주민들에게서도 정보를 얻을 수 있다. 어느 땅이 얼마에 거래됐다는 얘기를 들었다면 그 땅의 등기부등본을 열람하여 거래금액을 확인한다. 거래사례를 찾는 다른 방법은 경매감정평가서를 보는 것이다. 모든 감정평가서에 거래사례가 있는 것은 아니지만 그 지역의 과거 경매나 공매 물건을 찾아보면 알 수 있다.

| 경매감정평가서에 나온 거래사례 |

(마) 인근 거래사례

일련번호	소재지	용도지역 지목	거래가액	거래시점 (사용승인)	토지면적 (건물면적)	비고
#1	남정리 █████ 외	자연녹지 대	총 450,000,000원 (약 @557,000원/m²)	2014.12.05. -	807m² -	일괄
	의견	1) 토지만의 거래사례임. 2) 토지가격 : 450,000,000 / 807m² ≒ 557,000원/m²				
#2	남정리 █████	자연녹지 전	총 300,000,000원 (약 @454,000원/m²)	2015.06.16. -	660m² -	-
	의견	1) 토지만의 거래사례임. 2) 토지가격 : 300,000,000 / 660m² ≒ 454,000원/m²				

(출처: 등기사항전부증명서 등)

 거래사례를 찾는 또 다른 방법은 전문사이트를 이용하는 것이다. 그중 유용한 사이트가 밸류맵(https://www.valueupmap.com)이다. 이 사이트는 무료이며, 밸류맵에 주소를 입력하면 주변 토지 거래가격이 뜨기 때문에 손쉽게 토지 거래사례를 정말 쉽게 얻을 수 있다. 하지만 밸류맵에 모든 거래사례가 뜨는 것은 아니므로 다양한 경로로 거례사례를 찾을 수 있어야 한다.

　이처럼 실거래가 분석을 통해서 평균적인 토지가격을 조사하고, 부동산중개업소를 통해서 가격에 대한 의견을 듣고 매물시세도 파악하고, 또 거래사례를 조사하면 대략적으로 그 지역의 토지가격이 어느 정도에 형성되어 있는지 알 수 있다.

2장.
매도 가능한 토지가격 산출하기

토지의 적정가격이란 충분히 매도할 수 있는 가격을 의미한다. 매도하는 입장이라면 소유 토지의 장점을 돋보이게 해서 비싸게 팔아야 하고, 매수하는 입장이라면 단점을 부각시켜 싸게 사야 한다. 결국 토지 매매가격도 아는 만큼 올리거나 깎을 수 있다. 그러면 어떤 관점에서 토지의 적정가격을 산출하는지 그 방법에 대해 알아보자.

거래사례로 토지가격 정하기

토지가격을 산출하는 가장 일반적인 방식이다. 인근 토지의 거래가격을 기준으로 토지가격을 산출한다. 그런데 이 방식의 경우는 모든 토지들이 똑같지 않다는 점에 유의해야 한다. 토지마다의 차이점을 비교하고 토지가격을 산출해야 한다. 토지의 가격 요인에는 입지, 규제, 전망, 개발비용 4가지가 있다. 이 항목들을 비교하여 적정 토지가격을 판단해야 한다.

첫 번째, 입지다. 입지가 좋은 토지가 당연히 더 비싸다. 이는 지역, 접근성, 주변환경으로 판단한다.

두 번째, 규제다. 규제가 없는 토지가 더 비싸다. 지을 수 있는 건물의 종류가 많고 다양한 용도로 활용할 수 있는 토지가 가격이 더 높은 것은 당연하다. 앞에서 설명한 '건물을 지을 수 있는가?', '어떤 건물을 지을 수 있는가?', '어떤 규모로 지을 수 있는가?'는 이들 모두가 규제에 관련된 지식이다. 이 지식을 활용하면 어느 토지가 규제가 많은지 알 수 있고 서로 비교할 수 있다.

세 번째, 전망이다. 전망은 조망이 아니라 미래를 내다보는 것을 말한다. 전망은 입지와 규제 모두와 관련이 있는데, 입지가 좋아지는 토지가 전망이 좋은 토지다. 물론 가격이 더 오르기 때문이다. 주변이 개발된다든가, 도로가 새로 생긴다든가, 주변 혐오시설이 이전하는 토지 등을 들 수 있다. 또 규제가 완화되는 토지도 전망이 좋다. 더 다양한 건물을 지을 수 있거나 더 큰 건물을 지을 수 있기 때문이다.

네 번째, 개발비용이다. 개발비용이 적게 드는 토지가 더 비싸다. 개발비용이 토지 원가에 반영되기 때문이다. 토지의 개발비용은 전용허가 비용도 있고, 토지의 경사나 높낮이 때문에 발생하는 형질변경 비용도 있고, 도로를 확보하거나 하수도를 설치하는 비용도 있다. 이런 비용이 어느 정도 들 것인지 조사해서 비교해야 한다.

매수하려는 토지와 거래사례를 이 항목들로 비교하면 매수하려는 토지의 가격을 더 정확하게 판단할 수 있다. 꼼꼼히 비교하고 분석하면 강한 확신이 든다. 그러면 자신 있게 토지를 매수할 수 있다.

개발이익으로 토지가격 산출하기

토지를 개발해 토지가격을 높이는 방법은 개발업자들의 전통적인 수익모델이다. 토지개발이라고 해서 너무 거창하게 생각할 필요는 없다. 개발업자가 아닌 일반 투자자들도 할 수 있는 비교적 난이도가 낮은 방법도 있다. 약간의 비용을 들여 훨씬 더 높은 가격으로 만들 수만 있다면 돈 버는 것은 어렵지 않다. 토지개발 실력을 갖추면 조금 더 높은 가격으로 토지를 매수해도 된다. 즉, 개발이익을 고려했을 때는 매입하고자 하는 토지가격 산출기준이 달라진다는 것이다. 개발 후의 토지가격에서 개발비용을 뺀 가격이 토지 매입가격의 마지노선이 된다.

개발 전 토지의 최저가격 기준 = 개발 후의 토지가격 − 개발비용

예를 들면, 어떤 지역에 도로가 없는 약 500평 정도의 맹지가 있다고 하자. 그 맹지 가격은 평당 20만 원 수준이고, 주택을 지을 수 있는 토지는 평당 50만 원 이상을 받을 수 있다고 한다. 따라서 이 맹지의 가격은 현재는 1억 원인데 주택을 지을 수 있는 토지로 바꾸면 가격이 2억 5,000만 원이 된다. 인근 토지소유자로부터 토지의 일부를 5,000만 원에 매입해 맹지에서 벗어날 수 있다면 1억 원을 벌 수 있다.

- 맹지의 가격 : 500평 × 20만 원 = 1억 원
- 개발비용(도로개설비) : 5,000만 원
- 개발 후의 토지가격 : 500평 × 50만 원 = 2억 5,000만 원
- 수익 : 2억 5,000만 원 − 1억 원 − 5,000만 원 = 1억 원

이렇다면 맹지를 1억 원보다 조금 더 주고 사도 되고, 매입 가격의 마지노선은 최대 2억 원이 된다. 물론 2억 원을 주고 사면 이익이 없기 때문에 매입할 이유가 없긴 하지만, 기억해야 할 것은 누군가 싸게 사려고 애쓸 때 또 다른 누군가는 비싸게 사고도 이익을 낸다는 점이다.

따라서 토지 투자자는 간단한 개발로 토지가격을 올릴 수 있는 방법들에 대해 연구해야 한다. 그 방법으로는 다음의 몇 가지가 있다.

- 맹지에 도로를 내어 팔기
- 푹 꺼진 땅을 성토해서 팔기
- 인접 토지와 합병하거나 분할하여 팔기
- 개발허가를 받은 후 팔기

이외의 방법들도 있겠지만, 공통적인 것은 더 비싼 땅과 비교해서 가격이 왜 싼 것인지를 파악하고 그 단점을 보완하는 것이다.

사업 수익으로 토지가격 산출하기

토지개발로 수익을 올릴 수 있다면 그 토지가격은 현재 상태보다 더 높은 가치가 있다고 했다. 하지만 여기에 사업까지 확장하면 더 큰 가치를 창출할 수 있다. 그런 경우에 토지가격은 인근 거래사례나 개발수익으로 계산한 가격과는 다르다. 사업을 통해 얼마나 수익을 창출할 수 있느냐에 따라 부동산의 가치는 크게 달라진다. 수익이 많이 나오는 부동산은 그 수익을 기준으로 가격이 정해지기 때문이다. 사업 수익이 큰 토지는 토지가격을 산출할 때 사업 수익으로 인한 가치 상승까지 고려하여 판단해야 한다.

토지가격 = 사업 수익을 감안한 가격 - 개발비용

예를 들어, 도심에 있는 단독주택의 위치가 좋다면 리모델링하거나 신축하여 직접 원룸이나 쉐어하우스로 운영할 수도 있다. 월세가 안정적으로 들어오고 수익이 나기 시작하면 그 수익을 기준으로 주택의 매매가격이 정해진다. 또한 허름한 농가주택을 경매로 싸게 사서 리모델링한 후 민박사업을 할 수도 있다. 주변에 볼거리가 있고 경치가 좋다면 수익도 좋다.

대부분의 사람들은 토지를 낙찰받아 단순 시세차익을 올리거나 개발 후의 차익을 기대한다. 하지만 토지 투자와 사업이 만나면 더 큰 시너지 효과를 낸다. 사업으로 수익을 많이 내게 되면 사업 수익뿐만 아니라 부동산의 가치 또한 상승한다. 따라서 창업을 토지 투자와는 전혀 별개의 것으로 생각하지 말고 창업박람회도 부지런히 다니고 항상 새로운 사업과 연계하여 수익 창출을 위해 노력할 필요가 있다.

칼럼

토지 합병을 생각하라

대로변에 있는 좁고 긴 토지가 경매에 나왔다.

2014타경3 ㅇㅇㅇㅇ	• 서울중앙지방법원 본원 • 매각기일 : 2015.08.05(水) (10:00) • 경매 6계(전화:02-530-1818)

소 재 지	서울특별시 관악구 신림동 757-28 도로명주소검색

물건종별	근린시설	감 정 가	146,152,500원
토지면적	20㎡(6.05평)	최 저 가	(100%) 146,152,500원
건물면적	7.5㎡(2.269평)	보 증 금	(10%) 14,620,000원
매각물건	토지·건물 일괄매각	소 유 자	박ㅇㅇ
개시결정	2014-12-11	채 무 자	박ㅇㅇ
사 건 명	임의경매	채 권 자	ㅇㅇㅇ파트너스

구분	입찰기일	최저매각가격	결과
1차	2015-08-05	146,152,500원	

낙찰 : 153,461,000원 (105%)
(입찰2명,낙찰:
차순위금액 149,760,000원) /
매각결정기일 : 2015.08.12 - 매각허가결정
대금지급기한 : 2015.09.23
대금납부 2015.09.22 / 배당기일 2015.10.29
배당종결 2015.10.29

• 매각토지.건물현황 (감정원 : 지녕감정평가 / 가격시점 : 2014.12.16 / 보존등기일 : 2010.08.24)

목록	지번	용도/구조/면적/토지이용계획	㎡당 단가 (공시지가)	감정가	비고
토지	신림동 757-28	도시지역, 제2종일반주거지역(7층이하), 도로(접합),가축사육제한구역...	대 20㎡ (6.05평)	7,200,000원 (5,654,000원)	144,000,000원	
건물	난곡로 237 [신림동 757-28] 서울중앙지방법원 경량철골구조 기타지붕	1층 점포	7.5㎡(2.269평)	287,000원	2,152,500원	* 사용승인:2010.08.20 * 공부상 4.54㎡
감정가	토지:20㎡(6.05평) / 건물:7.5㎡(2.269평)		합계	146,152,500원	일괄매각

토지 면적이 20㎡밖에 되지 않는다. 하지만 대로변에 있기 때문에 평당 2,400만 원, 전체 1억 4,600만 원으로 감정평가되었다. 그런데 신건에 1억 5,000만 원을 넘겨 낙찰받았다. 왜 그랬을까?

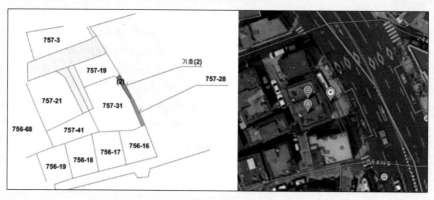

　나는 이 경매 토지만 보고 낙찰받은 것은 아니다. 바로 왼쪽에 있는 757-31(약 66평)과 합친다는 생각으로 접근했기 때문이다. 이 지역에는 대로변에 있는 토지는 평당 3,000만 원 정도이고 골목길 땅은 평당 1,300만 원이라고 조사되었다. 평소 친분 있는 감정평가사에게 입찰하기 전에 이 경매 토지 가격을 물어보니 땅 모양이 좋지 않고 면적이 작기 때문에 평당 3,000만 원은 받지 못하고, 경매감정가가 적정하다는 의견이었다. 반면에 757-31번지에는 오래된 빌라가 있었지만 큰 도로에 접하지 않아 평당 1,300만 원인 땅이다. 하지만, 이 둘을 합하면 면적이 약 70평인 네모반듯한 토지가 된다. 큰 도로에 접한 평당 3,000만 원 토지로 바뀐다.

　합병 전 토지가격 = 6평 × 2,400만 원 + 66평 × 1,300만 원
　　　　　　　　　 = 10억 200만 원

　합병 후 토지가격 = 72평 × 3,000만 원 = 21억 6,000만 원

토지 합병만 된다면 무려 2배 가까이 가격이 오르게 된다. 다만, 토지는 무조건 합병할 수 있는 것이 아니고 조건에 맞아야만 합병을 할 수 있다. 합병을 생각할 때는 이 조건들을 잘 알고 있어야 한다.

- 소유자가 같아야 한다.
- 동·리 등 지번부여 지역이 같아야 한다.
- 합병하려는 각 필지 사이에 다른 필지가 끼어 단절되어 있는 경우에는 합병할 수 없다.
- 토지 소유자별 공유지분이 같아야 한다.

작고 못생긴 땅이 나오면 그냥 흘려보내지 말고, 다른 땅과 합병하여 새로운 가치를 만들 수 있는가를 잘 살펴보는 것도 돈 되는 토지를 잘 고르는 노하우다.

3장.
매도 시 납부할 세금 계산하기

부동산은 취득·보유·매도 단계에서 모두 세금을 내야 한다. 취득과 보유 단계에서 내는 세금은 금액이 별로 크지 않지만, 매도 단계에서 내는 양도소득세는 금액이 아주 크다. 따라서 부동산 양도소득세를 잘 모르고 투자했다가는 수익의 상당부분을 세금으로 낼 수도 있다. 세금을 잘 알아야 미리 대응할 수 있다. 매수 단계부터 양도소득세 납부금액을 계산하고 입찰 전략을 짜야 한다.

양도소득세 산출

토지 양도소득세는 다음과 같이 산출한다.

순	계산순서	산출 기준
①	양도가액	
②	− 취득가액	
③	− 필요경비	
④	− 장기보유특별공제	6 ~ 30%
⑤	= 양도소득금액	① − ② − ③ − ④
⑥	− 기본공제	
⑦	= 과세표준	⑤ − ⑥
⑧	× 세율	• 1년 이내 : 50%와 기본세율 중 높은 세율 • 2년 이내 : 40%와 기본세율 중 높은 세율 • 2년 초과 : 기본세율
⑨	− 누진공제	
⑩	= 산출세액	
⑪	− 감면세액	
⑫	= 납부할 세액	
⑬	+ 지방소득세	10%
⑭	+ 농어촌특별세	감면세액의 20%
⑮	= 계	
⑯	신고 및 납부 방법	• 예정신고 : 양도일이 속하는 달의 말일부터 2개월 내에 신고 및 납부(무신고 시 가산세 20% 부과) • 확정신고 : 양도일이 속하는 다음 해 5월 중 신고 및 납부

- 양도가액은 실지거래가액을 기준으로 한다. 다만, 가족 등 특수관계인에게 매도하는 경우에는 실지거래가액과 기준시가(토지는 개별공시지가를 말함) 중에 큰 금액을 양도가액으로 한다.

- 필요경비는 양도차액 계산에서 공제되는데 자본적 지출액, 양도비용 등이 해당된다. 자본적 지출액은 양도자산의 용도변경·개량·이용편의를 위해 지출한 비용, 장애 철거비용, 도로 신설비용 등 자산

의 가치를 증가시키기 위하여 지출한 비용을 말한다. 양도비용은 국민주택채권 매각차손, 중개수수료 등이다.

- 장기보유특별공제는 3년 이상 보유한 경우 적용된다. 토지의 경우 다음과 같은 공제율이 적용된다.

보유기간	공제율	
	2018.12.31 까지	2019.1.1 부터
3년 미만	0%	0%
3년 이상 ~ 4년 미만	10%	6%
4년 이상 ~ 5년 미만	12%	8%
5년 이상 ~ 6년 미만	15%	10%
6년 이상 ~ 7년 미만	18%	12%
7년 이상 ~ 8년 미만	21%	14%
8년 이상 ~ 9년 미만	24%	16%
9년 이상 ~ 10년 미만	27%	18%
10년 이상 ~ 11년 미만	30%	20%
11년 이상 ~ 12년 미만		22%
12년 이상 ~ 13년 미만		24%
13년 이상 ~ 14년 미만		26%
14년 이상 ~ 15년 미만		28%
15년 이상		30%

- 양도소득금액 = 양도가액 − 취득가액 − 필요경비 − 장기보유특별공제

- 개인별로 당해 연도의 양도소득금액에서 연 250만 원을 공제한다.

- 과세표준 = 양도소득금액 − 기본공제

- 과세표준에 따라 다음과 같은 양도소득세율과 누진공제금액을 적용한다.

토지 양도소득세 기본 세율			비고
과세표준	세율	누진공제금액	
1,200만 원 이하	6%	0	단, 보유기간이 1년 미만이면 50%와 기본세율 중 높은 세율을 적용하고, 보유기간이 2년 미만이면 40%와 기본세율 중 높은 세율을 적용한다.
1,200만 원 초과 ~ 4,600만 원 이하	15%	108만원	
4,600만 원 초과 ~ 8,800만 원 이하	24%	522만원	
8,800만 원 초과 ~ 1억5,000만 원 이하	35%	1,490만원	
1억5,000만 원 초과 ~ 3억 원 이하	38%	1,940만원	
3억 원 초과 ~ 5억 원 이하	40%	2,540만원	
5억 원 초과 ~ 10억 원 이하	42%	3,540만원	
10억 원 초과	45%	6,540만원	

만약, 과세표준이 5,000만 원이고 보유기간이 2년 6개월이라면 양도소득세는 다음과 같다.

양도소득세 = 5,000만 원 × 24% − 522만 원 = 678만 원

이때 주의할 점은 양도소득세는 1년 단위 합산과세라는 것이다. 당해년도에 2개 이상의 부동산을 매각한 경우 이익을 합산하여 과세표준 구간이 정해진다.

중과세 기준, 비사업용 토지

토지 세금에는 한 가지 중요한 사실이 있다. 실수요가 아닌 투기목적으로 보는 비사업용 토지는 중과세 대상이라는 점이다. 비사업용 토지는 매도할 때 양도소득세에 중과세를 더해 납부한다.

1) 비사업용 토지의 판단 기준

비사업용 토지란 실수요에 따라 사용하지 않고 재산증식을 위한 투기적 성격으로 보유하고 있는 토지를 말한다. 대표적으로 나대지, 잡종지 등이다. 비사업용 토지는 투기억제 목적으로 양도소득세가 중과되기 때문에 수익률에 큰 영향을 끼친다.

그러므로 낙찰받기 전에 비사업용 토지인지 아닌지 판단해야 한다. 또한 입찰 당시에는 비사업용 토지라 할지라도 보유 중에 사업용 토지로 변환시킬 수 있는 토지가 있으므로 변환 가능 여부와 가능하다면 그 방법을 찾아야 한다. 만약 그 방법이 없다면 입찰가를 정할 때 예상수익에 중과세를 반영해야 한다.

비사업용 토지 여부를 판단하는 기준은 무엇일까? 다음의 판단기준 ①과 ②를 모두 만족해야 비사업용 토지로 보지 않는다.

:: 판단기준 ① : 분류

아래 내용 중 어느 하나라도 해당되면 비사업용 토지로 본다.

구분		비사업용 토지
지목 분류	농지	비사업용으로 보는 농지
	임야	비사업용으로 보는 임야
	목장용지	비사업용으로 보는 목장용지
	그 외	재산세 종합합산과세대상 토지 (단, 거주 또는 사업에 직접 관련 있는 토지는 대상에서 제외)
주택 부속 토지		주택이 정착된 면적에 다음 배율을 곱하여 산정한 면적을 초과하는 토지 • 수도권 – 주거지역 · 상업지역 · 공업지역 : 3배, 녹지지역 : 5배 • 수도권 외 – 주거지역 · 상업지역 · 공업지역 · 녹지지역 : 5배 • 관리지역 · 농림지역 · 자연환경보전지역 : 10배
별장		별장 부속 토지 (단, 읍 · 면에 소재하는 농어촌주택 부속 토지는 제외)

농지, 임야, 목장용지는 비사업용 토지로 판단하는 별도의 기준이 적용된다. 그 외 토지는 '재산세 종합합산과세' 대상이면 대부분 비사업용이라고 생각하면 된다. 재산세 종합합산과세 대상인지 아닌지 어떻게 알 수 있을까? 시 · 군 · 구청 세무과에 해당 번지의 재산세 과세분류를 물어보면 확인해준다.

:: 판단기준 ② : 사업용으로 사용한 기간

사업용으로 사용한 기간이 다음 중 하나를 만족해야 사업용 토지로 본다. 비사업용 토지로 보유하다가 매도하는 시점에만 사업용으로 전환한다면 세법에 허점이 생기기 때문이다.

- 양도일 직전 3년 중 2년 이상을 사업에 사용
- 양도일 직전 5년 중 3년 이상을 사업에 사용
- 보유기간 중 100분의 60 이상을 사업에 사용

2) 비사업용 토지의 양도소득세 중과세율

현재 비사업용 토지의 중과세율은 10%다. 세율이 높지만 이것도 많이 낮아진 것이다. 2005년 12월 31일 발표된 중과세율은 60%였다. 비사업용 토지의 양도소득세는 중과세율이 반영된 다음 표의 세율로 납부해야 한다.

토지 양도소득세 중과세율			비고
과세표준	세율	누진공제금액	
1,200만 원 이하	16%	0	단, 보유기간이 1년 미만이면 50%와 중과세율 중 높은 세율을 적용하고, 보유기간이 2년 미만이면 40%와 중과세율 중 높은 세율을 적용한다.
1,200만 원 초과 ~ 4,600만 원 이하	25%	108만원	
4,600만 원 초과 ~ 8,800만 원 이하	34%	522만원	
8,800만 원 초과 ~ 1억5,000만 원 이하	45%	1,490만원	
1억5,000만 원 초과 ~ 3억 원 이하	48%	1,940만원	
3억 원 초과 ~ 5억 원 이하	50%	2,540만원	
5억 원 초과 ~ 10억 원 이하	52%	3,540만원	
10억 원 초과	55%	6,540만원	

3) 사업용으로 보는 농지·임야·목장용지

지목이 농지·임야·목장용지인 경우 세법에서는 특별히 사업용 토지로 보는 기준을 따로 정하고 있다. 물론 이것 말고도 앞서 언급한 사업용 사용기간 기준도 동시에 만족해야 한다.

지목	사업용 토지로 보는 요건
농지	• 재촌·자경하는 농지 • 주말·체험영농을 하려고 소유한 농지 • 한국농어촌공사에 8년 이상 임대 위탁한 농지 ※ 단, 특별시·광역시 및 시 지역에 있으면서 용도지역이 주거지역·상업지역·공업지역에 편입된 지 3년이 지난 농지는 비사업용 토지로 봄
임야	• 산림보호구역 안의 임야 • 산림경영계획인가를 받아 사업 중인 임야 • 개발제한구역 안의 임야 • 공원자연보존지구, 공원자연환경지구, 도시공원 안의 임야 • 문화재보호구역 안의 임야 • 군사기지 및 군사시설 보호구역 안의 임야 • 상수원보호구역 안의 임야 • 재촌하는 임야
목장용지	• 축산업을 경영하는 자가 소유하는 목장용지 (단, 가축 종류와 가축두수를 적용하여 계산한 기준면적 이내만 해당)

이때 '재촌'이란 다음 중 하나에 해당하는 경우를 말한다.

- 농지·임야가 소재하는 시·군·구에 거주

- 이와 연접된 시·군·구에 거주

- 해당 농지·임야로부터 직선거리 30㎞ 이내에 거주

농지에는 '재촌' 외에 '자경'의 요건이 추가된다. '자경'으로 인정받기 위해서는 농업에 상시 종사하거나 농업의 2분의 1 이상을 자기의 노동력에 의해 경작하거나 재배해야 한다. 만약 사업소득(농업·임업소득, 부동산임대소득 및 농가부업소득 제외)과 근로소득 합계액이 3,700만 원 이상인 기간이 있다면 그 기간은 자경에서 제외된다.

4) 사업용으로 보는 특별한 토지

다음 토지는 사업용 토지로 본다.

- 종업원 체육시설용 토지
- 부설주차장용 토지(주택의 부설주차장은 제외)
- 주차장 운영업을 영위하는 자가 소유하고 노외주차장으로 사용하는 토지로, 1년간 수입금액이 토지 공시지가의 3% 이상인 토지
- 물품의 보관·관리를 위하여 별도로 설치·사용되는 하치장·야적장·적치장 등으로, 매년 물품의 보관·관리에 사용된 최대면적의 1.2배 이내의 토지
- 폐기물처리업을 영위하는 자가 당해 사업에 사용하는 토지
- 주택을 소유하지 아니하는 1세대가 소유하는 1필지의 나지로, 지목이 대지이거나 실질적으로 주택 신축이 가능한 660㎡ 이내의 토지

합법적인 양도소득세 절세법

양도소득세는 금액이 크기 때문에 절세 방안을 꼼꼼하게 검토하여 매수 단계부터 대비해야 한다. 합법적으로 양도소득세를 절세하는 몇 가지 방법들을 소개한다.

1) 토지 매수 단계에서 여러 명의 소유로 매수한다. 배우자와 함께 지분으로 취득하면 과세표준이 작아져서 적용되는 양도소득세율이 낮아진다.

2) 보유 기간이 2년이 되지 않았으면 조금 더 기다렸다가 2년을 채운 후에 매도하거나 잔금기일을 늦춘다. 이 차이는 생각보다 크다. 만약 과세 표준이 5,000만 원이면 1년 후 매도하는 경우와 2년 후 매도하는 경우에 양도소득세 차이는 다음과 같다.

과세표준	1년 후 매도			2년 후 매도			차이
	세율	누진공제	산출세액	세율	누진공제	산출세액	
5,000만 원	40%	–	2,000만 원	24%	522만 원	678만 원	1,322만 원

보유 기간을 1년 늦추면 양도소득세가 절반 이하로 낮아진다. 여기에 지방소득세 10%가 추가되면 차이는 더 커진다.

3) 토지 위에 지상정착물(비닐하우스, 농막, 농기구, 유실수, 조경수 등)을 일괄 양도하는 경우 지상정착물을 구분하여 매매계약서를 작성한다. 다만 토지 등의 가액 구분은 사회통념에 합당하다고 인정되는 범위로 해야 한다. 토지는 양도소득세로 과세되고 비닐하우스, 농기구, 농작물은 과세되지 않는다.

4) 양도시기를 분산시킨다. 토지 2필지를 매도하는 경우 각각 계약서를 작성하고 각각 잔금기일을 연말과 그 다음해 연초로 연도를 달리해서 매도한다. 양도소득세는 연 단위로 누계하여 과세하므로 양도차익(과세표준)을 분산시킬 수 있다. 과세표준이 작아지면 세율이 낮아진다. 실제로 2017년 말 부모님이 보유한 농지를 일괄 매도 계약한 일이 있었다. 필자는 이 사실을 알고 그 즉시 2017년 12

월 28일에 2필지, 2018년 1월 2일에 3필지로 구분해서 잔금을 받는 것으로 계약 내용을 변경했다. 그 결과로 부모님은 양도소득세를 1,000만 원 넘게 절세할 수 있었다.

5) 가능하면 장기보유특별공제를 받는다. 보유기간이 2년 지났으면 잔금기일을 늦추어서 3년을 채우면 장기보유특별공제를 받을 수 있다.

6) 소유권을 배우자에게 증여한 후 양도하는 것을 검토한다. 부부 간 증여는 10년간 6억 원까지 공제된다. 다만, 배우자는 증여받은 날로부터 5년이 지난 후에 양도해야 한다. 그 이전에 양도하면 증여자가 취득한 가격을 취득가액으로 인정하여 양도소득세가 부과된다.

7) 아무리 허름한 주택이라도 허물어서는 안 된다. 주택이 있으면 비사업용 토지로 보지 않는다.

8) 비사업용 토지에 해당한다면 사업용 토지로 바꾼 후 양도한다. 야적장이나 주차장으로 사용한다.

9) 나대지는 건물을 건축하여 양도하는 것을 고려해본다. 토지 취득일부터 2년 및 착공일 이후 건설이 진행 중인 기간도 사업용으로 사용한 기간으로 본다.

10) 법인 명의로 취득한다. 법인으로 매매하면 법인세가 과세되지만 개인이 내는 양도소득세보다는 적다.

COVID-19로 인한 경기침체를 막기 위한 과도한 유동성 공급, 이로 인한 미국 사상 초유의 인플레이션, 인플레이션을 완화하기 위한 미국의 금리인상, 몇 년 간 불장이었던 부동산 가격의 하락 반전, 지금은 한 치 앞도 예측할 수 없는 부동산 시장이다. '이제 매수할 타이밍인가, 조금 더 기다렸다가 내년에 사야 하나' 여러분의 생각은 어느 쪽인가?

2008년 금융위기 직후가 떠오른다. 당시에는 매수세가 실종되어 매매가 전혀 이루어지지 않았다. 함께 경매를 공부한 지인은 24평 아파트를 경매로 낙찰받아 셀프 리모델링을 하고도 경매 낙찰가보다 낮은 가격으로 매도했었다. 아파트 시세가 급속히 하락했기 때문이었다. 그 모습을 보면서 투자 환경이 나빠져도 투자금을 잃지 않는 방법을 고민했다. 그중 가장 좋은 방법은 경매입찰 전에 출구전략을 여러 개 마련하는 것이다.

Plan A, Plan B, Plan C….

각 전략마다 수익의 크기가 다르고 투자금 회수 시기가 다를 뿐, 모두 원금을 지키고 수익을 얻는 전략들이다.

부동산 경매란 상대방이 있는 게임이고 부동산 정책 등 외부 요인에 의해 영향을 많이 받기 때문에 어떤 출구로 빠져나갈 수 있는지를 미리 확실히 정해둘 수는 없다. 하지만 경우의 수를 많이 대비할수록 안전한 투자가 된다.

2017타경1 · 수원지방법원 본원 · 매각기일 : 2018.01.19(金) (10:30) · 경매 10계(전화:031-210-1270)

소재지	경기도 용인시 처인구 삼가동 외 1필지 도로명주소검색					
물건종별	농지	감정가	729,392,500원			

구분	입찰기일	최저매각가격	결과
1차	2017-10-11	729,392,500원	유찰
2차	2017-11-10	510,575,000원	유찰
3차	2017-12-13	357,403,000원	유찰
4차	**2018-01-19**	**250,182,000원**	

토지면적	355.25㎡(107.463평)	최저가	(34%) 250,182,000원
건물면적		보증금	(10%) 25,020,000원

낙찰 : **295,500,000원** (40.51%)
(입찰2명,낙찰:
차순위금액 253,000,000원)
매각결정기일 : 2018.01.26 - 매각허가결정
대금지급기한 : 2018.03.09
대금납부 2018.03.07 / 배당기일 2018.04.05
배당종결 2018.04.05

매각물건	토지지분매각	소유자	김
개시결정	2017-07-03	채무자	김
사건명	강제경매	채권자	김

· **매각토지.건물현황**(감정원 : 온유감정평가 / 가격시점 : 2017.07.25)

목록		지번	용도/구조/면적/토지이용계획	㎡당 단가 (공시지가)	감정가	비고
토지	1	삼가동	도시지역, 제1종일반주거지역, 제2종일반주거지역, 일반미관지구(2015...	전 314.75㎡ (95.212평)	2,110,000원 (2,933,000원)	664,122,500원	토1,2) 전체면적 1339㎡중 김 기 지분 1/4 매각
	2	삼가동	도시지역, 제1종일반주거지역, 제2종일반주거지역, 일반미관지구(2015...	전 20㎡ (6.05평)	1,480,000원 (2,933,000원)	29,600,000원	· 도시계획도로 저촉 부분
	3	삼가동	도시지역, 제1종일반주거지역, 대로1류(폭 35M~40M), 가축사육제한구...	전 20.5㎡ (6.201평)	1,740,000원 (2,573,000원)	35,670,000원	전체면적 82㎡중 김. 기 지분 1/4 매각
			면적소계 355.25㎡(107.463평)		소계 729,392,500원	

용인시청 인근의 농지 지분이 경매에 나왔다. 땅 모양이 길쭉하게 생겨서 활용하기에는 좋지 않은 땅이었지만 바로 옆에는 롯데리아가 성업 중이었다.

| 길쭉하게 생긴 땅 모양 |

경매 농지를 조사하고 출구전략을 고민했다.

Plan A : 토지 공유자들과 협상하여 매도

Plan B : 토지 지분을 현물 분할하여 롯데리아에 매도

Plan C : 토지 지분을 현물 분할하여 신축

Plan D : 토지 지분을 현물 분할하고 농지로 원상복구하여 농지연금
　　　　　용으로 매도

Plan E : 공유물분할소송을 제기하여 대금분할 판결을 받은 후 전체
　　　　　를 경매로 매각

어느 방향으로 진행되더라도 수익이 나는 물건이었다. 입찰해서 1등을 했지만, 결국 공유자우선매수에 뺏기고 말았다. 이렇게 출구전략을 세우고 접근한다면 어떤 물건을 낙찰받든지 돈을 잃지는 않는다. 투자로 돈을 버는 것이 목표이겠지만, 그 이전에 절대 돈을 잃지 않는 게 더욱 중요하다는 사실을 잊지 않길 바란다.

열정의 진정한 의미를 곱씹다

어떤 목표를 달성하려고 할 때 하나를 노력해서 하나의 성과가 곧바로 나온다면 얼마나 좋을까? 달콤한 성과를 맛보면서 또다시 노력하면 되니까 지치지 않고 목표까지 도달할 수 있을 것이다. 그렇지만 현실은 그렇지 못하다. 목표를 세우고 첫 출발을 할 때는 자신감 있고 활기 넘치지만, 열심히 노력하는데도 성과가 없으면 어느새 한풀 꺾여서 어깨가 처진다.

누군가가 그랬다. 목표를 이루기 위해서 열 가지의 요소가 필요하다면, 아홉 개를 갖출 때까지도 아무런 변화가 없다가 마지막 한 개를 채우는 순간 폭발적인 성과가 나타나는 것이라고. 따라서 문제는 아무런 성과가 나오지 않는 상태에서 아홉 개의 요소를 차근차근 만들어갈 끈기가 있느냐 하는 것이다.

화려한 성공의 뒷면에는 언제나 엄청난 노력이 있다. 미래의 모습을 상상하며 오랜 시간을 들여 차근차근 준비하는 노력이 필요하다. 나는 이것을 '열정'이라고 생각한다. 국어사전에는 이렇게 나와 있다.

열정(熱情) : 어떤 일에 열렬한 애정을 가지고 열중하는 마음

그러나 나는 '열정'의 정의를 바꾸고 싶다.

열정(熱情) : 어떤 일에 열렬한 애정을 가지고 결과가 눈앞에 보이지 않
더라도 포기하지 않는 노력

열심히 노력했지만 정작 수익을 내지 못하는 사람들은 지금쯤 어깨가 축 처져서 '이 길이 아닌가'라는 고민에 빠져 있을지 모른다. 그런 사람들에게 희망과 용기를 주고 싶다. 열정을 가지고 중단 없이, 포기하지 않고 노력하면 언젠가 도달할 수 있다.

그런 과정 없이 어떻게 성공을 바랄 것인가? 남들과 똑같은 생각으로 비슷비슷한 경매 물건만 찾아다니면 과연 수익을 낼 수 있을까? 몇 년 전에는 필자 역시도 경매 초보였다. 그러나 지난 몇 년간 열정을 쏟아 낸 덕분에 지금은 꽤 많은 성과를 만들어냈고, 이 책을 통해 그 과정을 보여주고 싶었기에 내가 알고 있는 토지경매의 거의 모든 것을 숨김없이 담으려 노력했다. 제한된 지면으로 미처 담지 못한 부분은 NAVER 카페 행복재테크(https://cafe.naver.com/mkas1)의 칼럼과 네이버 블로그(fullhouse.blog)를 통해 계속해서 게재할 예정이니 차근차근 공부를 완성 시켜 가길 바란다.

이 책은 많은 사람들의 도움과 가르침으로 나올 수 있었다. 나의 지식과 경험의 가치를 알아보고 출간 제안과 감수를 해주신 행복재테크 카페지기이자 도서출판 지혜로 대표 송사무장님께 감사드린다. 처음 송사무장님으로부터 경매를 배운 후 수많은 책과 강의로 씨름했었다. 몇 년간의 배움 덕에 이만큼 성장할 수 있었지만, 이제야 송사무장님의 말씀을 제대로 이해할 수 있다.

"법률적인 지식보다는 실전에서 어떻게 적용할 것인가를 고민해야 한다. 다른 사람과 동일한 눈을 갖고 있는 것은 아닌지 항상 의심해야 한다. 조급해하지 말고 4년 후 올림픽을 준비하는 선수처럼 즐기면서 하나씩 해 나가면 원하는 것을 이룰 수 있다."

그 말을 가슴에 새기고 오늘도 한 걸음 한 걸음 꾸준히 정상을 향해 발을 내딛고 있다.

마지막으로 하늘에 계신 아버지와 나를 멋지게 키워주신 어머니 이현숙 여사님에게 사랑한다는 말을 꼭 전하고 싶다. 그리고 항상 아낌없이 응원을 보내주는 사랑하는 나의 아내 영심이와 예쁜 딸 채영이, 멋진 아들 용조에게도 정말 고맙다는 말을 전한다.

도서출판 지혜로

'도서출판 지혜로'는 경제·경영 서적 전문 출판사이며, 지혜로는 독자들을 '지혜의 길로 안내한다'는 의미입니다. 지혜로는 특히 부동산 분야에서 독보적인 위상을 자랑하고 있으며, 지금까지 출간한 모든 책이 베스트셀러 그리고 스테디셀러가 되었습니다.

지혜로는 '소장가치 있는 책만 만든다'는 출판에 관한 신념으로, 사업적인 이윤이 아닌 오로지 '독자들을 위한 책'에 초점이 맞춰져 있고, 앞으로도 계속해서 아래의 원칙을 지켜나갈 것입니다.

첫째, 객관적으로 '실전에서 실력이 충분히 검증된 저자'의 책만 선별하여 제작합니다.
실력 없이 책만 내는 사람들도 많은 실정인데, 그런 책은 읽더라도 절대 유용한 정보를 얻을 수 없습니다. 독서란 시간을 투자하여 지식을 채우는 과정이기에, 책은 독자들의 소중한 시간과 맞바꿀 수 있는 정보를 제공해야 한다고 생각합니다. 그러므로 지혜로는 원고뿐 아니라 저자의 실력 또한 엄격하게 검증을 하고 출간합니다.

둘째, 불필요한 지식이나 어려운 내용은 편집하여 최대한 '독자들의 눈높이'에 맞춥니다.
그렇기 때문에 수많은 독자분들께서 지혜로의 책은 전문적인 내용을 다루고 있지만 가독성이 굉장히 좋다는 평가를 해주고 계십니다.
책의 최우선적인 목표는 저자가 알고 있는 지식을 자랑하는 것이 아닌 독자에게 필요한 지식을 채우는 것입니다. 앞으로 독자층의 눈높이에 맞지 않는 정보는 지식이 될 수 없다는 생각으로 독자들에게 최대한의 정보를 제공할 수 있도록 편집할 것입니다.

마지막으로 앞으로도 계속 독자들이 '**지혜로의 책은 믿고 본다**'는 생각을 가지고 구매할 수 있도록 초심을 잃지 않고, 철저한 검증과 편집과정을 거쳐 좋은 책만 만드는 도서출판 지혜로가 되겠습니다.

도서출판 지혜로, '돌풍의 비결은 저자의 실력 검증'
송희창 대표, "항상 독자들의 입장에서 생각하고, 독자들에게 꼭 필요한 책만 제작"

도서출판 지혜로의 주요 인기 서적들

경제·경영 분야의 독자들 사이에서 '믿고 보는 출판사'라고 통하는 출판사가 있다. 4권의 베스트셀러 작가이자 부동산 분야의 실력파 실전 투자자로 알려진 송희창씨가 설립한 '도서출판 지혜로'가 그 곳.

출판시장이 불황임에도 불구하고 이곳 도서출판 지혜로는 지금껏 출간된 모든 책이 경제·경영 분야의 베스트셀러로 자리매김하는 쾌거를 이룩했다.

지혜로가 강력 추천하는 베스트&스테디셀러

엑시트 EXIT

당신의 인생을 바꿔 줄 부자의 문이 열린다!
수많은 부자를 만들어낸 송사무장의 화제작!

- 무일푼 나이트클럽 알바생에서 수백억 부자가 된 '진짜 부자'의 자본주의 사용설명서
- 부자가 되는 방법을 알면 누구나 평범한 인생을 벗어나 부자의 삶을 살 수 있다!
- '된다'고 마음먹고 꾸준히 정진하라! 분명 바뀐 삶을 살고 있는 자신을 발견하게 될 것이다.

송희창 지음 | 352쪽 | 17,000원

싱글맘 부동산 경매로 홀로서기 (개정판)

채널A 〈서민갑부〉 출연!
경매 고수 이선미가 들려주는 실전 경매 노하우

- 경매 용어 풀이부터 현장조사, 명도 빨리하는 법까지, 경매 초보들을 위한 가이드북!
- 〈서민갑부〉에서 많은 시청자들을 감탄하게 한 그녀의 투자 노하우를 모두 공개한다!
- 경매는 돈 많은 사람만 할 수 있다는 편견을 버려라! 마이너스 통장으로 경매를 시작한 그녀는, 지금 80채 부동산의 주인이 되었다.

이선미 지음 | 308쪽 | 16,000원

부동산 절세의 기술 (전면개정판)

양도세, 종부세, 종합소득세, 임대사업자까지
한 권으로 끝내는 세금 필독서

- 6년 연속 세금분야 독보적 베스트셀러가 완벽하게 업그레이드되어 돌아왔다!
- 세금 설계만 제대로 해도 최종 수익률이 달라진다. 부동산 투자자들의 강력 추천도서!
- 실전 투자자의 경험에 현직 세무사의 지식을 더한 소중한 노하우를 그대로 전수받을 수 있는 최고의 부동산 절세 책!

김동우 · 최왕규 지음
420쪽 | 19,000원

아파트 청약 이렇게 쉬웠어?

**가점이 낮아도, 이미 집이 있어도, 운이 없어도
당첨되는 비법은 따로 있다!**

- 1년 만에 1,000명이 넘는 부린이를 청약 당첨으로 이끈 청약
  최고수의 실전 노하우 공개!
- 청약 당첨이 어렵다는 것은 모두 편견이다. 본인의 상황에
  맞는 전략으로 도전한다면 누구나 당첨될 수 있다!
- 사회초년생, 신혼부부, 무주택자, 유주택자 및 부동산 초보
  부터 고수까지 이 책 한 권이면 내 집 마련뿐 아니라 분양권
  투자까지 모두 잡을 수 있다.

김태훈 지음 | 352쪽 | 18,000원

경매 권리분석 이렇게 쉬웠어?

대한민국에서 가장 쉽고, 체계적인 권리분석 책!
권리분석만 제대로 해도 충분한 수익을 얻을 수 있다.

- 초보도 쉽게 정복할 수 있는 권리분석 책이 탄생했다!
- 경매 권리분석은 절대 어려운 것이 아니다. 이제 쉽게 분석
  하고, 쉽게 수익내자!
- 이 책을 읽고 따라하기만 하면 경매로 수익내기가 가능하다.

박희철 지음 | 328쪽 | 18,000원

송사무장의 부동산 경매의 기술

수많은 경매 투자자들이 선정한 최고의 책!

- 출간 직후부터 10년 동안 연속 베스트셀러를 기록한 경매의
  바이블이 개정판으로 돌아왔다!
- 경매 초보도 따라할 수 있는 송사무장만의 명쾌한 처리 해법
  공개!
- 지금의 수많은 부자들을 탄생시킨 실전 투자자의 노하우를
  한 권의 책에 모두 풀어냈다.
- 큰 수익을 내고 싶다면 고수의 생각과 행동을 따라하라!

송희창 지음 | 308쪽 | 16,000원

송사무장의 실전경매
(송사무장의 부동산 경매의 기술2)

부자가 되려면 유치권을 알아야 한다!
경 · 공매 유치권 완전 정복하기

- 수많은 투자 고수들이 최고의 스승이자 멘토로 인정하는 송사무장의 '완벽한 경매 교과서'
- 대한민국 NO.1 투자 커뮤니티인 '행복재테크' 카페의 칼럼니스트이자 경매계 베스트셀러 서자인 송사무장의 다양한 실전 사례와 유치권의 기막힌 해법 공개!
- 저자가 직접 해결하여 독자들이 생생하게 간접 체험할 수 있는 경험담을 제공하고, 실전에서 바로 응용할 수 있는 서식과 판례까지 모두 첨부!

송희창 지음 | 376쪽 | 18,000원

송사무장의 부동산 공매의 기술

드디어 부동산 공매의 바이블이 나왔다!

- 이론가가 아닌 실전 투자자의 값진 경험과 노하우를 담은 유일무이한 공매 책!
- 공매 투자에 필요한 모든 서식과 실전 사례가 담긴, 이 책 한 권이면 당신도 공매의 모든 것을 이해할 수 있다!
- 저자가 공매에 입문하던 시절 간절하게 원했던 전문가의 조언을 되짚어 그대로 풀어냈다!
- 경쟁이 덜한 곳에 기회가 있다! 그 기회를 놓치지 마라!

송희창 지음 | 456쪽 | 18,000원

1년 안에 되파는 토지투자의 기술

초보자도 쉽게 적용할 수 있는
토지투자에 관한 기막힌 해법 공개!

- 토지 투자는 돈과 시간이 여유로운 부자들만 할 수 있다는 편견을 시원하게 날려주는 책!
- 적은 비용과 1년이라는 짧은 기간으로도 충분히 토지 투자를 통해 수익을 올릴 수 있다!
- 토지의 가치를 올려 높은 수익을 얻을 수 있게 하는 '토지 개발' 비법을 배운다!

김용남 지음 | 272쪽 | 16,000원

평생연봉 나는 토지 투자로 받는다

농지, 임야, 공장 부지는 물론 택지까지!
토지 재테크를 위한 완벽 실전 매뉴얼

- 토지 투자는 한 번 배워두면 평생 유용한 재테크 툴(Tool)이다!
- 좋은 토지를 고르는 안목을 배울 수 있는 절호의 기회!
- 토지 투자 분야의 내로라하는 전문가가 비도시 지역의 땅과 도시 지역의 땅에서 수익을 올리는 비법을 전격 공개한다!

김용남 지음 | 240쪽 | 16,000원

수도권 알짜 부동산 답사기

알짜 부동산을 찾아내는 특급 노하우는 따로 있다!

- 초보 투자자가 부동산 경기에 흔들리지 않고 각 지역 부동산의 옥석을 가려내는 비법 공개!
- 객관적인 사실에 근거한 학군, 상권, 기업, 인구 변화를 통해 각 지역을 합리적으로 분석하여 미래까지 가늠할 수 있도록 해준다.
- 풍수지리와 부동산 역사에 관한 전문지식을 쉽고 흥미진진하게 풀어낸 책!

김학렬 지음 | 420쪽 | 18,000원

한 권으로 끝내는 셀프 소송의 기술
(개정판)

부동산을 가지려면 이 책을 소장하라!
경매 특수물건 해결법 모두 공개!

- 내용 증명부터 점유이전금지가처분, 명도소장 등 경·공매 투자에 필요한 모든 서식 수록!
- 송사무장이 특수물건을 해결하며 실전에서 사용했던 서식을 엄선하여 담고, 변호사의 법적 지식을 더한 완벽한 책!
- 누구나 쉽게 도전할 수 있는 셀프 소송의 시대를 연 바로 그 책! 이 책 한 권은 진정 수백만 원 그 이상의 가치가 있다!

송희창 · 이시훈 지음
740쪽 | 55,000원